복 있는 사람

오직 여호와의 율법을 즐거워하여 그 율법을 주야로 묵상하는 자로다.
저는 시냇가에 심은 나무가 시절을 좇아 과실을 맺으며 그 잎사귀가 마르지 아니함 같으니
그 행사가 다 형통하리로다. (시편 1:2-3)

G. K. 체스터턴은 삶을 가장 깊이 보고 드러낸 천재 가운데 한 사람으로 내 머릿속에 남아 있다. 『이단』은 현대 사회를 형성하는 사상에 도전하며 우리가 가진 신념의 기초를 되돌아보게 만드는 책이다. 당대의 유명한 예술가와 사상가들의 철학을 비판하고, 상대주의, 세속주의, 개인주의를 체스터턴 특유의 유머와 통찰로 접근한다. 『이단』은 당대의 관점을 문제 삼고 치밀하게 비판하지만 비판하는 인물들에 대한 존경심은 잃지 않고 있다는 점에서 특별하다. 체스터턴은 진리, 전통, 도덕적 명확성이 진정한 삶에 얼마나 중요하고, 새로움과 유행과 대세를 중시하는 현대 세계에서 기본 원칙이 왜 필요하며, 비판을 넘어 의미 있는 논의와 진리 추구를 왜 이어 나가야 하는지를 자신이 문제 삼는 예술가와 작가들을 통해서 보여 준다. 지적 진실과 철학적 깊이를 추구하는 모든 이들에게 이 책을 진심으로 추천한다.

강영안 | 한동대학교 석좌교수, 서강대학교 철학과 명예교수

외길을 따라 걷는 일은 단조롭기는 하지만 번뇌는 많지 않다. 갈림길 앞에 설 때는 잠시 망설이지만 결국은 하나의 길을 택해 걷는다. 문제는 사방팔방으로 열린 길 앞에 설 때이다. 어디로 가야 할지 몰라 기웃거리는 동안 방향감각을 잃은 채 주저앉고 만다. 낯선 세계를 찾아가기보다는 익숙한 길 위에 집을 짓고 머물기로 작정한 것이다. 지금 우리 형편이 그러하다. 예수를 길이라 고백하면서도 그 길을 걷지 않는다. 확신이 없기 때문이다. 어느 때부터인지 신학은 인접 학문과 깊은 대화를 나누거나 논쟁을 벌이지 않는다. 우리 사회의 담론 지평에서 신학은 설 자리를 잃었다. 고립과 단절이 심화되면서 신학의 삶의 자리인 교회는 점점 폐쇄적으로 변하고 있다. 이런 시기에 150년 전에 태어난 영국 사상가 G. K. 체스터턴의 책을 읽는다는 것은 무슨 의미가 있을까? 그는 기독교 변증가로서 당대의 지식인, 예술가, 문학인들의 사상과 씨름하는 일을 꺼리지 않았다. 『이단』은 그들의 빛나는 성취를 따라가면서도 그들의 한계와 오류를 포착하여 독자들에게 제시한다. '이단' 하면 사이비 종교가 떠오르게 마련이지만, 체스터턴이 말하는 이단은 우리로 하여금 진리의 깊은 세계를 보지 못하게 하는 것들을 가리킨다. 체스터턴의 책을 읽기 위해서는 인내가 필요하다. 그가 전개하는 논리의 세계에 익숙해지기까지는 다소 시간이 걸린다. 하지만 그의 안내를 따라 차분히 사상의 광맥을 탐색하다 보면 저절로 마음이 고요해지고, 피상적인 세계 너머에 있는 더 깊은 세계와 만나게 될 것이다. 그 세계와 대면하는 순간 우리는 소비사회가 건네는 행복의 환상과는 전혀 다른 차원의 행복이 있음을 자각하게 될 것이다.

김기석 | 청파교회 원로목사

『이단』은 현대의 '이단들', 러디어드 키플링, 조지 버나드 쇼, H. G. 웰스처럼 당대 영국 지성계에 커다란 영향력을 행사하던 지식인들, 그리고 지적 흐름에 대한 비평서다. 하지만 이때 '이단'은 경멸어가 아니다. 체스터턴에게 '이단'은 진지하게 검토할 만한 가치가 있는 '적', 그 목소리를 충분히 새겨들어야 할 '적'을 향한 명예로운 호칭이다. 그는 적을 함부로 깎아내리지 않고 '적'의 발언을 충분히 새기고, 그가 지닌 무기의 장단점을 찬찬히 해부한다. 그리고 그 무기의 쓰임새를 완벽하게 파악한 뒤 그 무기가 적 자신을 겨누게 만들어 자멸하게 만든다. 그렇게 그는 '정통'과 '이단'이라는 케케묵어 보이는 도식, 구시대의 유산이 되어 버린 것만 같은 도식에 활력을 불어넣는다. 놀랍게도, 이 진지한 탐구는 딱딱하고, 무겁고, 완고한 방식으로 이루어지지 않는다. 체스터턴은 '이단 중의 이단', '적 중의 적'은 유쾌함과 미소를 잃고 창백해진, 완고한 인간의 정신임을 누구보다 잘 알고 있다. 그리스도교 지성사, 사상사를 훑으면 쾌활함과 호방함을 느낄 수 있는 글이 전혀 없지는 않다. 하지만 그 누구도 체스터턴만큼 그리스도교 신앙과 유쾌함이 나란히 갈 수 있음을 보여 주지 못했고, 선 굵은 유쾌함이 그리스도교 신앙의 덕목, 복음에 사로잡힌 이의 미덕일 수 있음을 보여 주지 못했다. 호방한 안내자 체스터턴과 함께 친애하는 적들과 대화를 나누며 우리는 때로는 길을 잃고, 때로는 예기치 못한 풍경과 마주친다. 그리고 마침내 우리는 깨닫는다. 진정한 정통이란 이단을 두려워하지 않는 믿음, 오히려 이단과의 대화를 통해 끊임없이 자신을 갱신하는, 살아 있는 전통임을.

민경찬 | 비아 편집장

『이단』은 20세기의 저명한 기독교 지성인 G. K. 체스터턴이 당대 최고의 지식인들과 벌였던 논쟁을 담고 있다. 체스터턴의 논증은 조각이 많은 명화 퍼즐과도 같아서, 일부만 읽었을 때는 그가 무엇을 말하려는지 명확히 파악하기 어렵다. 그는 직설적인 논리보다는 역설과 아이러니, 유머를 활용하여 비판의 대상을 해체한다. 그리고 마침내 부분이 모여 전체가 드러나는 순간, 우리는 출간된 지 100년이 지난 이 책이야말로 현시대의 문제를 선명하게 포착한 진단서임을 깨닫게 된다. 이처럼 『이단』은 책 전반에 걸쳐 체스터턴의 예언자적인 통찰을 담고 있다. 특히 본격적인 다원주의 사회가 시작되기 전에 이미 그것을 예측하고 우려한 그의 통찰력은 놀랍다. 확고한 선과 진리, 의미에 대해 더 이상 말할 수 없게 된 시대에 대해 체스터턴은 '악하다'는 정죄 대신 '약하다'는 평가를 내린다. 우리는 머리로는 보편성을 부정하는 한편, 보편적인 기준에 맞춰 타인의 흠결을 발견하는 데 혈안이 된 사회에 살고 있다. 그것이 오늘날 체스터턴의 이야기가 뼈아프게 다가오는 이유다. 이번에 복 있는 사람에서 출간되는 체스터턴의 세 대표작 『이단』『정통』『영원한 인간』은 모든 독자에게 큰 자산이자 지혜의 보고가 될 것이다. 시대를 초월하여 빛나는 이 작품들을 통해 더 많은 사람들이 내가 느꼈던 감동과 경이를 함께 나눌 수 있기를 바란다.

오성민 | 유튜브 채널 Damascus TV 운영자

체스터턴의 기독교는 유쾌하고 상쾌하고 통쾌하다. '기쁜 소식'이기 때문이다. 인간과 세계의 모순을 구원해 주는 그리스도와 하나님 나라의 역설을 거침없이 전시하기 때문이다. 체스터턴은 하나의 장르다. 시대정신('이단')들의 진부함과 '정통'의 혁명성을 그보다 더 선 굵게 통찰하고 위트 있게 묘사한 작가는 없다. C. S. 루이스가 경고했듯이, "건전한 무신론자로 남아 있고자 하는" 이는 『영원한 인간』 같은 책은 아예 거들떠보지도 말지어다.

이종태 | 서울여자대학교 교목실장

체스터턴은 러디어드 키플링, 조지 버나드 쇼, H. G. 웰스 등 당대 영국의 가장 날카롭고 자부심 강한 저자들을 소환하고 논쟁하는 것을 두려워하지 않는다. 그 논쟁은 상대에 대한 존경과 인정에서 시작하지만 부분적인 것이 아닌 전체적인 진리를 향해 타협 없이 나아간다. 체스터턴은 중세 철학과 신학의 거장인 토마스 아퀴나스의 정신을 다시금 살려내고 있다. 그가 토마스 아퀴나스에 탄복하는 것은 이 '천사적 박사' 안에 그리스도교가 오랜 역사 안에서 공들여 키워 오고 날카롭게 갈고닦은 진정한 이성의 정수가 담겨 있기 때문이다. 이 이성은 신비 앞에 겸손할 줄 안다. 그는 이와 대조되는 '이단'의 정신인 상대주의와 주관주의와 과학주의에 고착되어 가는 당대의 지적 경향을 비판한다. 그리고 문학과 예술과 학문이 허영과 오만의 그림자에서 자주 잊는 중요한 문제를 다시 상기시킨다. '어떻게 인류가 인간성을 잃지 않을 것인가?' 이 질문은 오늘날 우리에게 역시 절박하며, 백 년이 지난 저자인 체스터턴을 다시 읽어야 하는 이유이기도 하다. 그와 함께 우리는 그리스도교를 통해 이 세상에 전해진 참된 '겸손'의 의미를 숙고한다. 이는 사유를 포기하는 것이 아니며, 신비를 거부하는 것도 아니다. 역설을 마주하며, 체념하거나 타협하지 않고 부단히 진리를 찾고 행하는 것이다. 그러기에 체스터턴의 말처럼 겸손은 "이 지구와 별들을 새롭게" 한다.

최대환 | 천주교 의정부 교구 신부

G. K. 체스터턴은 20세기에 기독교 전체를 변호한 가장 유능한 변증가 중 한 사람이다. 그는 『데일리 뉴스』와 『일러스트레이티드 런던 뉴스』의 칼럼을 쓰면서 글쓰기 기술을 발전시켰고, 1930년대에는 BBC에서 친근히 들을 수 있는 목소리가 되었다. 언론인이자 소설가로서 유머러스하고 교조적이지 않은 글쓰기 스타일은 많은 추종자를 불러 모았고, 그를 기독교를 대표하는 지도적인 공적 지식인으로 자리매김하게 했다. 우리는 체스터턴으로부터 무엇을 배울 수 있을까? 아마도 가장 명백한 출발점은 그의 명료하고도 명석한 글쓰기 스타일일 것이다. 신앙에 대한 접근하기 쉽고 흥미를 끄는 그의 설명은 많은 독자들의 공감을 받았다. 변증 스타일 또한 독특하다. 체스터턴은 세계를 이해하는 한 방식으로서의 기독교를 일관되게 변호하지만, 그의 접근법은 기술적이거나 교조적이지 않다. 그는 일반인을 위해 신앙을 매력적으로 진술하며, 언론인으로서의 기술을 활용하여 한편으로는 신학 용어를 피하고, 다른 한편으로는 풍부한 유비와 은유를 사용하여 세상에 대한 인간 공통의 경험과 기독교를 설득력 있게 연결한다.

알리스터 맥그래스

체스터턴은 나의 영적 여정에서 중요한 발걸음을 내딛을 뿐 아니라 신앙의 기쁨을 회복하는 데 큰 도움을 주었다. 복음주의자들은 종종 기독교를 '반문화'라고 말한다. 체스터턴이라면 아마 "아니요, 기독교는 문화이며 이단이야말로 반문화입니다"라고 말할 것이다. 우리가 해야 할 일은 문화를 재발견하는 것이다. 그리고 그 문화에는 기쁨과 즐거움이 포함된다. 체스터턴이 『이단』을 썼지만, 그는 항상 자신과 의견이 다른 사람들과 진정으로 소통했다. 우리 대부분은 '이단자'라고 하면 종교재판과 인상을 찌푸린 채 교수형을 집행하는 종교재판관을 떠올린다. 하지만 체스터턴은 그와는 정반대였다. 그의 신학은 종교재판관들 못지않게 강력했지만, 자신과 의견이 다른 사람들에 대한 그의 태도는 연민과 존중과 유머였다. 교회가 이러한 기술을 습득할 수만 있다면 더럽혀진 교회의 평판을 회복하는 데 큰 도움이 될 것이다.

필립 얀시

체스터턴은 우리가 당연하게 여기는 모든 것에 대한 위대한 전복자다. 그는 통찰력으로 우리를 확장하고, 놀라운 역설로 우리를 흔들며, 재치로 우리를 기쁘게 한다.

오스 기니스

체스터턴은 현대 사회에서 기독교 소수의 존재를 유지하기 위해 당대의 그 어떤 사람보다 더 많은 일을 했다. 그는 영원토록 후대의 존경을 받아야 마땅하다.

T. S. 엘리엇

체스터턴은 엄청난 천재성을 지닌 사람이었다. 세상은 그에 대한 감사의 말에 인색하다.

조지 버나드 쇼

체스터턴의 책은 이름을 거론할 수 있는 그 어떤 작가의 책보다 내 정신을 형성했다.

도로시 L. 세이어즈

G. K. 체스터턴은 특유의 재치와 지혜로 그리스도인들에게 영감을 주고 회의론자들에게 도전장을 던졌다. 그는 오늘날에도 여전히 유효한 날카로운 분석을 제공한다.

크리스채너티 투데이

이단

G. K. Chesterton | Heretics

이단

Heretics

G. K.
체스터턴

전경은 옮김

책 읽는 사람

이단

2024년 11월 7일 초판 1쇄 인쇄
2024년 11월 14일 초판 1쇄 발행

지은이 G. K. 체스터턴
옮긴이 전경훈
펴낸이 박종현

(주) 복 있는 사람
주소 서울특별시 마포구 연남동 246-21(성미산로23길 26-6)
전화 02-723-7183, 7734(영업·마케팅) 팩스 02-723-7184
이메일 hismessage@naver.com
등록 1998년 1월 19일 제1-2280호

ISBN 979-11-7083-175-4 04230
ISBN 979-11-7083-174-7 04230(세트)

Heretics
by G. K. Chesterton

Originally published in 1905 in English under the title
Heretics by the John Lane Company
All rights reserved.
This Korean translation edition ⓒ 2024 by The Blessed People Publishing Inc.,
Seoul, Republic of Korea.

일러두기 | 모든 주는 옮긴이 주이다.

OI

서론:
정통의 중요성에
관하여

오늘날 '정통'이라는 말의 쓰임새보다 현대 사회의 거대하고 고요한 악을 더 기묘하게 보여 주는 것은 없다. 지난날 이단은 이단이 아니라고 자부했다. 세상의 왕국과 경찰과 판관이 이단이었고, 이단은 정통이었다. 이단은 세상의 왕국과 경찰과 판관에 맞선다며 자랑하지 않았다. 맞서 일어난 쪽은 저들이었다. 군대는 무력으로, 왕은 차가운 얼굴, 근엄한 국정, 합리적 법치로 이단에 맞섰다. 모두가 길을 잃고 헤매는 양 같았다. 저마다 정통임을, 자신이 옳음을 자부했다. 저 울부짖는 광야에 홀로 선 사람, 그는 하나의 인간 그 이상이었다. 그는 하나의 교회였다. 우주의 중심이었다. 그를 둘러싸고 온 별들이 운행했다. 기억에서 잊힌 지옥의 온갖 고문도 그에게 이단임을 인정하게 할 수는 없었다. 하지만 요즘은 이단임을 뽐내는 표현들을 사용한다. 의식적인 웃음을 짓고서 "난

11

꽤나 이단적인 사람입니다"라고 말하고는 박수를 기대하며 주위를 둘러본다. '이단'이라는 말은 더 이상 그릇됨을 뜻하지 않는다. 사실상 명민하거나 용감하다는 뜻이다. '정통'이라는 말은 더 이상 옳음을 뜻하지 않는다. 도리어 '그릇됨'을 뜻한다. 이 모두가 의미하는 건 하나다. 자신이 철학적으로 옳은지에 대해 사람들이 무심해졌다는 것. 이단이라고 고백하려면 먼저 제정신이 아니라고 고백해야 하는 것이 자명한 이치다. 빨간 넥타이를 한 보헤미안이 정통을 내세우는 건 당연하다. 폭탄을 설치하는 폭파범은 그가 무엇이건 간에 스스로 정통이라고 여겨야 한다.

우주론을 두고 견해가 다르다는 이유로 한 철학자가 다른 철학자를 스미스필드 시장[1]에서 화형에 처하는 건, 일반적으로 말해 어리석은 짓이다. 중세가 퇴락해 가던 마지막 시기에는 이런 일이 무척 빈번했지만, 그 목표를 이루는 데는 실패했다. 그런데 한 사람을 그의 철학을 이유로 불태워 죽이는 일보다 훨씬 더 어리석고 비실용적인 것이 하나 있다. 바로 그의 철학이 중요하지 않다고 말하는 습성이다. 이 습성은 위대한 혁명의 시대가 퇴락해 가는 20세기에 널리 퍼져 나갔다. 이제 일반론은 어디서나 경멸의 대상이다. 인간의 권리라는 교의[2]는 인간의 타락이라는 교의와 함께 묵살된다. 오늘날에는 무신론이 신학이다. 혁명은 막대한

---

1   스미스필드 시장Smithfield Market은 런던에서 가장 오래된 시장의 하나로, 그 기원이 10세기까지 거슬러 올라간다. 많은 종교 개혁자들이 이곳에서 화형을 당했다.

2   가톨릭교회에서는 교리doctrine(교회의 가르침)와 교의dogma(믿을 교리)를 구분하나, 체스터턴은 'doctrine'과 'dogma'를 '변치 않는 진리로 믿고 따르는 것'이라는 의미로 혼용하고 있고 우리말에서 교리는 종교에 국한되어 사용되므로 둘 다 교의라고 옮겼다.

체제이며 자유는 막대한 제약이다. 일반론은 하나도 남아나지 않을 지경이다. 버나드 쇼[3]는 이 상황에 대한 견해를 완벽한 경구로 표현했다. "황금률이란 황금률이 없다는 것이다." 그러나 우리는 예술과 정치와 문학에서 세부적인 것들을 더 많이 논의해야 한다. 우리는 전차電車에 대한 한 사람의 의견을 중시하고, 보티첼리[4]에 대한 그의 의견도 경청한다. 하지만 만물에 대한 의견은 중시하지 않는다. 백만 가지 대상을 궁리하고 탐구할 수 있지만, 그토록 낯선 대상인 우주를 발견해서는 안 된다는 것이다. 그러면 종교를 갖게 될 것이고, 길을 잃을 테니까. '모든 것'만 빼고 모든 것이 다 중요하다는 식이다.

우주론을 대하는 이 총체적인 경박함의 사례들을 늘어놓을 필요는 없다. 그 밖에 다른 무엇을 유효한 사안으로 여긴다 한들 그 누가 비관론자인지 낙관론자인지, 데카르트주의자인지 헤겔주의자인지, 유물론자인지 유심론자인지를 문제 삼지 않는다면서 여타 사례들을 나열할 필요도 없다. 그래도 임의로 하나만 예를 들어 보자. 요즘은 차를 홀짝이는 자리에서도 별 악의 없이 "인생은 살 가치가 없어"라고 하는 소리를 쉽게 들을 수 있다. 우리는 그 말을 그저 날이 좋구나 하는 얘기 정도로 넘겨 버린다. 누구도 그 말이 인간이나 세상에 심각한 영향을 끼칠 수 있다고는 여

3   조지 버나드 쇼는 체스터턴과 동시대에 활동했던 아일랜드 출신의 작가이자 비평가다. 자세한 설명은 제4장 주5 참조.
4   산드로 보티첼리Sandro Botticelli, 1445-1510는 이탈리아 초기 르네상스 화가다. 피렌체를 중심으로 활동하면서 메디치 가문의 후원을 받았으며 사보나롤라의 추종자로도 알려졌다. 〈비너스의 탄생〉, 〈봄〉 같은 명작을 남겼다.

기지 않는다. 하지만 그 말을 곧이곧대로 믿는다면 세상은 거꾸로 돌아갈 것이다. 살인자는 사람들을 삶에서 구해 낸 공로로 메달을 받을 테고, 소방관은 사람들이 죽지 못하게 막았다는 이유로 맹비난을 받을 것이다. 독극물이 치료약이 되고, 건강한 사람들이 의사를 찾을 것이다. 왕립인도협회[5]는 암살자 무리처럼 소탕될 것이다. 그런데도 우리는 그러한 비관적 발언이 사회를 강화하는지 아니면 와해하는지를 깊이 생각하지 않는다. 이론이란 그리 중요하지 않다고 확신하는 탓이다.

　우리의 자유를 창안한 이들이 생각한 바는 확실히 이런 것이 아니었다. 옛 자유주의자들이 온갖 이단의 입에 물린 재갈을 제거했을 때, 그들은 이로써 종교와 철학의 새로운 발견이 이루어지리라고 보았다. 우주적 진리가 너무도 중요하기에 모두가 제각기 독자적으로 이를 증언해야 한다는 것이 그들의 생각이었다. 하지만 현대의 사고는 우주적 진리라는 건 그다지 중요하지 않고, 누가 무슨 말을 해도 문제될 게 없다고 한다. 옛 자유주의자들은 고귀한 사냥개를 풀어놓듯이 탐구의 자유를 허했다. 현대의 사고는 식용으로 부적합한 물고기를 바다에 다시 던지는 방식으로 탐구의 자유를 허한다. 인간 본성에 대한 논의가 지금처럼 적었던 적은 일찍이 없었다. 역사상 처음으로 누구나 인간 본성에 대해 말할 수 있게 되었는데 말이다. 지난날의 제약이란 오직 정통만이 종교를 논할 수 있음을 의미했다. 오늘날의 자유란 어느 누구도 종교를 논하지 못함을 의미한다. 인간적 미신 가운데 가장 최신의 것이

5　왕립인도협회Royal Humane Society는 위기에 처한 인명 구조를 목적으로 1774년에 설립된 영국 자선단체다.

이단 Heretics

14

며 가장 지독한 미신인 '좋은 취향'은 여타의 미신들이 모조리 백기를 든 지점에서 모두의 입을 다물게 하는 데 성공했다. 60년 전만 해도 무신론자임을 공언하는 것은 나쁜 취향이었다. 그때 브래들로[6]를 따르는 무리가 등장했다. 이들은 종교적 신심이 없는 자들, 신을 신경 쓰지 않는 자들로, 이들도 그런 인식을 바꿀 수는 없었다. 무신론자임을 공언하는 것은 여전히 나쁜 취향이다. 다만 이들이 분투하여 적어도 한 가지는 얻어 냈으니, 이제는 그리스도인임을 공언하는 것 역시 나쁜 취향이 되었다. 해방이란 이교도 우두머리를 가두는 침묵의 탑 안에 성인聖人들도 가두었을 뿐이다. 그런데도 우리는 앵글시 경[7]과 더불어 날씨 이야기나 나누면서 이제는 온갖 신조[8]에서 풀려나 완전한 자유를 누린다고들 한다.

그러나 여전히도 한 사람에 관해 가장 실제적이고 중요한 것은 그의 우주관이라고 생각하는 이들이 있다. 나도 그중 하나다. 우리는 집주인이 세입자를 들이려고 할 때 그의 수입을 아는 것도 중요하지만, 그의 철학을 아는 것이 더 중요하다고 생각한다.

6　찰스 브래들로Charles Bradlaugh, 1833-1891는 영국 정치가로서 당대에 대표적인 무신론자였다. 1866년 정교분리와 세속주의를 모토로 하는 전국세속주의협회National Secular Society(NSS)를 창립했다.

7　제5대 앵글시 후작 헨리 시릴 패짓Henry Cyril Paget, 1875-1905으로 보인다. 사치스럽고 방탕하게 살다가 결국 파산하여 큰 빚을 진 채 짧은 생을 마감했다.

8　체스터턴은 『이단』과 『정통』Orthodoxy, 1908, 『영원한 인간』The Everlasting Man, 1925에서 'creed'를 폭넓은 의미로 사용한다. 그리스도교 안에서 이 말은 좁은 의미에서 신경信經으로 주로 번역되지만, 체스터턴은 넓은 의미에서 신앙이나 신조라는 뜻으로 쓰기도 한다. 이 책에서는 주로 '신앙의 조목 또는 교의' 또는 '굳게 믿어 지키고 있는 생각'이라는 의미에서 '신조'라 번역하고, 때에 따라 '신앙고백'이나 '신경'으로 옮겼다.

우리는 적군에 맞서 싸우려는 장군이 적의 머릿수를 아는 것도 중요하지만, 적의 철학을 아는 것이 더 중요하다고 생각한다. 우리는 우주론이 사태에 영향을 끼치는지가 아니라 장기적으로 그 밖에 다른 무언가가 사태에 영향을 끼치는지가 관건이라 생각한다. 15세기 사람들은 비도덕적 태도를 설파했다는 이유로 사람을 심문하고 고문했다. 19세기 사람들은 비도덕적 태도를 설파했다는 이유로 오스카 와일드[9]에게 환호했다가, 그가 그 태도를 행동에 옮기자 강제 노역에 처하여 그를 비탄에 빠뜨렸다. 둘 중 무엇이 더 잔인한지 물을 수는 있겠으나 무엇이 더 터무니없는지 물을 수는 없다. 종교재판의 시대는 적어도 어떤 태도를 설파했다는 이유로 한 사람을 우상으로 만들었다가 이를 실행했다는 이유로 그를 범죄자로 만드는 사회를 일구지는 않았다.

우리 시대에 철학이든 종교든 궁극적인 것에 관한 이론은 그것이 점했던 두 영역에서 거의 동시에 몰려났다. 일반론의 이상理想들이 문학을 지배했었으나 '예술을 위한 예술'이라는 외침에 묻혀버렸다. 일반론의 이상들이 정치를 지배했었으나 '효율성'이라는 외침에 밀려 쫓겨났다.[10] 대강 풀이하자면 효율성이란 것도 '정치

---

9   오스카 와일드Oscar Wilde, 1854-1900는 아일랜드 출신의 극작가, 소설가, 시인으로 '예술을 위한 예술'을 표어로 하는 유미주의를 주창했다. 빅토리아 시대의 억압적 분위기에 도전하는 작품들로 크게 성공했지만 1895년 외설 혐의(당시 불법이었던 동성애 혐의)로 유죄 판결을 받고 수감 생활을 한 뒤 46세에 파리에서 사망했다.

10   효율성efficiency은 19세기 후반에서 20세기 전반까지 서구 여러 나라에서 사회적으로 중요한 테마였다. 이른바 효율성 운동 내지 능률증진 운동Efficiency Movement은 과학과 기술의 발전에 힘입어 산업, 경제 분야에서 일군 효율성 제고의 성과를 사회 전반으로 확산하려는 시도인 동시에 '비효율적인' 관습과 제도를 철폐, 개혁하여 국가 경쟁력을 다시 세우고자 한 운동이었다. 특히 20세기 초 영국에서는

를 위한 정치'인 셈이다. 지난 20년 동안 책에서는 질서나 자유를 향한 이상이 꾸준히 줄어들었다. 의회에서는 기지와 능변을 향한 열망이 잦아들었다. 문학은 의도적으로 덜 정치적인 것이 되었다. 정치는 의도적으로 덜 문학적인 것이 되었다. 만물의 관계를 다루는 일반론은 양쪽에서 추방당했다. 그리하여 우리는 이렇게 물어야 할 위치에 서 있다. "일반론을 쫓아내고 우리는 무엇을 얻었고 무엇을 잃었는가? 도덕가와 철학자를 내버리면 문학은 더 나아지는가, 정치는 더 나아지는가?"

한 민족에 관계하는 모든 것이 시간의 흐름에 따라 약하고 무력해질 때, 그 민족은 효율성을 말하기 시작한다. 온몸이 만신창이가 되었을 때라야 비로소 건강을 이야기하는 것과 마찬가지다. 반면에 활력 넘치는 유기체들은 과정이 아니라 목표를 이야기한다. 세상 끝으로의 여행을 신나서 이야기하는 것보다 그 신체의 효율성을 입증하는 더 나은 증거는 없다. 심판의 날과 새 예루살렘이라는, 세상 끝으로의 여행을 끊임없이 이야기하는 것보다 한 나라의 실제적 효율성을 입증하는 더 나은 증거는 없다. 높고 무모한 이상을 좇는 경향보다 생생한 육체의 팔팔한 상태를 드러내

산업화 후발 주자인 독일이 더 '효율적'인 국가 체계를 갖추고 빠르게 성장해 자국의 지위를 위협한다는 불안감이 커졌고, 영국이 제2차 보어 전쟁1899-1902에서 마침내 승리했으나 월등한 전력을 갖추고도 효율적인 전술 운용에 실패해 엄청난 피해를 입었다는 충격이 확산되며 '국가적 효율성'National Efficiency이 정치의 화두로 급부상했다. 이 상황에서 버나드 쇼, H. G. 웰스 등 당대 지식인들과 윈스턴 처칠, 데이비드 로이드 조지 등 자유당 정치인들이 주축이 되어 과학적이고 점진적인 사회 개혁을 추구했고 교육, 노동, 복지를 비롯한 여러 분야에서 성과를 거두었다. 체스터턴은 이러한 효율성 추구의 세태 속에 사람들이 놓치기 쉬운 근본적인 문제가 있음을 지적하고 있다.

는 더 강력한 징후는 없다. 인생에서 가장 생기 넘치는 유년기에나 달을 따 달라며 우는 법이다. 석기 시대의 강인한 사람들은 효율성을 위해 일한다는 말이 무슨 소리인가 싶었을 것이다. 힐데브란드[11]는 효율성이 아니라 가톨릭교회를 위해 일하노라 말했을 것이다. 당통[12]도 효율성이 아니라 자유, 평등, 박애를 위해 일하노라 말했을 것이다. 혹여 이들의 이상이 어떤 사람을 발로 차서 층계 아래로 내치는 것이었다 해도, 이들은 보통 사람들이 그러하듯 목적을 생각했지 마비된 환자처럼 과정을 생각하지는 않았다. 이들은 "아시겠지만, 제대로 자리 잡은 이 허벅지와 종아리 근육을 써서 내 오른쪽 다리를 효율적으로 들어 올려서는 말이죠…" 하는 식으로 말하지 않았다. 이들의 감각은 확연히 달랐다. 이들은 어떤 사람이 층계참에 쓰러져 납작 누워 있다는 아름다운 비전에 흠뻑 빠져들었고, 나머지는 그 황홀경 속에서 순식간에 뒤따라왔다. 실제로 일반화와 이상화의 습성은 절대 세속적 나약함을 뜻하지 않았다. 거창한 이론의 시대는 거창한 성과의 시대이기도 했다. 세련된 언어와 감상感想의 시기인 18세기 말에 사람들은 더없이 강건하고도 유력했다. 감상주의자들이 나폴레옹을 정복했다. 하지만 냉소주의자들은 데 웨트[13]를 잡지 못했다. 백 년 전에

---

11   교황 그레고리오 7세Pope Gregory VII, 재위 1073-1085를 가리킨다. 본명은 일데브란도 디 소아나Ildebrando di Soana이며 힐데브란드Hildebrand는 영어식 이름이다. 신성 로마제국 황제와의 서임권 분쟁을 종식하고 교황권을 강화하는 한편 교회 제도를 정비, 개혁하여 중세 로마가톨릭교회 전성기의 토대를 다진 인물이다.

12   조르주 자크 당통George Jacques Danton, 1759-1794은 프랑스 혁명기의 정치가다. 로베스피에르와 함께 자코뱅당을 이끌며 국민공회를 형성하여 왕당파를 척결했지만 그 자신이 비리 혐의에 연루되어 단두대에 처형되었다.

는 수사학자들이 선악의 문제들을 의기양양하게 다루었다. 이젠 힘세고 말수 적은 자들이 이 문제들을 절망적일 만큼 엉망으로 헝클어 놓는다. 그리고 거창한 말과 거창한 비전을 거부하여 정치가 소인小人들의 경주가 되었듯, 예술도 소인들의 겨루기가 되어 버렸다. 정치인들은 황제와 초인超人의 엄청난 권한을 당연한 듯이 요구하면서도 자신들은 너무나 현실적이라서 순수할 수 없으며 너무나 애국적이라서 도덕적일 수 없노라 주장한다. 그 결과, 우리는 그저 그런 인물이 재무장관 자리에 앉는 모습을 본다. 새롭고 예술적인 철학자들도 똑같이 엄청난 도덕적 권한을, 그들 자신의 힘으로 하늘과 땅을 엉망으로 만들 자유를 요구한다. 그 결과, 우리는 그저 그런 인물이 계관시인[14] 자리에 앉는 모습을 본다. 이들보다 더 강한 이들이 없다는 소리가 아니다. 그러나 철학에 지배되고 종교에 몰두했던 옛사람들보다 더 강한 이들이 있다고 어느 누가 말할 수 있을까? 자유보다 구속이 더 나은가 하는 문제는 논쟁의 여지가 있다. 다만 지난날 구속받던 옛사람들이 오늘날의 자유로운 우리보다 더 많은 것을 이루었다는 사실을 부인하기는 어렵다.

예술의 반反도덕성[15]에 관한 이론은 순전한 예술가 계층에

---

13   크리스티안 데 웨트Christiaan de Wet, 1854-1922는 제2차 보어 전쟁에서 과감하고 영리한 게릴라 전술로 영국군에 큰 타격을 준 오렌지 자유국의 보어인 장군이다.

14   계관시인桂冠詩人, Poet Laureate은 17세기부터 영국 왕실에서 당대에 가장 뛰어난 시인에게 내려온 명예로운 칭호. 이 칭호를 받은 시인은 종신직 궁내관으로서 국가의 경조사에 공적인 시를 발표한다.

15   반反도덕성unmorality은 도덕규범에 어긋난다는 뜻이 아니라 도덕규범과 무관하다는 뜻이다.

서 굳건히 성립했다. 저들은 좋아하는 것이라면 무엇이든 자유로이 만들어 낼 수 있다. 사탄이 하나님을 정복하는 '실낙원'失樂園을 쓸 수도 있고, 지옥 밑바닥 그 아래에 붙은 천국을 그린 '신곡'神曲을 쓸 수도 있다. 그런데 이들은 이제껏 무엇을 했던가? 보편성의 측면에서, 험악한 기벨린[16] 가톨릭 신자나 엄격한 청교도 교사가 입 밖에 낸 것보다 더 위대하고 아름다운 그 무엇을 내놓았던가? 알다시피 이들은 돌고 도는 원형圓形의 단편들을 내놓았을 뿐이다. 밀턴[17]은 이들을 경건함으로 압도할 뿐 아니라 불손함으로도 압도한다. 이 예술가들의 하찮은 운문 저서들을 샅샅이 훑어봐도 사탄의 저항보다 더 나은 하나님의 저항은 조금도 찾아볼 수가 없다. 모멸스러운 지옥에서 고개를 쳐든 모습으로 파리나타[18]를 묘사하면서 그 불같은 그리스도인이 느꼈던 이교異敎의 장엄함도 발

16 12-13세기, 교황과 황제 사이의 권력 투쟁을 둘러싸고 신성로마제국과 이탈리아의 분열된 정치 상황에서 교황을 지지한 분파를 구엘프Guelf/Guelph, 황제를 지지한 분파를 기벨린Ghibelline이라 한다. 구엘프파는 대체로 신흥 상인층이었고 기벨린파는 전통 귀족층이었다.

17 존 밀턴John Milton, 1608-1674은 장편 서사시『실낙원』Paradise Lost, 1667의 저자로 영국에서는 셰익스피어에 버금가는 대大시인으로 여겨진다. 독실한 청교도 신자로서 크롬웰의 청교도 혁명과 공화정을 지지하고 그 정부의 관리로 일했으며 사회 개혁을 위한 저술도 남겼다. 여전히 라틴어를 존중하던 때에 영어로 기술한『실낙원』은 공화정이 무너지고 왕정복고1660가 이루어지던 시기에 그가 글쓰기에만 전념하여 탄생시킨 역작이다.

18 파리나타Farinata는 단테의『신곡』La Divina Comedia, 집필1321, 초판1472 제10곡에 등장하며 이교도의 지옥인 제6지옥에서 무덤을 열고 나와 단테와 마주하는 인물이다. 당대에 현존하는 인물로서 파리나타는 피렌체 출신의 기벨린 지도자였고 피렌체 정쟁 당시 단테를 포함한 구엘프파를 피렌체에서 추방하는 데 앞장섰다. 그는 영혼 불멸과 사후 세계를 거부하는 에피쿠로스 철학의 추종자이기도 했는데, 이런 파리나타를 단테는 지옥에 있는 모습으로 그렸다.

견할 수 없다. 이유는 명백하다. 신성모독이 하나의 예술적 효과가 되는 것은, 그것이 철학적 확신에 의존하기 때문이다. 신성모독은 믿음에 의존하며 믿음과 함께 희미해지고 있다. 누군가 이말을 의심한다면, 그에게 자리에 앉아서 진지하게 토르[19]에 대한 신성모독적인 생각을 떠올려 보라고 하라. 그날 하루가 끝날 무렵, 가족들은 탈진한 그의 모습을 발견할 것이다.

정치의 세계에서도 문학의 세계에서도, 일반론에 대한 거부는 성공을 입증하지 못했다. 광기와 오해를 부르는 많은 이상理想들이 때때로 인류를 혼란스럽게 했을지도 모른다. 그러나 단언하건대 현실성의 이상만큼 광기와 오해를 불러일으킨 이상은 이제껏 없었다. 로즈버리 백작[20]의 기회주의만큼 기회를 잃고 또 잃

19 토르Thor는 북유럽 신화 속 천둥의 신으로, 천둥은 물론 번개와 폭풍을 관장하며 인류를 보호한다고 알려졌다. 금발 머리에 붉은 수염을 한 모습으로 묘사되며 산을 부수어 평지로 만들 만한 위력을 지닌 묠니르Mjölnir라는 망치가 대표적인 무기다.

20 제5대 로즈버리 백작인 아치볼드 프림로즈Archibald Primrose, 1847-1929는 자유당 소속으로 상원 의원이 되었으며 외무장관직과 총리직1894-1895을 역임했지만 일관된 정책과 노선을 견지하지 못해 실패한 정치인이라는 평을 받았다. 젊은 시절에 그는 더비 경마대회에서 우승하기, 부유한 상속녀와 결혼하기, 영국 총리 되기라는 세 가지 인생 목표를 마음에 품었고 모두 이루었다. 옥스퍼드 대학에 입학했으나 규정을 어기고 말을 소유한 일이 문제가 되자 학업을 포기했고, 자유당 거물 정치가인 글래드스턴을 도와 정치에 입문해 스코틀랜드 문제를 담당하는 내무부 차관직을 맡았다가 시간이 없다는 이유로 곧 사임했다. 이후 글래드스턴 정부에서 두 차례 외무부 장관직을 맡았지만, 글래드스턴이 자유 무역과 사회 개혁을 일관되게 주장하는 자유당 주류와 달리 제국주의와 반反사회주의 노선을 견지하면서 그와 갈등을 일으켰다. 또 1894년 글래드스턴이 고령으로 은퇴하면서 그의 총리직을 물려받았음에도 이듬해 총선에서 패배하자 정계에서 공식 은퇴했다. 하지만 이후에도 이른바 자유당 제국주의자들Liberal Imperialists의 대표로서 자

은 것도 없다. 로즈버리 백작은 참으로 이 시대의 살아 있는 상징이다. 이론적으로는 현실적인 인물이면서 현실적으로는 어느 이론가보다 비현실적인 인물이다. 이 우주에서 그런 식으로 세속의 지혜를 숭배하는 것만큼 지혜롭지 못한 것은 없다. 이 인종이 강한지 저 인종이 강한지, 이 대의가 유망한지 저 대의가 유망한지 노상 생각하는 사람은 그게 무엇이든 성공을 거둘 때까지 충분히 오랫동안 믿지 못한다. 기회주의 정치인은 당구에 지면 당구를 포기하고, 골프에 지면 골프를 포기하는 사람과 같다. 즉각적인 승리에 커다란 중요성을 부여하는 것만큼 유효한 목표가 되기에 빈약한 것은 없다. 성공만큼 실패하는 것도 없다.

기회주의의 실패를 목도하고서 나는 기회주의를 폭넓게 살피게 되었고, 그 결과 기회주의는 필패한다는 점을 확인했다. 그러니 처음에서 시작하여 이론을 논하는 것이 훨씬 더 실제적이겠다. 물론 나는 호모우시온[21]이라는 정통을 다투면서 서로를 죽인

유당 주류 정책에 반의를 표하며 정치적 영향력을 행사했으며 특히 보어 전쟁을 지지하고 아일랜드 자치에 반대한 것으로 유명하다. 1902년에는 자유연맹Liberal League의 수장직을 맡으면서 적극 활동했으나 1905년 자유당이 총선에 승리해 집권에 성공하자 다시 수장직을 사임하고 이후에는 집필 활동에 전념했다.

21 '동일본질'로 번역되는 그리스어 호모우시온ὁμοούσιον은 '같다'same는 뜻의 호모스ὁμός와 '존재'being 혹은 '본질'essence이라는 뜻의 우시아οὐσία를 결합한 말이다. 초기 그리스도교에서 성부 하나님과 성자 예수 그리스도의 관계를 둘러싼 논쟁이 격화되자 325년 니케아 공의회가 개최되었고, 논의 끝에 성부와 성자의 동일본질을 주장하는 아타나시우스파를 정통으로 인정하고 이에 반대하는 아리우스파를 이단으로 단죄한다. 공의회에서 채택한 니케아 신경에서는 하나님의 아들 예수 그리스도를 '창조되지 않고'οὐ ποιηθέντα '아버지의 본질에서 나신'ἐκ τῆς οὐσίας τοῦ Πατρός 분으로 설명하고, 더 나아가서 '하나님에게서 나신 참 하나님'Θεὸν ἀληθινὸν ἐκ Θεοῦ ἀληθινοῦ이며 '아버지와 본질이 같으신'ὁμοούσιον τῷ Πατρί 분이라고 서술한

이들이 교육법[22]을 두고서 아웅다웅하는 이들보다 훨씬 더 분별력이 있다는 것을 안다. 그리스도교 교의주의자들the Christian dogmatists은 거룩한 통치를 확립하려고 분투했고, 무엇이 실로 거룩한지를 정의하려고 애썼다. 반면에 현대 교육자들은 종교란 무엇이며 자유란 어떤 것인지를 정리하려는 하등의 노력 없이 종교의 자유를 이루려고 애쓴다. 옛 사제들이 인류에게 하나의 언명을 강요했다 하더라도, 지난날에는 적어도 이 점을 명료하게 설명하려고 고투했었다. 반면에 현대 성공회 신도나 비국교도[23] 무리는 교의를 수

다. 이후 동일본질 개념은 계속되는 치열한 신학 논쟁과 이단 파문의 과정을 거친 끝에 삼위일체론의 핵심 개념이자 그리스도교 정통 교의로 자리 잡는다.

22 영국 보수당 정권이 발의한 1902년 교육법Education Act of 1902 곧 밸푸어 법안Balfour Act을 두고 하는 말이다. 이 법에 따라 지방교육당국Local Education Authority(LEA)이 해당 지역 학교에 대한 포괄적 지배결정권을 갖게 되었다. 법안의 요지는 개별 학교운영위원회Elected School Board를 폐지하고, 종교기관에서 운영하는 학교에도 정부에서 지원하여 각 지방정부가 해당 지역 학생들에게 양질의 교육을 균등하게 제공하게끔 한다는 것이었다. 하지만 당시 종교기관 운영 학교들은 대부분 국교회 소속이었고 비국교도(국교회 이외의 개신교 신자들)는 학교운영위원회를 통해 교육에 영향력을 행사했으므로 이 법안을 둘러싸고 국교회와 비국교도 사이에 갈등이 불거질 수밖에 없었다. 이 상황을 등에 업고 자유당은 보수당의 법안에 강하게 반대했으며 그 결과 1905년 보수당은 총선에서 참패하고 자유당이 10년 만에 재집권했다. 20세기 초 영국에서 대두된 효율성 운동의 영향을 받은 법안으로서 장기적으로는 국가 차원에서 초·중등 교육 제도를 확립, 관리하는 계기를 마련했다고 평가한다. 효율성 운동에 대해서는 제1장 주10 참조.

23 비국교도Nonconformist란 19세기 말 이후 지금까지 잉글랜드 국교회 곧 잉글랜드 성공회에 속하지 않은 개신교파 신자 일반을 가리킨다. 원래는 1660년 찰스 2세의 왕정복고 이후 1662년에 반포된 통일령Act of Uniformity(국교인 잉글랜드 성공회의 전례와 예식을 기준으로 국민의 신앙생활을 규제하려 했던 법령)에 순응하지 않은 개신교 신자들을 이르는 말이었다. 여기서 체스터턴은 1660년 왕정복고 이전에 잉글랜드 성공회의 정화를 주장하면서 의회파를 주도해 왕당파를 꺾고 공화국을 성

호한다는 명목에서 박해를 일삼으면서도 그 교의를 언명하려고는 하지 않는다.

이러한 이유만이 아니라 훨씬 더 많은 이유로, 나는 근본으로 돌아가는 데 믿음을 두게 되었다. 이것이 바로 이 책 전체를 아우르는 생각이다. 오늘날 가장 뛰어나다고 널리 알려진 인물들을 살피되 개인적으로나 문학적으로 다루는 것이 아니라 그들이 가르치는 교의의 실체와 관련하여 다루고자 한다. 나는 러디어드 키플링[24]에게 관심이 있지만, 생기 있는 예술가라든가 정력적인 인물로서 키플링에게 관심이 있는 것이 아니다. 나는 그가 한 이단이라는 점에서, 그의 견해가 대담하게도 나와는 다르다는 점에서 그에게 관심이 있다. 나는 버나드 쇼에게 관심이 있지만, 현존하는 가장 명석하고 정직한 인물로서 쇼에게 관심이 있는 것이 아니다. 나는 그가 한 이단이라는 점에서, 그의 철학이 무척이나 견고하고 일관되면서도 상당히 잘못되었다는 점에서 그에게 관심이 있다. 무언가를 해낼 수 있다는 일반적인 희망에 고무되어, 나는 13세기의 교의적 방법론으로 회귀하려 한다.

거리에서 일대 소동이 일어난다고 상상해 보자. 수많은 유력 인사들이 헐어 버리고 싶어 하는 그러한 것, 이를테면 하나의 가로등을 둘러싸고서 말이다. 중세의 화신이랄 수 있는 회색 옷차

립시켰던 청교도를 현대의 비국교도와 구분한다. 한편 1662년의 통일령은 명예혁명 이후 1689년의 관용령Toleration Act에 따라 폐지되었고 삼위일체 교의를 인정하는 모든 개신교 교파는 신앙의 자유를 누리게 되었다.

24   러디어드 키플링은 인도 태생의 영국인 소설가, 시인이다. 자세한 설명은 제3장 주8 참조.

림의 수도승에게 의견을 구한다면, 그는 스콜라 신학자의 건조한 방식을 좇아 이렇게 말하기 시작할 것이다. "나의 형제들이여, 먼저 빛의 가치에 대해 생각해 봅시다. 빛이 그 자체로 선한 것이라면…." 이쯤에서 수도승은 사람들에 치여 쓰러질 텐데, 그럴 만도 하다. 모든 사람이 몰려들어 순식간에 가로등을 쓰러뜨리고, 자기들은 전혀 중세적이지 않고 오로지 현실적이라고 자축하면서 돌아다닌다. 하지만 상황은 그리 호락호락하게 이어지지 않는다. 어떤 이들은 가스등이 아니라 전등을 원해서 그렇게 행동했다. 어떤 이들은 가로등에서 고철을 떼어 낼 생각이었다. 어떤 이들은 어둠을 원했는데, 그건 그들의 행동이 악했기 때문이다. 그 가로등으로는 충분하지 않다고 여기는 이들이 있는가 하면 과도하다고 보는 이들도 있었다. 도시의 설비를 망가뜨리고 싶었거나 그저 무언가를 부수고 싶었던 이들도 있었다. 이제 밤이면 전쟁이 벌어지는데, 누구도 누구를 공격해야 할지 알지 못한다. 그리하여 점차 그리고 필연적으로, 오늘이든 내일이든 혹은 그다음 날이든, 결국 그 수도자가 옳았으며 모든 것이 빛의 철학[25]에 의존한다는 확신에 다시금 이르게 된다. 우리는 과거에 가스등 아래에서 논했을 것을 이제는 어둠 속에서 논해야만 하는 것이다.

25   체스터턴은 가로등을 둘러싸고 각자 자신에게 실제적이고 유용한 이유를 제시하는 사람들을 보여 주면서 그 사이에서 '빛의 철학'을 시도하는 수도자를 옹호한다. 그런데 여기서 '빛의 철학'은 'a philosophy of light'가 아니라 'the philosophy of Light'다. 이로써 체스터턴은 단지 물리적 현상으로서 빛에 관한 어떤 논의가 아니라 절대 진리의 탐구로 나아가려는 (혹은 회귀하려는) 의도를 드러낸다.

O2

부정적인 정신에
관하여

수도자의 병적 상태, 은수자들이나 수녀들의 환시에 동반되곤 하는 히스테리 증상은 이미 많이 회자되었다. 그런데 이 환시적인 종교가 어떤 면에서는 필연적으로 우리의 현대적이고 합리적인 도덕보다 더 온전하다는 점을 잊어서는 안 된다. 환시적인 종교가 더 온전한 까닭은 윤리의 이상理想을 향한 가망 없는 싸움에서 거둘 성공과 승리를 깊이 묵상하기 때문이다. 스티븐슨[1]은 늘 그렇듯 절묘한 표현을 써서 이 싸움을 가리켜 '미덕美德이 패배한 싸움'

---

[1] 로버트 루이스 스티븐슨Robert Louis Stevenson, 1850-1894은 『보물섬』*Treasure Island*, 1883, 『지킬 박사와 하이드』*Strange Case of Dr. Jekyll and Mr. Hyde*, 1886 등으로 유명한 스코틀랜드 출신의 소설가다. 병약하게 태어나 평생 질병에 시달렸지만 모험의 삶을 살았고 여행을 즐겼으며 남태평양의 사모아에 정착하여 그곳에서 생을 마감했다. 체스터턴은 스티븐슨의 작품을 즐겨 읽었고 1927년에 그에 관한 비평서를 출간하기도 했다.

26

이라 했다. 반면에 현대 도덕은 법칙 위반에 뒤따르는 폐해가 생긴다는 점만을 절대적으로 확신하며 지적할 수 있다. 현대 도덕에 단 하나의 확실성이 있다면 그건 해악에 관한 확실성이다. 현대 도덕은 결함을 지적할 뿐 완전完全을 지시할 수 없다. 그러나 그리스도나 붓다를 명상하는 수도자는 그 정신 안에 더없이 건강한 이미지, 선명한 색채와 투명한 공기로 이루어진 무언가를 지니고 있다. 그는 이러한 이상의 완전과 행복을 필요 이상으로 숙고할지 모른다. 어쩌면 삶에 필수적인 것들이 배제되는 현실을 방치하면서 깊이 빠져들어 몽상가나 바보가 되기까지 생각에 잠기겠지만, 그가 숙고하는 것은 여전히 완전과 행복이다. 그러다 마침내 미쳐 버릴 수 있겠지만, 그는 온전한 정신에 대한 사랑에 미치는 것이다. 반면에 오늘날 윤리학을 공부하는 학생은 정신이 온전한데, 광기에 대해 광적인 공포를 품고 있기에 정신이 온전한 채로 남아 있을 수 있다.

실크해트를 쓴 채 칩사이드[2]를 걷는 정신이 온전한 한 무리의 사람들보다 자기포기의 열망으로 돌밭을 구르는 은수자가 근본적으로 더 건강하다. 그러한 많은 사람은 오직 악에 대한 해로운 지식에 의해서만 선하기 때문이다. 나는 지금 열성 신자를 말하면서 그의 주된 장점을 설명하는 것일 뿐 다른 무엇을 주장하려는 게 아니다. 개인적으로는 그가 자신을 연약하고 비참하게 만드는 중인지 모르지만, 그는 여전히 온 정신을 그 거대한 힘과 행복, 무한한 힘과 영원한 행복에 쏟는 중이다. 수도원 독방에서건

2   칩사이드Cheapside는 런던 시내를 동서로 가로지르는 큰 거리로, 중세부터 지금까지 상업과 금융의 중심지이다.

거리에서건, 신과 환시가 도덕에 미치는 영향에 맞서 소리 높여 주장할 수 있는 합리적인 반대 의견들도 물론 있기는 하다. 다만 이 신비적 도덕의 장점은 변치 않을 텐데, 이것이 다른 것보다 언제나 더 유쾌하기에 그러하다. 젊은이는 병폐에 대해 끊임없이 생각하면서 자신을 악덕으로부터 지켜 낼 수 있다. 그는 동정 성모 마리아에 대해 끊임없이 생각하면서 자신을 지킬 수도 있다. 이 가운데 어느 쪽이 더 합리적인 방법인지, 심지어는 더 효율적인 방법인지를 물을 수는 있다. 하지만 단연코 어느 쪽이 더 온전한지에 관해서는 의심의 여지가 없다.

유능하고 신실한 세속주의자 G. W. 푸트[3]가 작성했던 소책자가 기억난다. 거기엔 이 두 가지 방법을 예리하게 상징하고 구분하는 표현이 들어 있었다. 그 소책자의 제목은 "맥주와 성경"[4]

3 　조지 윌리엄 푸트George William Foote, 1850-1915는 영국의 유명한 세속주의자, 무신론자다. 몇몇 신문과 정기간행물을 창간, 편집하여 세속주의를 홍보하고 사회 개혁을 촉구했는데 그가 1881년에 창간한 『프리씽커』The Freethinker는 여전히 간행되는, 영국에서 가장 오래된 잡지의 하나다. 푸트 자신은 1882년 이 잡지에 실은 만평 때문에 신성모독 혐의로 기소되어 징역형을 받기도 했다. 대표적인 세속주의자인 찰스 브래들로와 노선을 달리하기도 했지만 결국 그가 창립한 전국세속주의협회NSS에 가입했고 1890년에는 회장직을 승계했다. 이러한 이력을 지닌 푸트가 '엄격한 옛 청교도 같은 태도로' 생각했다고 쓰면서 체스터턴은 그 태도의 모순성을 비꼬고 있다.

4 　1895년에 푸트가 출간한 소책자의 정확한 제목은 "성경과 맥주"Bible and Beer였다. 여기서 제목의 앞뒤가 바뀐 것은 상대의 논리를 뒤집어 비판하는 데 능숙한 체스터턴의 의도적 실수로 보인다. 이 소책자의 목적은 지역별 행정 구역에서 주민 투표를 통해 알코올 판매를 금지할 수 있게 하는, 윌리엄 하코트 경이 추진했던 이른바 '지방거부권법안'Local Veto Bill에 반대를 표하고 더 근본적으로는 종교적 신념과 윤리를 사회 전반에 강제적으로 적용하려는 이들의 모순성을 비판하는 데 있었다. 푸트는 음주가 건강에 해롭다는 사실과는 별개로 도덕 혹은 종교에

으로, 이 둘은 모두 고귀한 것들이며 나란히 자리한 덕분에 한층 더 고귀함을 발한다. 푸트는 엄격한 옛 청교도 같은 태도로 이를 아니꼽게 생각한 듯하나, 나는 적절하고 매력적이라고 생각한다. 지금 내게는 그 소책자가 없지만, 종교 예식이나 중보기도를 통해 독주毒酒의 문제를 다루려는 그 어떤 시도도 푸트가 경멸적으로 묵살했다는 점만은 기억난다. 그는 술주정뱅이의 간肝을 그린 그림이 기도나 찬양보다도 금주에 더 효과적이라고 말했다. 그런데 내가 보기에, 그림같이 생생한 그의 표현에는 현대 윤리의 치유 불가능한 병적 상태가 완벽하게 구현된 듯하다. 어스레한 푸트의 신전에선 한 무리의 사람들이 무릎을 꿇었고 장엄한 성가가 울려 퍼진다. 하지만 모든 이가 무릎을 꿇고서 바라보는 그 제대 위에 완전한 육체, 완벽한 인간의 몸과 실체는 더 이상 없다. 몸이 있기는 하나 병든 몸이다. 그것은 술주정뱅이의 간, 우리로 인해 훼손된 새로운 계약의 간이다. 우리는 그를 기념하여 그의 간을 받아먹는다.

19세기 사실주의 문학에 대해 정신이 온전한 이들이 느꼈던 진짜 반감의 이면에는 현대 윤리의 이 커다란 간극, 즉 순수성과 영적 승리를 표현한 생생한 그림이 부재하는 현실이 자리한다. 입센[5]이나 모파상[6]의 작품에서 다루는 주제라든가 등장인물들의 꾸밈없는 언어가 정말 끔찍하다고 말하는 보통 사람이 있다면, 그는 거짓말을 한 것이다. 어떤 계층이나 업계를 막론하고 현대 문명 세계의 전역에서 일어나는 평균치 사람들의 평균치 이야 깃거리는 제아무리 졸라[7]라도 출간을 꿈꾸지 못했을 것이다. 이런 주제들에 대해 그런 언어로 쓰는 습성은 새로운 관습이 전혀 아니다. 오히려 죽어 가는 중이기는 해도 빅토리아 시대풍의 내숭과 침묵이야말로 여전히 새롭다. 삽을 삽이라 부르듯 숨김없이 사실대로 말하는 전통은 문학에서 매우 이른 시기에 시작되어 지금껏 이어져 왔다. 하지만 정직한 보통 사람이라면, 비록 자신은 느낌을 두루뭉술하게 이야기할지라도 현대인들의 거리낌 없는 표현에 혐오감을 느끼거나 짜증을 내지는 않는다는 게 진실이다. 오히려 그에게 혐오감을 불러일으키는 것은 선명한 사실주의의 현존이 아니라 선명한 이상주의의 부재다. 강력하고 진실한 종교적 감상이 사실주의와 대립한 적은 전혀 없었다. 종교야말로 현실적인 것, 가차 없는 것, 욕을 해대는 것이었다. 이것이 최근의 비국교도와 17세기의 위대한 청교도를 가르는 커다란 차이점이다. 체면 따위는 아랑곳하지도 않는 것이 청교도의 요지였다. 그러나 현

이단 Heretics

5   헨리크 입센Henrik Ibsen, 1828-1906은 노르웨이의 극작가로 현대극의 아버지라 불린다. 찰스 다윈으로 대표되는 진화론적 과학 사상과 에밀 졸라로 대표되는 자연주의 문예 사조에 따라 급진적인 사회문제극을 쓴 것으로 유명하다. 『인형의 집』 Et Dukkehjem, 1879, 『유령』Gengangere, 1881, 『민중의 적』En Folkefiende, 1882 등 그의 대표작들은 당대 유럽에서 큰 반향을 일으켰다.

6   기 드 모파상Guy de Maupassant, 1850-1893은 인간의 삶과 사회를 예리하게 관찰하고 냉정하게 서술했던 프랑스의 사실주의 소설가다.

7   에밀 졸라Émile Zola, 1840-1902는 사회 정의를 위해 적극적으로 현실 문제에 참여한 프랑스의 자연주의 소설가, 비평가다. 자연주의 작품들은 현실을 사실적으로 그릴 뿐 아니라 인간 행동에 영향을 주는 환경과 유전 같은 과학 요인을 규명하려는 목적에서 인간의 욕망과 타락을 솔직히 묘사하여 문체와 표현이 강하고 거친 편이다.

대의 비국교도 신문들은 그 비국교도 신앙의 창립자들이 왕과 여왕에게 내던지며 스스로 구별 짓던 명사와 형용사를 억압함으로써 자기 자신을 구별한다.[8] 악을 분명하게 말한다는 것이 종교의 한 가지 주요한 주장이긴 했지만, 선을 분명하게 말한다는 것이야말로 모든 종교의 가장 주요한 주장이었다. 내가 보기에 입센으로 대표되는 저 위대한 현대 문학이 하는 것, 내 생각에 마땅히 분개할 만한 것은, 그릇됨을 인지할 수 있는 눈은 기묘하고도 맹렬히 점점 더 또렷해지는 반면에 옳음을 보는 눈은 매 순간 더 흐릿해지는 현실이다. 단테의『신곡』[9]과 입센의『유령』[10] 각각에 담긴 도덕을 비교해 보면 현대 윤리가 어떤 일을 벌였는지 확인하게 된

8   16세기 종교개혁 이후 영국 내에서 탄압받던 비국교도들은 대부분 청교도Puritans
     였다. 청교도는 복음중심주의를 강조하는 다양한 교파의 개신교 신자들을 일컫는
     말로서 침례교, 장로교, 퀘이커 등 여러 교파의 신자들을 아우른다. 이들은 신학적
     으로 인위적 권위와 전통을 인정하지 않고 성경에 집중하려고 했으며, 도덕적 순
     수성을 추구하고 낭비와 사치를 배격했다. 또 종교의 자유, 평등과 정의를 추구하
     고 차별과 강요에 반대했다. 하지만 19세기 이후에는 18세기 말에 영국 국교회에
     서 떨어져 나와 독립 교파를 이룬 감리교 신자들이 비국교도의 다수를 차지하기
     에 이른다. 이들은 산업화가 급속히 진행되는 영국 사회의 중산층으로서 성性, 음
     주, 가정, 주일 성수聖守(일요일을 거룩하게 지켜 교회 예배에 참석하고 다른 세속적인 일
     들을 되도록 하지 않는 것) 등 개인 윤리를 강조했다. 그리고 이를 사회 전반에 강요
     하기 위해 사회적·정치적 영향력을 활용하는데, 이 세력을 가리켜 '비국교도 양
     심'Nonconformist Conscience이라고 한다. 이들은 정치인의 도덕적 완전성을 요구하
     기 시작했으며, 19세기 후반부터 자유당의 가장 크고 강력한 지지 세력을 형성하
     고 여러 종교 신문들을 발행하여 큰 성공을 거두었다. 특히 체스터턴이 이 책을
     쓴 20세기 초에는 학교법과 금주법 등을 둘러싸고 정치에서 가장 강력하고 활발
     하게 영향력을 행사했으나 제1차 세계대전을 겪는 동안 그 힘이 현저히 약화되
     었다. 체스터턴은 이들의 형식적인 개인 윤리 추구와 그 가식성에 관한 문제들을
     날카롭게 비판한다. 비국교도에 대한 일반적인 설명은 제1장 주23 참조.

다. 예상하기로 초기 빅토리아 시대풍의 내숭이나 포드스냅[11] 같은 낙관론을 담아 누군가 '지옥편'[Inferno]을 쓴다 해도 그를 비난할 사람은 없을 것이다. 그러나 단테는 도덕의 세 가지 장치 곧 천국과 연옥과 지옥을 그리면서 그 각각을 완벽의 비전, 개선의 비전, 실패의 비전으로 묘사했다. 입센에게는 그 가운데 단 하나, 오직 지옥밖에 없다. 누구든지 『유령』 같은 희곡을 읽고 윤리적 자제력의 필요성에 무관심한 채로 남아 있을 수는 없다고들 하는데, 지당한 말씀이다. 딱 맞는 말일 뿐 아니라 영원히 꺼지지 않는 불에 대한 가장 기괴하고도 생생한 묘사에도 어김없이 들어맞는 이야기다. 졸라와 같은 사실주의자들이 어떤 의미에서 도덕을 고취한다는 건 명백하다. 저들은 마치 교수형 집행인이 도덕을 고취한다는 의미에서, 악마가 도덕을 고취한다는 의미에서 도덕을 고취한다. 그러나 저들은 용기의 미덕이라면 뭐든 기꺼이 받아들이려 하는 극소수의 사람들에게만 영향을 끼칠 뿐이다. 대부분의 건강한

9   단테 델리 알리기에리[Durante degli Alighieri, 1265-1321]는 이탈리아의 시인으로 '중세의 암흑을 깨고 근대의 여명을 밝힌 지식인'으로 평가받는다. 『신곡』[La Divina Commedia, 집필1321, 초판1472]은 단테가 정치적 활동으로 인해 고향 피렌체에서 추방당하고 세상을 떠나기까지 20여 년에 걸친 유랑 기간에 집필한 장편 서사시다. 작가 자신이 지옥과 연옥과 천국을 차례로 여행하는 과정에 맞추어 3부작으로 구성되었다.

10   1881년작 『유령』[Gengangere]은 인간의 운명이란 유전과 환경에 의해 결정된다는 입장을 표명했던 에밀 졸라의 영향을 받아서 쓴 자연주의 작품이다. 주인공 오스왈드는 방탕했던 아버지로부터 물려받은 성병이 심해져 결국 발작을 일으키며 광기에 사로잡히고, 이를 지켜보는 어머니 알빙 부인은 약속대로 아들에게 독약을 건네줄 것인지를 고민한다.

11   포드스냅[Podsnap]은 찰스 디킨스의 『우리 서로의 친구』[Our Mutual Friend, 1864-1865]에 등장하는 인물로 자기만족에 빠져 있다.

사람들은 폭탄이 터지거나 세균이 번식할 가능성을 제거하듯이 이 도덕적 위험들을 떨쳐 낸다. 현대의 사실주의자들은 실로 테러리스트이며 폭파범들과 같다. 전율을 일으키려고 애쓰지만 그만큼 실패한다는 점만 보아도 그렇다. 사실주의자들과 폭파범들은 좋은 의도로 과학을 이용해서 도덕을 고취하려고 몰두한다. 하지만 궁극적으로 가망이 없다는 게 너무나도 자명하다.

당부하건대 독자들이 입센을 소위 비관론자로 짐작하는 저 흐리멍덩한 사람들과 나를 혼동하지 않기를 바란다. 입센 안에는 온전한 인물, 선량한 인물, 행복한 인물은 물론이고 현명하게 행동하는 인물들과 잘 마무리되는 사건들도 많이 있다. 내가 말하려는 건, 입센이 삶에서 진정 지혜이며 미덕인 것을 향해 의심하는 태도만큼이나 어떤 모호함, 변화하는 태도를 감추려 들지 않는다는 것이다. 이 모호함은 그가 악의 뿌리라고 인지했던 그 무언가라든가 어떤 기만이나 어떤 인습, 어떤 무지를 맹렬히 비난하던 그 단호한 태도와도 뚜렷이 대조된다. 우리는 『유령』의 주인공이 미쳤다는 사실을 알고 있으며 그가 미치게 된 까닭도 안다. 하지만 우리는 의사 스토크만[12]의 정신이 온전하다는 사실은 알면서도 그 까닭은 알지 못한다. 입센은 오늘날 성적性的 비극이 어떻게 일어나는지 안다고 공언하지만, 미덕과 행복이 어떻게 생겨나는

---

12 스토크만Stockman은 입센이 1882년에 발표한 희곡 『민중의 적』En Folkefiende의 중심인물이다. 마을 온천수가 오염된 상황을 둘러싸고 의사 스토크만은 양심적으로 문제를 해결하려 하지만, 마을 경제를 떠받치는 제혁소가 폐쇄될 것을 염려하는 관청과 주민들의 반대에 부딪혀 갈등한다. 파리 초연 당시에는 스토크만이 드레퓌스 사건의 에밀 졸라를 연상시킨다는 이유로 관객들 사이에 난투극이 벌어져 공연이 중단되는 일도 있었다.

지 안다고 공언하지는 않는다. 『사회의 기둥들』에서 거짓이 파멸을 초래한다면[13] 『들오리』에서는 진실이 파멸을 초래한다.[14] 입센주의에 가장 중요한 덕목이란 것은 없다. 입센의 이상적 인물이란 것도 없다. 이 점은 일반적으로 받아들여질 뿐 아니라 입센을 향한 찬사 가운데 가장 귀중하고 사려 깊은 찬사인 버나드 쇼의 「입센주의의 정수」에서도 과시된 바 있다.[15] 쇼는 "황금률이란 황금률이 없다는 것이다"라는 말로 입센의 가르침을 요약한다. 쇼가 보기에는 영원하고도 긍정적인 이상의 부재, 미덕에 대한 영속적인 열쇠의 부재야말로 입센이 칭찬받아 마땅한 이유가 된다. 나는 지금 이 말이 참인지 아닌지를 파고들려는 게 전혀 아니다. 다만 점점 더 커지는 확신을 품고 조심스레 지적하려는 건, 좋든지 나쁘든지 간에 이러한 누락으로 인해 우리가 악의 명명백백한 이미지로 가득할 뿐 그 안에 선의 이미지라고는 전혀 없는 인간 의식의 문제를 직면하게 된다는 것이다. 앞으로 우리에게 빛이란 어

---

13   입센의 1877년작 『사회의 기둥들』Samfundets støtter에서는 명망 있는 인사인 베르니크가 과거에 자기 대신 누명을 쓰고 떠났던 처남 요한이 돌아오자 제 명예가 실추될까 봐 음모를 꾸며 그를 내쫓으려고 한다.

14   입센의 1884년작 『들오리』Vildanden에서는 행복하게 살아가던 헤드비히라는 소녀가 어머니의 과거 행적을 듣고 자신이 아버지의 친딸이 아닐지도 모른다는 사실을 알고서 자살한다.

15   「입센주의의 정수」The Quintessence of Ibsenism, 1891는 버나드 쇼가 자신이 극작가의 모델로 삼은 입센의 작품들을 분석, 비평하기 위해 쓴 에세이다. 쇼는 이 글의 결론으로 입센주의의 정수를 "어떠한 정칙도 없다"there is no formula라는 말로 요약했다. 한편으로 쇼는 등장인물들의 유형을 분석하면서 이상에 대한 태도와 관계를 기준으로 다수의 무식한 속물과 소수의 이상주의자를 구분하고, 가장 희소한 현실주의자를 찬양한다. 그리고 현실주의자의 이상적 전형으로서 '초인'超人을 제시한다.

34

두운 것, 우리가 말할 수 없는 것일 수밖에 없다. 대혼란의 한가운데 있는 밀턴의 악마들에게 그러하듯이 우리에게도 보이는 것은 어둠뿐이다. 종교에서 하는 말을 따르자면 인류는 언젠가 한 번 타락했고, 타락하면서 선과 악에 대한 앎을 얻었다. 이제 우리는 다시금 타락했고, 우리에게 남은 것은 오직 악에 관한 앎뿐이다.

우리 시대의 북방 문명에는 거대한 붕괴가 소리 없이 일어났다. 커다란 실의가 말없이 번져 갔다. 이전에 모든 세대는 무엇이 정말로 옳은 삶이며 누가 정말로 선한 사람인지를 깨달으려 애쓰면서 땀을 흘렸고 십자가에 매달렸다. 하지만 확연하게 드러나는 현대 세계의 일부에서는, 이러한 물음에는 답이 없다는 확고한 결론에 이르렀다. 그러니 우리가 할 수 있는 최선이란 그저 위험천만한 장소에 몇몇 팻말을 세우고는 죽도록 술을 마시지 말라든가 이웃의 존재를 무시하지 말라고 사람들에게 경고하는 것뿐이라는 얘기다. 입센은 이 당혹스러운 사냥에서 가장 먼저 돌아와 완패의 소식을 전하는 사람이다.

오늘날 대중적인 문구와 이상理想은 그 하나하나, 무엇이 선善인가 하는 문제를 회피하려고 지어낸 꾀에 지나지 않는다. 우리는 '자유'를 즐겨 이야기하지만, 실은 무엇이 선인지를 논하지 않으려고 꾀를 부리는 것이다. 우리는 '진보'를 즐겨 이야기하지만, 실은 무엇이 선인지를 논하지 않으려고 꾀를 부리는 것이다. 우리는 '교육'을 즐겨 이야기하지만, 실은 선을 논하지 않으려고 꾀를 부리는 것이다. 현대인은 말한다. "자의적 기준은 모조리 버리고 자유를 누립시다." 이 말을 논리적으로 다시 쓰면 이러하다. "무엇이 선인지 판단하지 맙시다. 대신에 그것을 판단하지 않는 편이 좋다고 여기게 만듭시다." 현대인은 말한다. "당신의 낡은 도덕 격률 따위는 내다 버리시오. 나는 진보를 지지합니다." 이 말을 논리적으로 다시 쓰면 이러하다. "무엇이 선인지 결정하지 맙시다. 대신에 우리가 좋은 것을 더 많이 받고 있는지를 알아봅시다." 현대인은 말한다. "친구여, 인류의 희망은 종교나 도덕이 아니라 교육에 있다오." 이 말을 분명하게 표현하면 이러하다. "우리는 무엇이 선인지를 결정할 수 없소. 다만 우리 자녀들에게는 좋은 것을 주도록 합시다."

남달리 명석한 H. G. 웰스[16]는 최근 작품에서 이러한 현상이 경제 현안과 연관하여 일어났다고 지적했다. 웰스에 따르면, 옛 경제학자들은 일반론을 만들었으며 (그가 보기에) 그 대부분은 틀렸다. 반면에 새로운 경제학자들은 일반론을 만드는 힘을 잃은 듯하다. 이들은 특정 분야에서 '전문가'로 간주되어야 한다는 일반적 권리 주장으로 자신의 무능력을 덮어 버린다. 이러한 권리 주장은 "미용사나 일류 내과의사에게는 충분히 적합하나 철학자나 과학자에게는 적절치 못하다." 웰스는 참신한 합리성을 가지고 이를 잘 지적했다. 하지만 그 역시 똑같은 거대한 현대의 오류에 빠졌다는 사실을 언급해야겠다. 그는 탁월한 저작인 『형성 중인 인류』[17]의 초입에서 예술, 종교, 추상적 도덕, 기타 등등의 이상

16 영국의 과학자, 소설가, 비평가인 허버트 조지 웰스를 가리킨다. 자세한 설명은 제5장 주7 참조.
17 『형성 중인 인류』Mankind in the Making는 H. G. 웰스가 1903년에 쓴 저술로, 인간의 형성 과정 곧 보통의 아이가 자라나 현대 국가의 시민이 되도록 하는 복잡한 환경을 과학적으로 분석한다. 웰스는 모든 기성 제도를 날카롭게 비판하면서 '인간의 진화'에 미치는 영향을 기준으로 그 모두를 시험하는 '신新공화주의'New

들을 일축해 버리고는 인간을 그 주된 기능 곧 부모의 기능에 따라 고찰하겠다고 밝힌다. 생生을 '출산의 연속'으로 논하겠다는 것이다.[18] 그는 무엇이 만족스러운 성인聖人이나 영웅을 낳는가를 물으려 하지 않고, 무엇이 만족스러운 부모를 낳는가를 물으려 한다. 이 논의가 전체적으로 매우 일리 있게 전개되므로, 독자는 시간이 좀 지나서야 이 책도 무의식적 책임 회피의 또 다른 사례에 지나지 않음을 깨닫게 된다. 인간 존재의 선善이 무엇인지를 결론 내리지 못했는데, 인간을 낳는다는 것의 선이란 대체 무어란 말인가? 스스로는 감히 풀 엄두가 나지 않는 문제를 태어날 아이에게 넘겨주는 것이나 다름없다. 마치 "망치는 어디에 쓸모가 있나?"라는 물음에 "망치를 만드는 데 쓸모가 있지"라고 답하고, "그럼 저 망치들은 어디에 쓸모가 있나?"라는 질문에는 "그것들도 망치를 만드는 데 쓸모가 있지" 하고 답하는 셈이다. 목공木工의 궁극적 유용성을 묻는 질문을 계속 밀어내는 사람과 다르지가 않다. 웰스를 비롯한 나머지 우리 모두도 이런 식으로 말하면서 인간 생명의

Republicanism를 주장한다.

18   웰스는 『형성 중인 인류』 제1장에서 '권리, 자유, 행복, 의무, 아름다움과 같은 추상적이고 정제된 모든 지적 개념을 거부'하고 '생生의 근본적 본질은 출산의 연속과 연쇄tissue and succession of births라는 언명'을 논의의 출발점으로 삼아야 한다고 주장한다. 생물학자이기도 한 웰스는 생명을 외부 환경에 대응하여 끊임없이 변화하고 적응하는 존재, 연속적인 생성 자체로 파악하며 이로부터 생물의 본능과 습관이 형성되고 나중에 인간의 지성도 산출되었다고 본다. 따라서 그런 추상적 개념들과 이상들은 아무리 중요하더라도 근본적인 것이 될 수 없다는 입장을 취한다. 웰스는 1895년작 『타임머신』 제10장에서 이미 이렇게 썼다. "자연은 습성과 본능이 쓸모없어진 다음에야 지성에 호소한다. 변화가 없고 변화의 필요도 없는 곳에는 지성도 없다."

궁극적 가치를 묻는 일을 성공적으로 미루고만 있다.

'진보'에 대해 요즘 하는 이야기는 실로 극단적이다. 오늘날 공언되는 '진보'란 우리가 아직 최상급을 정하지 못한 비교급에 지나지 않는다. 우리는 종교, 애국심, 아름다움, 적나라한 쾌락 등의 모든 이상을 진보라는 대안적 이상을 통해 마주한다. 말하자면 우리는 우리가 아는 것을 가져야 한다는 제안을, 아무도 알지 못하는 것을 훨씬 더 많이 가져야 한다는 대안적 제안을 통해 마주한다. 제대로 이해된 진보는 더없이 품격 있으며 정당한 의미가 있다. 하지만 명확한 도덕적 이상들에 반대된다는 뜻으로 쓰인 진보는 터무니없는 것이 되고 만다. 진보의 이상이 윤리나 종교의 궁극에 반ﬢ해야 한다는 게 아니다. 실은 그 반대다. 확고한 신조와 무쇠 같은 도덕 규율의 소유자가 아니라면 '진보'라는 말을 쓸 일이 없다. 교의적이지 않고서 진보적일 수는 없다. 무류성無謬性을 갖지 않고서는, 적어도 어떤 무류성을 믿지 않고서는 진보적일 수 없다고까지 말할 수 있다. 그건 진보라는 말이 그 자체로 어떤 방향성을 갖기 때문이다. 그 방향에 대해 거의 의심하지 않는 순간, 우리는 진보에 대해서도 거의 의심하지 않게 된다. 세계가 시작된 이래로 우리만큼 '진보'라는 말을 사용할 권리가 적었던 세대는 없었다. 가톨릭교회가 지배했던 12세기라든가 철학이 대세였던 18세기에는 그 방향이 좋았거나 나빴을 수도 있고 얼마나 멀리 나아가는지에 관해서는 다소 의견이 달랐을 수도 있지만, 가는 방향에는 대체로 동의했고 그래서 진보에 대한 진정한 감각이 있었다. 지금 우리는 정확히 방향에 대해 합의를 이루지 못하고 있다. 탁월한 미래라는 것이 더 많은 법에 있는지 더 적은 법에 있는지, 아니면 더 많은 자유에 있는지 더 적은 자유에 있는지, 부_富는 결국 집중될 것인지 분산될 것인지, 욕정이 가장 분별 있는 상태에 이르는 것은 동정_{童貞}에 가까운 지적 작업을 통해서일지 완전히 동물적인 자유를 통해서일지, 톨스토이[19]와 함께 모두를 사랑해야 할지 니체[20]와 더불어 어느 누구도 아끼지 말아야 할지 등등. 이 모든 사안은 우리가 실제로 가장 열심히 다투는 것들이다. 실로 '진보적'이라는 이 시대는 진보가 무엇인지를 가장 적게 확립한 시대다. 그뿐만 아니라 이 시대에 가장 '진보적'이라는 인물들은 무엇이 진보인지에 대해 가장 적게 확립한 사람들이다. 어쩌면 진보에 대해 머리 아프도록 진지하게 생각해 본 적 없는 일반 대중이야말로 진보를 이루리라고 믿어 봄직하다. 진보를 이야기하는 특정 개인들은 출발 신호가 울리고 경주가 시작되면 사방에서 불어오는 천상의 바람을 타고 제각기 날아가 버릴 게 분명하니까. 나는 '진보'라는 말이 무의미하다고 말하려는 게 아니다. 다만 도덕적 교의를 엄밀히 정의하는 작업이 선행되지 않는다면 진보란 무의미하며, 그 교의를 공유한 집단에 한해서만 진보가 적용될 수

---

19   레프 톨스토이Lev Tolstoy, 1828-1910는 러시아를 대표하는 소설가, 사상가다. 사실
      주의 소설의 정점으로 평가받는『전쟁과 평화』Война и мир, 1869,『안나 카레니나』
      Анна Каренина, 1878 등 장편 대표작들, 러시아 민중의 지혜와 그들에 대한 작가의
      애정을 담은 여러 중단편들로 유명하다. 물질주의에서 벗어난 소박하고 금욕적인
      삶을 추구했으며 그리스도교 신앙에 근거한 평화주의와 비폭력주의를 견지했다.
20   프리드리히 니체Friedrich Wilhelm Nietzsche, 1844-1900는 현대 철학의 시초로 평가받
      는 독일의 철학자다. 서구의 오랜 전통인 그리스도교와 관념적 합리주의의 기원
      을 밝혀 비판하는 작업에 매진했다. 인간이 스스로 의지를 통해 기존의 가치 체계
      를 극복하여 새로운 자아와 세계를 끊임없이 창조해야 한다고 역설했고 그러한
      인간의 전형으로서 초인超人을 강조했다.

있다고 말하는 것이다. '진보'가 위법한 말은 아니지만, 우리에게
적법하지 않다는 건 논리적으로 자명하다. 그것은 신성한 말, 신
앙의 시대에 굳센 믿음을 지닌 이들만이 쓸 수 있는 말이다.

03

러디어드 키플링,
그리고
세상을 작게 만드는
일에 관하여

세상에 재미없는 주제란 없다. 흥미를 잃은 인간이 있을 뿐이다.
그러니 따분하게 하는 자들을 위한 변명보다 시급한 게 또 있을
까 싶다. 바이런[1]은 따분하게 하는 자들과 따분해하는 자들로 인
류를 나누고는[2] 자신을 후자에 집어넣었지만, 고급한 자질들은

1   조지 고든 바이런George Gordon Byron, 1788-1824은 영국의 낭만주의 시인으로, 자유분
방하며 유려한 정열의 시를 써 열광적인 인기를 얻었다. 학창 시절부터 자유분
방했던 그는 시인으로서 큰 명성을 얻고서 오히려 삶의 권태에 빠졌으며 스위스
각지를 떠돌면서 퇴폐적인 삶을 이어가다가 그리스 독립 전쟁에 참여하여 그곳
에서 말라리아로 사망했다. 바이런 작품의 주인공이 되는 낭만적 영웅은 뛰어난
재능과 능력을 갖추고 명예와 지위를 누리면서도 사회 체계에 대한 혐오와 기존
가치에 대한 반감을 품고 있다. 또 깊고 격한 감정으로 사랑과 행복을 누리다가도
당대 도덕과 윤리를 넘어서는 행동으로 위협을 당하다 자기파괴적인 모습을 내
보인다. 바이런 자신의 모습이 반영된 듯한 이 영웅상은 이후 낭만주의 작가와 사
상가들에게 깊은 영향을 주었다.

전적으로 따분하게 하는 자들에게 있으며 저급한 자질들은 따분해하는 자들에게 있다는 사실을 지적하지는 않았다. 따분하게 하는 자는 별처럼 빛나는 열정과 엄숙한 행복을 통해서 자신이 어떤 의미에서 시적詩的인지를 증명했으며, 따분해하는 자는 자신이 어찌하여 산문적인지를 입증했다.[3]

우리는 틀림없이 풀잎이나 나뭇잎 세는 일을 아주 성가시다고 생각할 것이다. 그건 우리가 대담하거나 명랑하기 때문이 아니라 오히려 대담하지도 명랑하지도 않아서다. 따분하게 하는 자는 대담하고 명랑하게 계속 나아가면서 풀잎이 군인의 칼날처럼 반짝인다고 생각할 것이다. 따분하게 하는 자는 우리보다 더 강하고 더 즐겁다. 그는 반신半神이다. 아니, 그는 신이다. 반복되는 일에도 싫증 내지 않는 이들은 신이니까. 신들에게는 매일 찾아오는 밤이

---

2   바이런은 그의 대표 서사시 『돈 후안』Don Juan, 1819-1824의 8번째 칸토Canto 88연에서 이렇게 쓴다. "사회는 이제 하나의 세련된 무리이니/따분하게 하는 자들과 따분해하는 자들이라는, 강력한 두 부족으로 이루어져 있다." 바이런이 나눈 '따분하게 하는 자'와 '따분해하는 자'라는 구분에서, 전자는 상상력과 창조력이 부족하여 사람들을 지루하게 하고 그리하여 타인과 깊게 연결되지 못한 채 스스로 고립되는 사람들을 가리킨다. 그리고 후자는 지적 호기심으로 늘 새로운 것에 관심을 갖고 상상력과 창조력을 통해 새로운 경험을 추구함으로써 타인과 세상에 더 깊게 연결되는 이들에 해당한다. 실로 권태boredom란 바이런만이 아니라 쇼펜하우어, 키르케고르, 니체, 사르트르 같은 근현대 철학자들, 그리고 플로베르, 보들레르, D. H. 로렌스 같은 근현대 문학가들이 중요하게 다룬 문제였다. 체스터턴은 바이런의 구분을 그대로 가져오되 오히려 따분하게 하는 자보다는 따분해하는 자에게 문제가 있음을 지적하면서, 독특한 방식으로 자신만의 본질적 통찰을 제시한다.

3   시적poetic이라는 말이 낭만적이고 공상적이라는 의미로 사용되듯이 그에 반대되는 산문적prosaic이라는 말은 따분하고 현실적이라는 의미로 쓰인다.

늘 새롭고, 마지막 장미도 첫 장미처럼 붉은 법이다.

　　모든 것이 시적이라고 하는 감각은 확고하고 완전한 것이다. 이는 단지 어법이나 설득에 관한 문제가 아니다. 그 감각은 참이며, 확인할 수도 있다. 사람들은 이를 부인하려고 덤빌지 모른다. 전혀 시적이지 않은 것을 거론하면서 도전해 올지 모른다. 오래전에 한 분별 있는 편집자가 나를 찾아왔었는데, 기억하기로 그는 '미스터 스미스'인가 '스미스 가족'인가 하는 제목의 책을 손에 들고 있었다. 그러더니 대뜸 "음, 이 책에선 선생님의 그 빌어먹을 신비주의는 찾아볼 수 없을 겁니다"였던가 아무튼 그런 식으로 말하는 것이었다. 다행히도 나는 그를 깨우쳐 줄 수 있었는데, 정말이지 그건 너무나 쉽고도 뻔한 승리였다. 대부분의 경우에 사실 자체는 시적이지만, 그 이름은 시적이지 않다. '스미스'의 경우에는 그 이름이 너무나 시적이어서 이름에 걸맞게 산다는 게 몹시도 고되고 영웅적인 일이 아닐 수 없다. 스미스라는 이름은 왕들마저 존경을 표했던 직업의 이름이니[4] 모든 서사시에서 칭송하는 아르마 비룸퀘[5]의 영광의 절반을 제 것이라고 주장할 수도 있을 것이다. 대장간의 정신은 백만 편의 시에 깃든 노래의 정신과 다르지 않다. 모든 대장장이는 화음처럼 조화로운 대장장이다.

　　대장장이들이 그 창조적인 무력武力의 동굴에서 굉음을 내고

---

[4]　스미스Smith는 영어권에서 매우 흔한 이름으로 본래 대장장이를 가리킨다. 영어에서 대장간은 스미시smithy라고 하는데 이는 스미스에서 파생된 말이다. 'smith'라는 단어는 '두드리다', '치다'라는 뜻의 고대영어 동사 'smitan'에서 유래했다.

[5]　아르마 비룸퀘arma virumque는 베르길리우스의 서사시 『아이네이스』Aeneis의 첫 행 "아르마 비룸퀘 카노"Arma virumque cano(나는 무기들과 한 사내를 노래하노라)에서 나온 말로서 '무기와 인간' 혹은 '전쟁과 영웅'으로 번역된다.

춤추듯 불꽃을 튀겨 대며 신나게 작업할 때면, 마을 아이들도 어렴풋이나마 식료품 가게 주인이나 구두 수선공과 달리 대장장이는 시적이구나 하고 느낀다. 자연의 저 무정한 평온, 인간의 열렬한 간계, 지구상에서 가장 강력한 금속, 세상에서 가장 기묘한 원소, 유일한 정복자의 손에 압도되는 정복 불가능한 철鐵, 바퀴와 보습, 칼과 망치, 군대의 정렬과 무기의 전체 범례, 이 모두가 미스터 스미스의 명함에 참으로 간단하고도 무척이나 읽기 쉽게 쓰여 있다. 그러나 소설가들은 그들의 주인공에게 철과 불로 된 스미스라는 신성한 이름을 선사할 여력이 있을 때조차 에일머 밸런스라든가 버넌 레이먼드같이 아무 뜻도 없는 이름을 붙인다. 그어떤 거만한 몸짓, 고개를 움직이는 방식이나 입을 비쭉이는 모습으로 스미스라는 이름을 가진 각 사람을 골라내는 것은 매우 자연스러운 일일 테다. 아마 그럴 것이다. 나는 그렇게 믿는다. 다른 누구는 벼락출세했을지 몰라도, 스미스들은 벼락출세하지 않았다. 이 씨족은 역사의 어두운 여명에서부터 전쟁터로 나아갔다. 모두가 이들의 트로피를 손에 들었고 이들의 이름은 어디에나 있다. 이들은 여느 나라보다 오래되었으며 이들의 표지는 토르의 망치[6]다. 먼저 말했듯이 이건 정말이지 흔한 경우가 아니다. 사실 흔한 것들이 시적인 경우는 아주 흔하다. 하지만 흔한 것들이 그 이름까지 시적인 경우는 흔하지 않다. 대개는 이름이 걸림돌이 된다. 모든 것이 시적이라는 우리의 주장을, 많은 이들은 문학적으로 교묘히 창안된 표현이나 말장난쯤으로 여긴다. 실은 정반대다. 어떤

---

6   토르의 망치에 관한 설명은 제1장 주19 참조.

사물이 시적이지 않다고 하는 생각이야말로 문학적인 것이며 단순한 말의 산물이다. '철도 신호기'라는 말은 시적이지 않다. 하지만 철도 신호기는 시적이다. 신호기는 힘들게 깨어 있으면서 피같이 빨간 불과 바다같이 파란 불을 밝혀 사람들을 죽음으로부터 지켜 준다. 이것이야말로 신호기를 꾸밈없이 있는 그대로 진실하게 묘사해 주지 않는가 말이다. 반면에 산문적인 것은 오직 이름에만 관여한다. '우체통'이라는 이름은 시적이지 않다. 하지만 우체통이란 물건은 시적이다. 우체통은 친구들이나 연인들이 메시지를 맡기는 곳이다. 그들이 우체통에 메시지를 한번 맡기고 나면 그 메시지는 성스러운 것이 되어(종교적인 손길!) 다른 이들은 물론 그들 스스로도 더 이상 그 메시지에 손댈 수 없다는 걸 알고 있다. 그 빨간 상자는 최후의 신전들 가운데 하나다. 편지를 보내는 것과 결혼을 하는 것은 아직 남아 있는, 온전히 낭만적인 일들에 속한다. 무언가가 전적으로 낭만적이려면 절대 돌이킬 수 없어야 한다. 우리가 우체통을 산문적이라고 하는 이유는 우체통에 붙일 운율이 없어서다. 우리가 우체통을 시적이지 않다고 하는 이유는 시에서 우체통을 본 적이 없어서다. 분명한 사실이라는 것은 전적으로 시의 편이다. 신호기는 단지 신호기로 불리지만 실은 삶과 죽음의 집이다. 우체통은 단지 우체통으로 불리지만 실은 언어의 성소다. 당신이 '스미스'라는 이름을 산문적이라고 생각한다면, 그건 당신이 실제적이고 합리적이기 때문이 아니라 문학적으로 정제된 것에서 너무도 많이 영향을 받은 탓이다. 그 이름은 당신을 향해 큰소리로 시를 외친다. 만약 그 이름에 대해 달리 생각한다면, 당신이 말로 된 회상에 흠뻑 젖었기 때문이다. 이를테면

『펀치』나『코믹 커츠』[7]에 나오는 술 취한 스미스 씨라든가 부인의
잔소리에 시달리는 스미스 씨에 관한 모든 것을 기억하는 탓이다.
이 모든 건 당신에게 시적인 것으로 주어졌다. 다만 오랫동안 열
렬히 실행해 온 문학의 과정을 통해, 당신이 그것들을 산문적으로
만들었을 뿐이다.

　　러디어드 키플링[8]에 대해 가장 먼저 말해야 할 것들 가운데
가장 온당한 것은, 시가 잃어버린 주변 영역들을 회복하는 데 그
가 뛰어난 역할을 했다는 점이다. 그는 오직 말言에만 들러붙는 저
가치 없는 유물론의 공기를 전혀 무서워하지 않았다. 낭만적이고
상상력 넘치는 사물의 본질을, 그는 꿰뚫어 보았다. 증기와 속어
의 함의와 철학을 인지했다. 증기는 이를테면 과학의 더러운 부산
물이다. 속어는 이를테면 언어의 더러운 부산물이다. 하지만 적어
도 키플링은 이러한 것들의 성스러운 혈통을 알아차리고 연기가
나는 곳에 불이 있음을 알았던, 다시 말해 가장 불결한 것이 있는
곳에 가장 순수한 것도 있음을 알았던 소수에 속했다. 무엇보다도
그는 말해야 할 무언가, 소리 내어 말해야 할 분명한 세계관을 지
니고 있었다. 이러한 사람은 언제나 두려움이 없고 모든 것을 직
접 대면하는 자이다. 우주관을 갖는 그 순간, 우리는 우주를 소유

이단 Heretics

7　　『펀치』*Punch*와『코믹 커츠』*Comic Cuts*는 19세기에 창간되어 20세기까지 발행된
　　영국의 풍자만화 주간지다.

8　　러디어드 키플링Rudyard Kipling, 1865-1936은『정글북』*The Jungle Book*, 1894으로 유명
　　한 인도 태생의 영국인 소설가, 시인이다. 여러 편의 시와 단편 소설을 발표하였
　　으며 1907년 영문학권에서는 처음으로 노벨문학상을 수상했다. 세계시민다운
　　이국적이고 웅장한 작품들을 선보였으나 영국 제국주의에 찬동한다는 이유로 조
　　지 오웰 등 많은 지식인에게서 비판받았다.

하게 되는 법이다.

러디어드 키플링이 정말로 집중해 온 메시지는 자기 안에서나 다른 사람 안에서나 염려할 가치가 있는 유일한 것이다. 그는 때로 워즈워스[9]처럼 나쁜 시를 쓰기도 했고, 때로 플라톤처럼 어리석은 말을 하기도 했으며, 때로 글래드스턴[10]처럼 순전히 정치적인 히스테리를 부리기도 했다. 그래도 그가 꾸준하고도 신실하게 무언가를 말하려 한다는 걸 의심할 사람은 없다. 다만 한 가지, 진지하게 물을 수는 있다. "그래서 그는 대체 무엇을 말하려고 하는 걸까?" 이 질문을 공정하게 다루는 최선의 방법은 키플링 자신이나 그의 적수들이 많이 주장했던 부분, 바로 군국주의에 대한 그의 관심부터 살피는 것이다. 하지만 우리가 한 사람의 진짜 장점들을 찾는다면서 그의 적에게로 향하는 건 현명하지 못한 처사이며, 그 당사자에게로 향하는 것은 훨씬 더 멍청한 노릇이다.

키플링이 군국주의를 숭배한 건 분명 잘못이었다. 다만 일반적으로 말하자면 그의 적들도 그만큼이나 잘못되었다. 군국주의의 악은 어떤 이들이 험악하고 거만하며 과도하게 호전적이라는 사실을 드러낸다는 데 있지 않다. 군국주의의 악은 대부분의 사람

9   윌리엄 워즈워스William Wordsworth, 1770-1850는 영국의 대표적인 낭만주의 시인으로 자연의 아름다움을 노래한 작품들을 많이 남겼다. 젊은 시절 프랑스로 건너가 프랑스 혁명을 직접 경험하기도 했지만 인생 대부분을 전원에서 보냈다. 1843년 73세의 나이로 계관시인의 자리에 올랐다.

10   윌리엄 글래드스턴William Gladstone, 1809-1898은 영국의 재무장관직과 총리직을 각각 네 번이나 역임한, 빅토리아 시대를 대표하는 자유당 정치인이다. 보수당의 벤저민 디즈레일리Benjamin Disraeli, 1804-1881와 경쟁하며 근대 양당 정치 체제를 이끌었다. 국제적으로 자유무역을 옹호하고 국내에서는 노동자 계층의 반발을 무마하기 위해 교육과 복지를 확대했으며 아일랜드 자치Home Rule에 찬성했다.

들이 얌전하고 소심하며 과도하게 태평하다는 것을 드러낸다는
데 있다. 한 공동체 전체의 용기가 줄어들수록 직업군인들의 권
력은 점점 더 커진다. 마치 로마가 점점 더 사치스럽고 나약해짐
에 따라 집정관 근위대가 점점 더 중요해진 것과 같다. 민간인들
이 군인의 미덕을 잃는 꼭 그만큼 군인은 민간의 권력을 얻게 된
다. 고대 로마에서처럼 오늘날 유럽에서도 이러한 일이 벌어지고
있다. 나라들이 이보다 더 군국주의적이었던 적은 일찍이 없었다.
사람들이 이보다 더 용감하지 않았던 적도 없었다. 모든 시대에
모든 서사시가 무기와 인간을 노래해 왔지만, 우리는 인간의 퇴보
와 무기의 환상적 발전을 동시에 초래했다. 군국주의는 로마의 타
락을 실증했고, 이제는 프로이센의 타락을 실증하고 있다.

키플링 역시 무의식적으로 이를 입증했는데 감탄이 나올 정
도다. 그의 작품을 진지하게 이해하려고 할 때, 군사 산업은 그다
지 중요하거나 매력적인 요소로 여겨지지 않는다. 그는 철도원이
나 교량 건축가, 저널리스트에 대해서 쓴 것만큼 군인에 대해서
는 잘 쓰지 않았다. 사실 키플링이 군국주의에 끌리게 된 것은 용
기 때문이 아니라 규율 때문이다. 중세의 스퀘어마일[11]에는 용기
가 훨씬 많았다. 당시에 왕은 상비군이 없었지만 모든 사람이 활
이나 칼을 지니고 있었다. 하지만 키플링이 상비군에 마음이 끌린
것은 용기 때문이 아니다. 그는 용기에 별 관심이 없다. 그건 규율
때문이다. 모든 것을 고려할 때 그의 첫째 테마는 규율이다. 현대
군대는 용기가 불러일으킨 기적의 결과가 아니다. 다른 모든 사람

11   스퀘어마일Square Mile은 런던의 오래된 중심 시가지다.

의 비겁함 때문에, 오늘날 군대는 기회를 충분히 누리지 못한다. 현대 군대는 조직이 일으킨 기적이며 참으로 키플링다운 이상이다. 키플링의 주제는 전쟁에 제격인 용맹이 아니라 공학자나 선원이나 노새나 기관차에 안성맞춤인 상호의존성과 효율성이다. 그래서일까, 키플링은 공학자나 선원이나 노새나 기관차에 대해 가장 잘 쓴다. 키플링이 가르쳐 온 진정한 시,「참된 낭만」[12]은 모든 직종의 노동 분업과 규율에 관한 낭만을 다룬다. 그는 전쟁의 기술보다는 평화의 기술을 훨씬 더 정확하게 노래한다. 그의 주된 논점은 절박하며 소중하다. 다만 모든 것이 예외 없이 복종에 의존한다는 점에서 모조리 군사적이다. 순전히 쾌락주의적인 구석은 전혀 없다. 순전히 무책임한 장소도 전혀 없다. 어디에서나 사람들은 땀 흘리고 복종하면서 우리를 위한 길을 만들었다. 우리는 무작정 갑작스레 해먹에 뛰어들 수 있다. 그러고는 그물을 짜는 사람이 그 해먹을 무작정 만들지 않았음에 안도한다. 우리는 장난삼아 어린이용 흔들 목마에 올라탈 수도 있다. 그러고는 목수가 흔들 목마의 다리를 장난삼아 만들지 않았음에 안심한다. 키플링은 자신의 휴대용 무기를 소제하는 병사가 단지 군인이라는 이유로 칭송받아야 한다고 설파하지 않았다. 그가 가장 훌륭하고 또 분명하게 설파한 것은, 빵을 굽는 제빵사와 외투를 재단하는 재단

12   키플링의 두 번째 시집 『일곱 바다』*The Seven Seas*, 1896에 실린 「참된 낭만에게」To the True Romance에서, 시인은 '낭만'을 의인화하여 그에게 직접 말하는 형식을 취한다. 그는 두려움 없이 새로운 모험을 추구하고 닥쳐오는 도전에 결연히 맞서는 낭만의 정신을 찬양한다. 키플링은 안전하고 편안한 삶을 추구하는 이들과는 반대로, 결연하게 위험을 무릅쓰고 온당한 목적을 추구하는 이들만이 온전한 삶을 살 수 있다고 말한다.

03 러디어드 키플링, 그리고 세상을 작게 만드는 일에 관하여

사가 누구 못지않게 군인답다는 점이다.

　이렇게 광대한 의무의 비전에 헌신했기에, 키플링은 자연스레 세계시민이 되었다. 그는 우연히도 대영제국에서 사례들을 발견했는데, 다른 제국이나 고도로 문명화된 다른 나라여도 그에게는 상관없었을 것이다. 그가 영국 군대를 두고서 찬탄해 마지않는 점들은 독일 군대에서 훨씬 더 선명하게 보일 테니 말이다. 그가 영국 경찰을 두고 갈망하던 것이 프랑스 경찰에서는 번창하고 있을 터이다. 규율의 이상이 삶의 전부는 아니지만, 그것은 온 세계에 퍼져 있다. 키플링에게서 세속의 지혜나 방랑자의 경험을 결정짓는 것은 규율에 대한 숭배다. 이것이야말로 그가 쓴 최고의 작품에 담긴 진짜 매력이다.

　그의 정신에 있는 커다란 간극은 대강 애국심의 부족이라 이를 수 있다. 다시 말해 그에게는 궁극적으로 그리고 비극적으로, 어떤 대의나 공동체에 자기 자신을 귀속시킬 능력이 없다. 그는 잉글랜드를 동경하지만 사랑하지는 않는다. 우리가 무엇을 동경하는 데는 이유가 있지만 사랑하는 데는 이유가 없다. 키플링이 잉글랜드를 동경하는 것은 잉글랜드가 강하기 때문이지 잉글랜드가 잉글랜드이기 때문은 아니다. 이렇게 말한대도 전혀 가혹하지 않다. 키플링은 늘 그렇듯 만사에 공정을 기하려고 유별난 솔직함으로 이를 공언하기 때문이다. 흥미로운 시 한 편에서, 그는 이렇게 읊는다.

　　잉글랜드가 보이는 그대로의 잉글랜드라면

잉글랜드가 약하고 비효율적이라고 말하고 있다. 마치 잉글랜드가 (그가 그렇다고 믿는) 바로 그 강하고 실제적인 잉글랜드가 아니라는 듯 말이다.

우리는 얼마나 재빠르게 그녀를 내버리겠는가! 그러나 그녀는 그러지 않는다![13]

그는 자신의 헌신이 비판에서 비롯한 결과임을 인정한다. 그리고 이 헌신은 그가 남아프리카에서 맹렬히 추적했던 보어인들의 애국심과는 전혀 다른 범주의 것이다.[14] 아일랜드 사람처럼 애국심이 강한 민족들에 대해 말할 때, 키플링은 자신의 언어에 날카로운 짜증이 섞여 드는 것을 막지 못한다. 그가 진정으로 아름답고 고귀하게 묘사하는 정신의 틀은 여러 사람과 여러 도시를 경험한 세계시민의 틀이다.

그토록 넓은 세상을 우러르고자
바라보고자, 주시하고자 하였으나[15]

13   키플링의 시집 『다섯 나라』*The Five Nations*, 1903에 실린 「회귀」The Return에서 인용한 구절들이다. 해외에서 전쟁을 치르고 귀향했으나 더 이상 예전 같지 않은 고향을 발견한 영국인 병사의 심정을 담아낸 시다.

14   키플링은 1898년부터 1908년까지 매년 겨울 남아프리카로 여행을 떠났고 제2차 보어 전쟁1899-1902을 목격했다. 남아프리카에 장기간 머물지는 않았지만 그는 현장 기사를 작성하여 언론사에 전송했고, 키플링의 기사들은 백인우월주의적이며 제국주의적이라는 비판을 받았지만 당시 대중은 환호했다. 귀국 후에는 보어 전쟁에서 영국의 대의를 지지하는 시를 작성해 발표하기도 했다.

15   『일곱 바다』*The Seven Seas*, 1896에 실린 「우러르고자」For to Admire에서 인용한 구절

키플링은 한 남자에게 그가 많은 공동체의 시민이었음을 돌아보게 하는 우수 어린 빛의 달인이다. 그는 한 남자가 과거에 많은 여인의 연인이었음을 돌아보게 하는 우수 어린 빛의 달인이다. 그는 뭇 나라를 사귀는 바람둥이다. 그러나 심심풀이로 연애하면서 여자에 대해 많은 것을 깨우친 남자도 첫사랑에 대해서는 여전히 무지할 수 있다. 오디세우스[16]만큼 여러 곳을 돌아다닌 사람도 애국심에 대해서는 무지할 수 있다.

러디어드 키플링은 유명해진 경구를 통해, 오직 잉글랜드밖에 모르는 사람들이 잉글랜드에 대해 무엇을 아는지 물었다.[17] 하지만 다음과 같은 질문이 훨씬 더 깊고 날카롭지 않은가. "오직 세상밖에 모르는 사람들이 잉글랜드에 대해 무엇을 알 수 있을까?" 교회가 세상에 포함되지 않는 것만큼이나 잉글랜드도 세상에 포함되지 않으니 말이다. 우리가 무언가를 깊이 좋아하면 세상은, 다시 말해 좋아하는 대상 이외의 잡다한 다른 모든 것은 우리의 적이 된다. 그리스도인들 사이에서 자신을 '세상에 물들지' 않게

이다. 이 광대한 세상의 경이로운 아름다움과, 그 안에서 서로 연결된 인간과 만물의 관계와 의미를 노래한 시다.

16   오디세우스Odysseus는 그리스 신화에 등장하는 영웅이다. 이타카의 왕이었던 그는 트로이 전쟁을 승리로 이끌었지만, 전후 10년 동안이나 지중해 전역을 떠돌며 온갖 모험을 겪은 후에야 고향 땅을 밟을 수 있었다. 호메로스의 『오디세이아』는 이런 그의 귀향 과정을 그린 서사시다.

17   키플링이 처남인 미국인 작가 울컷 발레스티어Wolcott Balestier와 공동 집필하여 『센추리 매거진』The Century Magazine에 연재한1892 소설 『놀래카: 서방과 동방의 이야기』The Naulahka: A Story of West and East에 등장하여 유명해진 경구다. 비록 평단이나 대중으로부터 좋은 반응을 얻지는 못했지만, 인도로 대표되는 동방과 영국으로 대표되는 서방이 서로 긴밀하게 연결된 당대 현실에 대한 키플링의 인식과 견해가 잘 드러난 작품이다.

이단
Heretics

지키라고 말하는 게 바로 이런 뜻이다. 하지만 연인들은 '세상을 잃어버리길 아주 잘했다'는 식으로 이야기한다. 천문학에 빗대어 말하자면 나는 잉글랜드가 지구에 있다고 이해한다. 마찬가지로 나는 교회가 세상의 한 부분이며 연인들 역시 이 지구의 주민들이라고 생각한다. 다만 그들은 모두 어떤 진실, 즉 무언가를 사랑하게 되면 그 밖의 세상은 적이 된다는 진실을 통감했다. 키플링은 분명히 세상을 알고 있다. 그는 세상의 사람이며 이 행성에 감금된 이들에게 있는 온갖 편협함을 다 갖춘 남자다. 키플링은 잉글랜드를 알지만, 지적인 영국 신사가 베네치아를 아는 식으로 알고 있다. 그는 잉글랜드에 여러 번 가 보았고 그곳에 들러 오랫동안 머문 적도 있다. 하지만 그는 잉글랜드에 속하지 않으며 다른 어떤 곳에도 속하지 않는다. 증거는 이러하다. 키플링은 영국을 하나의 장소라고 생각한다. 하지만 우리가 어느 장소에 뿌리내리는 순간, 그 장소는 인식되지 않는 법이다. 우리는 우주의 온 힘으로 나무처럼 살아가게 된다.

세계를 돌아다니는 여행자는 시골 농부보다 더 작은 세상에서 살아간다. 세계 여행자는 늘 어느 특정한 장소의 공기를 들이마신다. 런던은 한 특정한 장소이며, 시카고에 견줄 수 있다. 시카고는 한 특정한 장소이며, 팀벅투[18]에 견줄 수 있다. 하지만 팀벅투는 한 특정한 장소가 아니다. 적어도 그곳에는 팀벅투를 우주로

03 러디어드 키플링, 그리고 세상을 적게 만드는 일에 관하여

18   팀벅투Timbuctoo는 아프리카 말리Mali에 있는 소도시다. 사하라를 가로지르는 대상 행로의 종착지로, 세상의 끝처럼 머나먼 곳이라는 의미로 사용된다. 빅토리아 시대를 대표하는 계관시인 앨프리드 테니슨이 케임브리지 대학에 재학 중이던 1829년에 「팀벅투」라는 시를 발표하여 총장상을 받은 것으로 유명하다.

여기며 살아가는 이들이 있기 때문이다. 그들은 한 특정한 장소의 공기가 아니라 세상의 바람을 호흡한다. 여객용 증기선에서 일하는 사람은 온갖 종류의 인간들을 다 보고 무엇이 이들을 구분 짓는지 생각한다. 이를테면 음식이나 의복, 예절, 아프리카의 코걸이와 유럽의 귀걸이, 고대인들의 푸른 물감이나 현대 영국인들의 붉은 물감 같은 것들 말이다. 양배추밭에서 일하는 사람은 본 것이 별로 없다. 하지만 그는 무엇이 사람들을 한데 묶는지를 생각한다. 예를 들어 굶주림과 아기들, 여인들의 아름다움, 하늘의 축복이나 위협 같은 것들 말이다. 제아무리 온갖 장점을 다 동원한다고 해도, 키플링은 세계 여행자일 뿐이다. 그에게는 어떤 것의 일부가 될 만한 참을성이 없다. 그토록 훌륭하고 진실한 사람이 냉소적인 범세계주의를 지녔다는 이유로 비난을 받을 수 있겠는가마는, 그래도 범세계주의는 그의 약점이다. 이 약점은 그의 시들 가운데 가장 뛰어난 편에 속하는 「고귀한 방랑자의 세스티나」[19]에도 근사하게 표현되어 있다. 이 시에서는 한 남자가 자신은 굶주림이나 두려움 따위는 견딜 수 있지만, 한곳에 영원히 머무르는 것만은 견딜 수 없노라고 선언한다. 확실히 여기에 위험이 있다. 죽어서 메마르고 먼지 나는 것일수록 더 많이 돌아다니는 법이니까. 티끌과 엉겅퀴의 갓털과 남아프리카의 고등 판무관이 바로 그러하다. 반면에 풍성한 것들은 무거워서, 마치 나일강의 풍요로운 진흙을 딛고 자라난 저 나무가 맺은 묵직한 과실과

---

19 「고귀한 방랑자의 세스티나」Sestina of the Tramp Royal는 키플링이 1896년에 발표한 시다. 세스티나는 각 6행으로 이루어진 6개의 연에 3행으로 된 마지막 7연이 덧붙은 형식의 시를 일컫는다.

같다. 나태하기 짝이 없던 젊은 시절에, 우리는 모두 '구르는 돌에 이끼가 끼지 않는다'라는 속담에 맞서 말다툼을 벌이곤 했다. 우리는 이렇게 되물었다. "저 아둔한 나이 든 부인들 말고 대체 어느 누가 이끼를 모으려고 한단 말인가?" 구르는 돌은 이 바위에서 저 바위로 부딪치며 시끄럽게 굴러간다. 하지만 구르는 돌은 죽은 것이다. 이끼는 살아 있기에 조용하다.

실로 탐험과 확장은 세상을 더 작게 만든다. 전보와 증기선은 세계를 더 작게 만든다. 망원경은 세상을 더 작게 만든다. 세상을 더 크게 만드는 것은 현미경밖에 없다. 얼마 지나지 않아 세상은 망원경 사용자들과 현미경 사용자들의 전쟁으로 쪼개질 것이다. 망원경 사용자들은 커다란 것을 연구하고 자그만 세상에서 살아간다. 현미경 사용자들은 자그만 것을 연구하고 커다란 세상에서 살아간다. 자동차를 타고 쌩쌩 달리면서 지구를 한 바퀴 도는 것은 더없이 신나는 일인데, 그럴 땐 아라비아가 모래 회오리로 느껴지고 중국은 잠깐 스치는 논밭으로 보일 것이다. 하지만 아라비아는 모래 회오리가 아니며, 중국은 잠깐 스치는 논밭이 아니다. 아라비아와 중국은 낯선 가치들을 보물처럼 품고 있는 오래된 문명이다. 우리에게 이해하려는 마음이 있다면, 관광객이나 조사원이 아니라 어린아이의 순수한 신실함과 시인의 크나큰 참을성을 지니고 이를 대해야 한다. 이런 곳들을 정복하려고 한다면 아예 잃고 말 것이다. 자기 텃밭에 서 있는 동안 요정나라의 문이 열리는 사람이야말로 원대한 생각을 지닌 사람이다. 그런 사람의 정신은 거리距離를 창조하지만, 자동차는 어리석게도 거리를 파괴한다. 현대인들은 지구를 하나의 공으로 생각하고 쉽게 한 바퀴 돌아볼 수 있다고 여기는데, 이런 건 여교사의 정신[20]이다. 이것은 세실 로즈[21]에 대해 저지르곤 하는 기이한 실수에도 잘 드러난다. 세실 로즈의 적들은 그가 원대한 생각을 지녔을지는 모르나 실은 나쁜 사람이었다고 말한다. 반대로 그의 친구들은 그가 나쁜 사람이었을지는 몰라도 원대한 생각의 소유자였노라고 말한다. 사실 그는 본질적으로 나쁜 사람은 아니었으며 선한 의도와 온정이 넘치지만 유독 시야가 좁은 사람이었다. 지도를 붉게 칠하는 데는 큰일이랄 게 전혀 없다. 아이들의 순진한 놀이와 다를 게 없다. 대륙을 생각하는 건 조약돌을 생각하는 것만큼이나 쉽다. 대륙이든 조약돌이든 간에 우리가 그 실체를 알려고 할 때 난관이 생긴다. 보어인들의 저항에 관한 로즈의 예언들은, 대륙이 아니라 다리 둘 달린 몇몇 사람들에 대한 생각이 관건이 될 때, '원대한 생각들'이 어떻게 번성하는지에 관한 감탄스러운 논평이 된다. 온갖 제국들과 로이터 통신사를 통해서 범세계적인 지구를 꿈꾸는 저 광대한

이단 Heretics

20 '여교사'에 해당하는 단어는 'schoolmistress'인데 오늘날에는 거의 쓰지 않는다. 초급 사립학교의 여성 교사를 지칭했으며 편협하고 전통적이며 권위적이라는 함의를 지녔는데 오늘날의 시선으로는 성차별적 단어 사용이라고 볼 수 있겠다.

21 세실 로즈Cecil Rhodes, 1853-1902는 영국의 정치인이다. 일찍이 케이프 식민지로 이주하여 다이아몬드 채굴 사업으로 거부가 되었고, 1890년에는 영국 케이프 식민지의 총리로서 카이로-케이프 철도 완공을 적극 추진하는 등 영국 정부의 아프리카 종단 정책을 주도했다. 남아프리카통일연방을 건설하겠다는 야심을 품고 보어인들의 트란스발 공화국을 통합하려는 계략을 꾸몄으나 실패하고 총리직에서 사임했다. 하지만 이것이 계기가 되어 제2차 보어 전쟁이 발발했고 영국군은 굴욕을 당한 끝에 간신히 승리했다. 로즈는 열렬한 제국주의자이자 인종차별주의자로 유명했다. 유언을 통해 오늘날 세계에서 가장 오래된 대학원생 장학금 프로그램인 로즈 장학금을 설립한 것으로도 잘 알려졌으나 이 장학금도 애초에는 대영제국의 지배력을 강화하기 위해 기획된 것이었다.

환영幻影 아래에서도 인간의 진짜 삶은 이 나무나 저 신전, 이 수확물이나 저 음주가飮酒歌에 연결되어, 전적으로 이해되지 않고 전적으로 손상되지도 않은 채 유유히 이어진다. 인간의 진짜 삶은 웅장한 파벌주의로부터 떨어져 즐거운 미소를 지은 채 자동차 문명이 승리의 길로 내달리는 것을 지켜본다. 자동차 문명은 시간을 능가하고, 공간을 소진하고, 모든 것을 보는 동시에 아무것도 보지 못한 채 마침내 태양계 끝까지 이르도록 포효하면서 달려간다. 그리고 결국에는 태양은 런던이고 별들은 변두리라고 생각하는 것이다.

04

버나드 쇼

현대의 질병들이 생겨나기 이전, 좋았던 옛 시절에는 정다운 입센이 온전한 기쁨으로 이 세상을 가득 채웠고, 지금은 잊힌 에밀 졸라의 다정한 이야기들이 난롯가를 즐겁고도 순수하게 지켜 주었다. 그 시절에는 오해를 산다는 게 불리하게 여겨졌다. 하지만 그것이 늘 불리한지, 적어도 대체로 불리한지는 따져 볼 문제다. 어떤 사람이 오해를 샀다면 그는 늘 적들보다 유리한 것이다. 적들이 그의 약점이나 작전 계획을 알지 못하니 말이다. 그러니까 그들은 그물로 새를 잡으려 하고, 화살로 물고기를 잡으려 하는 셈이다. 현대에도 이러한 사례들이 몇 가지 있다. 이를테면 체임벌린[1]은 아주 좋은 사례다. 그가 늘 적을 피하거나 격파할 수 있는

---

[1] 조지프 체임벌린Joseph Chamberlain, 1836-1914은 본래 유능한 기업가였으며 이후 정치인으로도 성공한 인물이다. 처음에는 자유당에 입당했지만 아일랜드의 자치를

이유는 그의 진짜 장단점이 친구들이나 원수들이 말하는 것과는 전혀 딴판이기 때문이다. 친구들은 그가 행동할 줄 아는 불굴의 사나이라 하고, 적들은 그가 상스러운 사업가일 뿐이라 한다. 하지만 실제로 체임벌린은 어느 쪽도 아니다. 그는 감탄스러운 낭만적 웅변가이자 낭만적 배우다. 그는 멜로드라마에 깃든 영혼의 힘을 지녔다. 엄청난 다수에게 지지를 받을 때조차 마치 궁지에 몰린 듯 가장할 수 있는 능력 말이다. 모든 군중이 기사도 정신에 흠뻑 젖어 들었기에 그들의 영웅들은 약간의 불운을 보여 줄 필요가 있었다. 이러한 위선은 강자가 약자에게 보이는 일종의 경의敬意인 셈이다. 그는 어리석게 말하지만, 자신을 절대 버린 적 없는 저 도시에 대해서는 무척이나 근사하게 이야기한다. 그는 마치 타락한 이류 시인이라도 된 것처럼 그 가슴에 불타오르는 듯한 환상적인 꽃을 달았다. 무뚝뚝하고 드센 그의 성미라든가 상식에 호소하는 몸짓은 첫 번째 수사적 기교일 따름이다. 그는 마르쿠스 안토니우스[2]만큼 뛰어난 가장假裝 실력을 발휘해서 청중을 대면한다.

지지하는 당의 노선에 반대하여 탈당하고 자유연합당을 결성했다가 보수당과 통합했다. 이후 제국주의 세력을 이끌면서 식민장관직을 비롯해 여러 장관직과 대사직을 거쳐 하원 의장 자리에 올랐고 말년에는 백작 작위까지 받았다. 정치적 입장을 극단적으로 바꾸면서 정치권을 분열시켰던 것으로 유명하다.

2   마르쿠스 안토니우스Marcus Antonius, 83-30 BC는 고대 로마의 군인이자 정치가다. 율리우스 카이사르 휘하에서 군인으로 성장하여 집정관 자리에까지 올랐다. 왕이 되고자 한다는 의심을 산 카이사르가 결국 브루투스에게 살해당했을 때, 카이사르를 변호하며 암살의 부당함을 로마 시민들에게 설득하여 여론을 반전시킨 것으로 유명하다. 이를 계기로 제2차 삼두정치를 이끄는 권력자가 되었으나 결국 경쟁자 옥타비아누스와의 내전에서 패해 스스로 목숨을 끊었다.

나는 브루투스 같은 웅변가가 아닙니다.

여러분이 잘 알듯이, 나는 그저 꾸밈없이 있는 그대로 말하는 사람
일 뿐입니다.[3]

웅변가의 목적은 시인이나 조각가 같은 예술가의 목적과는
전적으로 다르다. 조각가의 목적은 자신이 조각가임을 확신하게
하는 데 있다. 하지만 웅변가의 목적은 자신이 웅변가 아님을
확신하게 하는 데 있다. 체임벌린이 실제적인 사람이라고 오해를
샀다면 그는 이미 게임에서 이긴 것이다. 그저 제국에 관한 주제
를 하나 지어내기만 해도, 사람들은 이런 진솔한 사람이 위대한
시기에 위대한 일을 말한다고 할 테니까. 그는 이류 예술가들이
공통으로 지니게 마련인 크고 느슨한 생각들을 대강 훑기만 해도
된다. 그러면 사람들은 저런 사업가야말로 가장 큰 사상을 지녔다
고 이야기할 것이다. 하지만 그의 계획은 모두 연기처럼 사라졌
다. 그가 손을 대기만 하면 만사가 혼란스레 뒤섞였다. 그의 풍채
에는 매슈 아널드[4]가 "싸우러 나갔으나 언제나 쓰러졌다"라고 했
던 게일 사람들과 같은 켈트족의 비감悲感이 깃들어 있다. 그는 수
많은 제안과 무수한 실패로 이루어진 산山이지만, 그래도 산은 산
이다. 그리고 산이란 언제나 낭만적인 법이다.

3   셰익스피어의 희곡 『줄리어스 시저』*Julius Caesar*의 3막 2장에 등장하는 안토니우
     스의 연설을 인용했다. 시저의 죽음을 애도하는 자리에서 브루투스는 이성적인
     어조로 시저를 살해한 동기를 밝혀 군중을 설득한다. 반면에 안토니는 격정적인
     어조로 군중의 마음을 돌려놓는다.
4   매슈 아널드Matthew Arnold, 1822-1888는 영국의 시인, 평론가이자 옥스퍼드 대학의
     문학 교수였다. 서양 고전을 강조하는 교양론으로 유명하다.

현대 세계에는 모든 면에서 체임벌린의 반대항이라 할 만한 사람이 있는데, 그 역시 오해를 살 때의 이점을 상징하는 살아 있는 기념비 같은 인물이다. 바로 이 인물, 버나드 쇼[5]는 그에게 동의하지 않는 사람들에게서, 그리고 (만약 그런 이들이 있다면) 그를 향해 동의를 표하는 사람들에게서 통통 튀는 해학가이자 눈부신 곡예사, 변신의 귀재로 여겨진다. 혹자들은 그를 진지하게 받아들이기는 불가능하다고도 하고, 그가 어떤 것이든 방어하거나 공격할 것이라고도 하며, 사람들을 깜짝 놀라게 하거나 즐겁게 해주기 위해서라면 무슨 짓이든 할 거라고도 한다. 이 모든 이야기는 단순히 사실이 아닌 정도가 아니라 눈이 부실 만큼 진실과는 정반대다. 마치 찰스 디킨스[6]에게는 제인 오스틴[7]의 활기찬 남성성

04 버나드 쇼

5   조지 버나드 쇼George Bernard Shaw, 1856-1950는 아일랜드 출신의 극작가, 소설가, 비
     평가다. 풍자와 기지가 넘치는 작품들로 1925년 노벨문학상을 받는 등 작가로서
     명성을 쌓았고 촌철살인의 표현으로 최고의 논객이 되었다. 하지만 젊은 시절에
     는 사회주의 개혁 운동을 대변하면서 일반 대중을 향한 불신을 공공연히 드러냈
     고, 우생학을 옹호하거나 히틀러와 스탈린 같은 독재자를 찬양해서 많은 비판을
     받았다. 체스터턴은 쇼의 친구였지만 그의 진보적 사회주의 사상에는 극렬히 반
     대했으며『조지 버나드 쇼』George Bernard Shaw, 1910를 출간해 쇼의 철학과 정치학
     을 풍자적으로 비판했다.

6   찰스 디킨스Charles Dickens, 1812-1870는 빅토리아 시대만이 아니라 영국 문학사를
     대표하는 소설가로 꼽힌다.『두 도시 이야기』A Tale of Two Cities, 1859,『데이비드 코
     퍼필드』David Copperfield, 1849-1850,『올리버 트위스트』Oliver Twist, 1837-1839 등의 대표
     작을 남겼다. 다채로운 등장인물, 흥미진진한 이야기 전개, 사실적인 사회 묘사로
     대중성과 문학성을 겸비했다는 평가를 받으며 당대에 큰 성공을 거둔 것은 물론
     오늘날까지도 전 세계 독자들의 사랑을 받고 있다. 체스터턴은『이단』을 출간한
     이듬해인 1906년에 그에 관한 비평서『찰스 디킨스』Chalres Dickens를 출간했다.

7   제인 오스틴Jane Austen, 1775-1817은 영문학을 대표하는 소설가 가운데 하나다. 짧
     은 생애 동안『오만과 편견』Pride And Prejudice, 1813을 포함하여 단 6편의 작품을 발

이 결여되었다고 말하는 것만큼이나 터무니없다. 버나드 쇼의 힘과 승리는 그가 늘 한결같은 사람이라는 데 있다. 그의 힘은 절대로 펄떡 뛰어올라 고리를 통과하거나 물구나무서기를 하는 데서 나오지 않는다. 그의 힘은 밤낮으로 자신의 요새를 지키는 데서 나온다. 그는 하늘이나 땅에서 일어나는 모든 일에 '쇼 테스트'Shaw test라는 것을 빠르고 엄밀하게 적용한다. 그의 기준은 절대 변하지 않는다. 정신이 약한 혁명가들과 정신이 약한 보수당원들이 쇼를 정말로 싫어하는 (그리고 두려워하는) 이유가 바로 이 때문이다. 그의 저울 눈금은 원래대로 정연하게 적용되고, 그의 법칙은 공정하게 실행된다. 누구든 나처럼 그의 원칙들을 공격할 수 있다. 하지만 나는 그 원칙들의 적용 방식에 대해서는 공격할 만한 어떠한 점도 알지 못한다. 그는 무법한 상황을 싫어하는데, 개인주의자들의 무법함만큼이나 사회주의자들의 무법함도 싫어한다. 그는 열병 같은 애국심을 좋아하지 않는데, 잉글랜드 사람들의 애국심만큼이나 보어 사람과 아일랜드 사람의 애국심도 싫어한다. 그는 혼인의 서약과 결속을 싫어하는데, 제멋대로인 사랑의 더 격렬한 결속과 더 열광적인 서약을 더 싫어한다. 그는 권위적인 사제들을 비웃지만, 거드름 피우는 과학자들을 더 크게 비웃는다. 그는 신앙의 무책임함을 비난하지만, 그에 못지않은 예술의 무책임함도 온당한 일관성을 가지고 비난한다. 그는 여성이 남성과 평등하다고 말함으로써 모든 보헤미안을 기쁘게 했지만, 남성이 여성과 동등하다고 말함으로써 그들을 화나게도 했다. 그는 거의 기계

표했지만, 18세기 말 영국 중상류층 인물들, 특히 여성들의 생활과 심리를 탁월하게 묘사하여 대중적으로나 문학적으로 큰 성공을 거두었다.

적이라 할 만큼 정의롭다. 그에게는 기계의 지독한 속성 같은 것이 있다. 정말로 거칠고 혼란스러운 사람, 정말로 환상적이고 헤아릴 수 없는 사람은 쇼가 아니다. 평범한 각료야말로 바로 그런 사람이다. 마이클 힉스비치 경[8]이야말로 펄쩍 뛰어올라 고리를 통과하는 사람이다. 헨리 파울러 경[9]이야말로 물구나무 재주꾼이다. 그런 유형의 믿음직하고 존경할 만한 정치인이야말로 한 자리에서 다른 자리로 뛰어오르는 법이다. 이런 정치인은 무엇이든 방어하거나 아무것도 방어하지 않을 준비가 되어 있고, 진지하게 받아들여지는 법도 없다. 나는 버나드 쇼가 지금으로부터 30년 후에 할 말을 정확히 안다. 그때도 그는 늘 하던 말을 하고 있을 테니까. 땅에 쓸릴 만큼 기다란 은빛 수염을 늘어뜨린 채 경건한 존재가 되어 있는 쇼를 30년 후에 만나서 내가 "아무렴, 숙녀를 말로 공격할 수는 없지"라고 말한다면, 그 원로는 노쇠한 손을 들어 나를 땅에 매칠 것이다. 30년 후라고 했지만 우리는 쇼가 앞으로 어떻게 될지 짐작하고도 남는다. 반면에 별자리와 신탁을 암울하게 읽으면서 앞으로 30년 후에 저 애스퀴스[10]가 무슨 말을 할지 예언하려는 사람이 있기나 할까?

8   마이클 힉스비치Michael Hicks Beach, 1837-1916는 영국의 보수당 정치인이다. 재무장
    관을 두 차례 역임하고1885-1886/1895-1902 그 기간에 특히 보어 전쟁의 비용을 마
    련하고자 새로운 세금들을 도입하고 기존 세율을 높이는 등의 정책을 펼쳤다.

9   헨리 파울러Henry Fowler, 1830-1911는 영국의 자유당 정치인으로 오랜 기간 하원 의
    원으로 활동했으며 감리교 신자로서 개혁적인 법률 입안에 기여했다.

10 허버트 헨리 애스퀴스Herbert Henry Asquith, 1852-1928는 영국의 자유당 정치인으
    로 자유주의적 주요 법안을 통과시키는 데 주도적인 역할을 했으며 1908년에서
    1916년까지 총리로 재임하면서 제1차 세계대전 시기에 영국을 이끌었다.

확신의 부재가 정신을 자유롭고 민첩하게 만든다고 하는 추정은 상당한 오류에 지나지 않는다. 무언가를 믿는 사람은 재빠르고 재치 있는 법인데, 그건 제 주변에 온갖 무기를 갖추고 있기 때문이다. 그는 즉시 테스트를 할 수도 있다. 버나드 쇼 같은 사람과 맞서는 이는 그가 열 개의 얼굴을 가졌다고 생각할지 모른다. 마찬가지로 뛰어난 이원론자와 다투는 사람은 적의 칼이 그 손에서 열 자루로 불어난다고 여길 것이다. 그러나 그건 적이 열 자루의 칼을 놀리기 때문이 아니라 한 자루의 칼을 제대로 겨누었기 때문이다. 게다가 분명한 믿음을 지닌 사람은 늘 기이해 보이는데, 그건 그가 세상에 발맞춰 변화하지 않기 때문이다. 그는 힘겹게 기어올라 항성 안으로 들어섰고, 지구는 그의 발아래에서 요지경으로 쌩쌩 돌아간다. 한편 검은 옷을 입은 온화한 사람들 수백만 명이 스스로 온당하고 지각 있다 말하는 것은 그들이 늘 최신 유행의 정신이상을 따르기 때문이며, 세상의 소용돌이에 쫓겨 광기에서 광기로 몰려들기 때문이다.

사람들은 버나드 쇼를 비난하고 '검정색이 흰색임을 증명하려고 하는' 훨씬 더 어리석은 자들도 비난한다. 그럼에도 현행 색채 용어가 과연 늘 옳은지에 대해서는 절대 묻지 않는다. 평범하고 온당한 어법에서도 검은색을 희다고 하고, 노란색을 희다고 하고, 초록색을 희다고 하고, 적갈색을 희다고 하는 경우가 있다. 우리는 어떤 포도주를 두고 '화이트 와인'이라고 부르지만, 사실 그 포도주는 청색 교복을 입은 아이의 다리만큼이나 노란빛이 돈다. 우리는 어떤 포도를 두고 '화이트 그레이프'라고 부르지만, 그 포도가 옅은 초록빛을 띤다는 건 분명하다. 우리는 유럽인들을 가리켜 '백인'이라 부르지만, 그들의 피부색은 칙칙한 분홍빛에 가깝다. 사실 '백인'은 에드거 앨런 포[11]의 작품에 나오는 어떤 유령보다도 더 오싹한 모습을 연상시키는 끔찍한 호칭이 아닐 수 없다.

어떤 사람이 식당에서 웨이터에게 노란 포도주 한 병과 초록빛이 도는 노란 포도를 달라고 한다면, 웨이터는 그를 미쳤다고 생각할 게 틀림없다. 정부 관리가 버마[12]에 있는 유럽인들에 대해 보고하면서 "여기에는 분홍빛 사람들이 이천 명밖에 없습니다"라고 말한다면, 농담이나 한다는 이유로 비난을 받고 자리에서 쫓겨날 게 틀림없다. 하지만 그 진실한 식당 손님과 그 진실한 버마의 공무원, 이 두 사람이 있는 그대로 말했다는 이유로 곤경에 처한 것도 틀림없는 사실이다. 이 두 사람이 바로 버나드 쇼다. 그가 괴짜처럼 별나고 기이해 보이는 것은 흰색이 노란색이라는 일반적인 믿음을 받아들이려 하지 않아서다. 그는 명석함과 견실함의 토대를 진부하지만 망각된 것, 즉 진실이 허구보다 더 강하다고 하는 사실 위에 두었다. 물론 진실은 필연적으로 허구보다 강한 것임에 틀림없다. 우리가 우리 자신에 맞추어 허구를 만들어 온 탓

11   에드거 앨런 포Edgar Allan Poe, 1809-1849는 미국의 시인, 소설가다. 단편「검은 고양이」The Black Cat, 1843, 「도둑맞은 편지」The Purloined Letter, 1845와 장편『아서 고든 핌의 이야기』The Narrative of Arthur Gordon Pym of Nantucket, 1838 등의 대표작을 통해 고딕 소설Gothic novel 장르를 개척했다는 평가를 받는다. 천재적인 재능을 지녔으나 가난과 정신질환에 시달리는 등 불행한 개인사로도 유명하다.

12   버마Burma는 미얀마의 옛 이름이다. 19세기에 세 차례에 걸친 영국-버마 전쟁에서 모두 패하여 1886년에 버마의 마지막 왕조가 폐지되고 나라 전체가 영국에 병합되었다. 러디어드 키플링과 조지 오웰은 식민지 버마에 체류한 경험을 글로 옮기기도 했다.

이다.

 그렇다면 버나드 쇼에게서는 상쾌하고 탁월한 것들을 아주 많이 엿볼 수 있지 않을까. 그는 사물을 있는 그대로 보아야 한다고 주장하니 말이다. 어쨌든 그는 우리의 문명 전체가 전혀 보지 못하는 어떤 것들을 있는 그대로 볼 줄 안다. 다만 버나드 쇼의 사실주의에는 무언가가 부족한데, 이 결핍이야말로 정말이지 심각한 문제다.

 버나드 쇼가 오랫동안 고수해 왔으며 세간에 정평 난 철학은 「입센주의의 정수」에서 선명하게 드러난다. 그의 철학은 간단히 말해 보수적 이상理想은 나쁜 것인데, 그것이 보수적이기 때문이 아니라 이상이기 때문에 나쁘다는 것이다. 즉, 모든 이상은 특정한 사건을 공정하게 판단하지 못하도록 막는다. 도덕적인 세대는 어김없이 개인을 억압해 왔다. "황금률이란 황금률이 없다는 것이다." 그리고 이에 대한 반대 주장은, 그것이 사람들을 해방하는 척하되 실제로는 사람들이 하고 싶어 하는 유일한 일을 하지 못하게 막는다는 것이다. 그러나 한 공동체에 법을 만들 자유 말고 모든 자유가 있다고 한들 대체 무엇이 유익할까? 법을 만들 자유야말로 자유로운 민중을 구성한다. 한 사람에게 (혹은 한 철학자에게) 일반화할 자유 말고 모든 자유가 있다고 한들 대체 무엇이 유익할까? 일반론을 만들어 내는 것이야말로 그를 인간답게 하는데 말이다. 한마디로 버나드 쇼가 사람들에게 엄격한 도덕적 이상을 갖지 못하도록 금지한 것은 자녀를 갖지 못하도록 한 것과 다름없다. "황금률이란 황금률이 없다는 것이다"라는 말은 반대로 되돌려 응수해 줄 수 있다. '황금률이 없다는 것 자체가 하나의 황금률이다' 혹은 '황금률이 없다는 것은 그 어떤 황금률보다 훨씬 더 나쁘다.' 그것은 강철률이니 말이다. 마치 사람의 첫 움직임에 차꼬를 채우는 것과 같다.

최근 몇 년 사이에 버나드 쇼와 관련된 선풍적인 사건은, 그가 갑작스레 초인의 종교를 발전시킨 일이다.[13] 기억에서 멀어진 과거의 신앙을 모조리 조롱했던 그가, 상상조차 할 수 없는 저 미래에서 새로운 신을 발견한 것이다. 모든 이상을 비난했던 그가, 이상 가운데 가장 불가능한 이상 곧 새로운 피조물의 이상을 세운 것이다. 그럼에도 버나드 쇼의 정신을 충분히 알고 적절히 동경하는 사람이라면 누구나 이런 일이 일어나리라는 걸 오래전에 짐작하고도 남았을 테다.

사실 버나드 쇼는 사물을 있는 그대로 본 적이 전혀 없다. 만일 그랬더라면 그는 만물 앞에 무릎을 꿇었을 것이다. 그가 늘 품고 있던 은밀한 이상은 세상의 모든 것을 말려 죽였다. 그는 언제나 침묵 속에서 인류를 인간 아닌 어떤 것, 이를테면 화성에서 온 괴물이나 스토아 철학의 현자, 페이비언 협회[14]의 경제인, 율리우스 카이사르[15], 지크프리트[16], 초인 등에 견주었다. 이런 무자비한

13 　버나드 쇼는 20세기로 넘어오면서 니체에게서 비롯한 '생명력'과 '초인' 개념을 적극 수용하고 이후에 이를 희곡으로 표현하려고 애썼다. 『카이사르와 클레오파트라』Caesar and Cleopatra, 1898, 『인간과 초인』Man and Superman, 1903, 『피그말리온』 Pygmalion, 1912 등이 그러한 작품들이다.

14 　페이비언 협회Fabian Society는 1884년에 창립된 영국의 사회주의 단체로서 혁명보다는 계몽을 통한 점진적 방식으로 사회를 개혁하고자 했다. 버나드 쇼, H. G. 웰스, 존 케인즈 등 당대의 유명 지식인들이 대거 참여했으며 협회의 기조는 1900년에 창당한 노동당의 강령이 되었다. 체스터턴 또한 페이비언 협회의 초기 회원이었으나, 협회가 제2차 보어 전쟁에 찬성하는 것에 반대하여 탈퇴했다.

내적 기준을 갖는 것은 매우 좋을 수도 있고 아주 나쁠 수도 있으며, 탁월한 일이거나 불행한 일일 수 있다. 다만 사물을 있는 그대로 보는 것은 분명 아니다. 손이 백 개 달린 브리아레우스[17]를 먼저 생각하고서 모든 사람에게 손이 두 개밖에 없으니 장애라고 말하는 건 사물을 있는 그대로 보는 것이 아니다. 눈이 백 개 달린 아르고스[18]의 시력을 먼저 생각하고서 눈이 두 개인 모든 사람을 마치 외눈박이인 듯 조롱하는 건 사물을 있는 그대로 보는 것이 아니다. 세상 종말에 나타나거나 나타나지 않을지 모를 무한히 명료한 정신을 지닌 반신반인을 상상하고서 모든 사람을 바보로 여기는 건 사물을 있는 그대로 보는 것이 아니다. 그리고 이것이 바로 쇼가 늘 어느 정도 해오던 일이다. 사람을 있는 그대로 볼 때 우리는 그를 비판하지 않고 숭배하게 되는데, 이는 매우 마땅한 노릇이다. 신비로운 눈과 기적적인 엄지손가락을 지녔으며 머릿속에서는 낯선 꿈을 꾸고 이 장소나 저 아이에 대해 기이한 다정

15 가이우스 율리우스 카이사르Gaius Julius Caesar, 100-44 BC는 고대 로마사에서 가장 중요한 정치가이자 서양 고대사에서 알렉산드로스 대왕에 필적하는 최고의 영웅이다. 뛰어난 정치 역량과 군사 전략으로 경쟁자들을 제치고 확장일로에 있던 로마 전체의 정권을 장악함으로써 사실상 공화정을 종결하고 제정을 열었다. 왕이 되려 한다는 의심을 사서 반대파에게 암살당했으나 이후 로마의 권력은 그의 휘하에 있던 권력자들에 의한 제2차 삼두정치 체제로 재편되었으며 결국 경쟁자들을 물리친 카이사르의 양자 옥타비아누스가 로마 최초의 황제 자리에 올랐다.

16 지크프리트Siegfried는 북유럽 신화에서 용을 물리치고 세상을 구하는 영웅이다.

17 브리아레우스Briareus는 그리스 신화에서 하늘의 신 우라노스와 땅의 신 가이아 사이에서 태어난 세 명의 헤카톤케이레스Hecatoncheires('백 개의 손'이라는 뜻) 가운데 하나다.

18 아르고스Argos는 그리스 신화에서 헤라 여신의 파수꾼 역할을 하는, 눈이 백 개 달린 거인이다.

함을 지닌 괴물이 있다면, 그건 참으로 경이로우면서도 불안스러운 문제가 아닐 수 없다. 다른 무언가와 늘 비교하는, 상당히 자의적이고 잘난 체하는 습성을 가진 사람만이 그 괴물 앞에서 편안히 머물 수 있다. 우월감은 우리를 냉정하고 현실적이게끔 유지시켜 준다. 그러나 단순한 사실만이 종교적 공포가 그러하듯 우리를 무릎 꿇게 한다. 실로 의식적인 삶의 순간에선 상상조차 할 수 없는 경이驚異다. 거리에서 마주치는 모든 얼굴에는 요정 이야기같이 믿기지 않는 뜻밖의 사건이 깃들어 있다. 이를 깨닫지 못하게 막는 것은 어떤 명민한 통찰이나 경험이 아니라 하나를 다른 하나와 비교하는 현학적이고 세심한 습성이다. 버나드 쇼는 어쩌면 실제적인 면에서는 살아 있는 가장 인간적인 인간일지 모르나, 이런 의미에서는 비인간적인 인간이다. 그는 새로운 스승인 니체가 지닌 주요한 지적 약점, 즉 더 훌륭하고 더 강한 사람일수록 여타의 사소한 것들을 더 무시하리라는 기이한 개념에 어느 정도 물들기도 했다. 그러나 더 훌륭하고 더 강한 사람일수록 고둥 앞에서조차 바싹 엎드리려 할 것이다. 여러 제국과 문명으로 이루어진 거대한 파노라마 앞에서 고개를 치켜든 채 경멸의 표정을 짓는다는 사실만으로, 그가 사물을 있는 그대로 보고 있다고 확신할 수는 없다. 혹시라도 그가 자신의 두 발을 응시하고 종교적으로 탄복하며 읊조리는 모습을 보게 된다면, 그때는 아주 실질적으로 확신하게 될지도 모르겠다. "아, 얼마나 아름답고 부지런한 두 개의 존재란 말인가!" 그가 두 발을 내려다보며 혼잣말로 이렇게 중얼거리는 모습을 나는 상상할 수 있다. "이 두 존재가 어디서나 내게 봉사하는 모습을 볼 수 있지만, 그 까닭이 대체 무엇인지 나는 알지 못하네. 내가 태어났을 때, 어떤 요정 할머니가 두 발을 향해 요정 나라에서 걸어 나오라고 분부하신 걸까? 나의 이 두 발이 통제불능 상태가 되지 않게 하려면, 나는 대체 어떤 중간계의 신을, 어떤 야만적인 다리의 신을 불과 술로 달래야 하는 걸까?"

진정한 감상鑑賞이란 겸손과 어둠의 어떤 신비에 달려 있다. "아무것도 기대하지 않는 자는 복이 있나니 그는 절대 실망하지 않을 것이라"[19]라는 찬사는 부적절할 뿐 아니라 부당하기까지 하다. 사실은 "아무것도 기대하지 않는 자는 복이 있나니 그는 영화롭게 깜짝 놀랄 것이라"라고 해야 옳다. 아무것도 기대하지 않는 자에게는 보통 사람들에게 보이는 것보다 더 붉은 장미가 보이고 더 푸른 잔디가 눈에 들어오며 더 눈부신 태양이 보인다. 아무것도 기대하지 않는 자는 복이 있나니 그는 도시와 산을 소유할 것이라. 온유한 자는 복이 있나니 그는 땅을 물려받을 것이라. 사물이 존재하지 않을 수도 있음을 깨닫기 이전에는 사물이 존재한다는 것을 깨닫지 못하는 법이다. 어두운 배경을 보기 전에는 빛을 하나의 피조물로 우러를 수 없다. 우리가 어둠을 보는 순간, 모든 빛은 갑작스럽고 눈부시고 신성한 번개가 된다. 무無를 그려 낼 때까지, 우리는 하나님의 승리를 과소평가하면서 그분이 옛 전쟁

이단 Heretics

19   예수의 '팔복八福' 말씀(마태복음 5장)을 비튼 이 문장은 영국의 고전주의 시인 알렉산더 포프Alexander Pope, 1688-1744가 1720년대에 동료에게 보냈던 편지에 처음 등장한다고 한다. 하지만 포프 자신이 이 표현을 창작한 것인지, 아니면 당시에 일반적으로 쓰이던 표현을 인용했는지는 알기 어렵다. 체스터턴은 『아시시의 성 프란치스코』St. Francis of Assisi, 1923에서 성 프란치스코의 말을 인용하여 "아무것도 기대하지 않는 자는 복이 있나니 그는 모든 것을 즐길 것이라"라고 쓰면서 지금 이 단락에서 말하는 것과 같은 주제를 반복한다.

에서 얻은 전리품 가운데 어느 것도 알아차리지 못한다. 우리가 무無를 알기 전까지 아무것도 알지 못한다는 건 진리가 벌이는 거친 장난의 하나다.

신중히 말하건대 위대한 버나드 쇼의 유일한 흠이자 자신을 훌륭한 인물이라고 하는 그의 주장에 응할 단 하나의 응답은, 그가 쉽사리 기뻐하지 않는 사람이라는 것이다. 그는 사소한 일이 위대한 정신을 기쁘게 한다는, 일반적이고 본질적인 격언이 적용되지 않는 유일무이한 예외 사례. 만물 가운데 가장 떠들썩한 것 곧 겸손이 부재하는 까닭에, 기이할 정도로 초인을 강조하는 경향이 따라 나오는 것이다. 버나드 쇼는 진보적이지 않다는 이유로 오랜 세월에 걸쳐 수많은 인물을 장황하게 매도했다. 그러더니만 특유의 감각을 발휘해서, 다리 둘 달린 인간들 가운데 과연 어느 누가 진보적일 수 있을지 의심하지 않을 수 없음을 깨달았다. 인간 본성이 진보와 결합할 수 있는지 의심하게 됐다면, 사람들은 대부분 그저 기뻐하며 진보를 포기하고 인간 본성에 따르기를 택했을 것이다. 하지만 그저 기뻐하는 법이 없는 버나드 쇼는 인간 본성을 그 모든 제약과 함께 내던져 버리고 진보를 위한 진보에 열중하기로 마음먹었다. 알다시피 사람은 진보의 철학을 할 수 없음에도, 버나드 쇼는 새로운 철학을 요청하지 않고 새로운 인간을 요청하고 있다. 마치 유모가 몇 년간 아기에게 쓴 음식을 먹여 본 다음에 그게 적절하지 않다는 걸 깨닫고는 그 쓴 음식을 버리고 새로운 음식을 구하는 것이 아니라, 아기를 창밖으로 던져 버리고 새로운 아기를 구하려는 것과 다르지 않다. 버나드 쇼는 우리 눈에 소중하고 사랑스러운 존재가 인간이라는 점을 이해하지 못한

71

다. 맥주를 마시고, 신조를 만들고, 서로 싸우고, 실패하고 음탕하면서도 점잖은 오래된 인간 말이다. 게다가 이 피조물 위에 세워진 것들은 죽지 않고 영구적으로 남았으나 초인에 대한 공상 위에 세워진 것들은 그를 낳은 문명들과 함께 죽고 말았다. 그리스도는 그분의 위대한 사회를 건설하던 어느 상징적 순간에 명석한 바울이나 신비가인 요한을 머릿돌로 택하지 않고, 잘 둘러대는 속물에 겁쟁이인 자[20]를 택했다. 한마디로 인간을 택했다. 그리스도는 이 머릿돌 위에 그분의 교회를 세웠고, 지옥의 세력은 교회를 이기지 못했다. 세상의 모든 제국과 왕국은 강한 이들에 의해 강한 이들 위에 세워진다고 하는, 대대로 거듭되어 온 본래의 약점 때문에 무너졌다. 오직 단 하나, 역사적인 그리스도교의 교회만이 연약한 한 인간 위에 세워졌으며, 그러한 까닭에 교회는 파괴할 수 없는 것이 되었다. 어떠한 쇠사슬도 가장 약한 고리보다 강할 수는 없는 법이다.

20 예수의 수제자 베드로를 말한다. 베드로는 네 편의 복음서에 가장 두드러지게 등장하지만, 종종 실수하여 예수의 꾸지람을 듣곤 한다. 특히 예수가 체포되어 대제사장의 집으로 끌려갔을 때, 베드로는 세 번이나 예수를 모른다고 부인했다(마가복음 14장). 하지만 예수는 본래 시몬이었던 그에게 '베드로'Πέτρος라는 이름을 주고 그를 교회의 반석으로 삼았다. 예수가 시몬을 베드로라 부르고 '이 반석 위에'ἐπὶ ταύτῃ τῇ πέτρᾳ 교회를 세우겠다고 하신 마태복음 16장 18절에 대해, 가톨릭 교회에서는 전통적으로 이 반석이 베드로를 의미한다고 해석하고 베드로와 그 후계자들인 로마의 주교(교황)가 전체 교회의 수장이 된다고 주장해 왔다. 체스터턴이 공식적으로 성공회를 떠나 가톨릭으로 옮긴 것은 1922년이지만, 그 전에 이미 이러한 해석을 받아들였던 것으로 보인다.

05

H. G. 웰스와
거인들

우리는 위선자의 속을 깊이 들여다보아서 심지어 그의 신실함까지 볼 수 있어야 한다. 한 사람의 가장 어둡고 가장 현실적인 부분에 관심을 기울여야 한다. 그곳에는 그가 보여 주지 않는 악덕이 아니라 그가 보여 줄 수 없는 미덕이 있다. 우리가 이렇게 꿰뚫는 듯한 열렬한 사랑으로 인류사의 물음들에 다가갈수록 무언가를 순수한 위선으로 여길 여지는 줄어든다. 위선자들은 우리를 속여 그들을 성인聖人으로 여기게 하지 않을 것이며, 우리를 속여 그들을 위선자로 여기게 하지도 않을 것이다. 그리하여 위선의 여지가 전혀 없는 사례들이 우리의 탐구 영역으로 점점 더 많이 밀려들 것이다. 사람들이 너무나 순진해서 어리석어 보이고, 또 너무 어리석어서 순진해 보이는 그런 사례들 말이다.

위선으로 부당하게 매도당했던 눈에 띄는 사례 하나를 살펴

73

보자. 과거에는 종교인들의 비일관성과 이중성을 지적하면서 비판의 소리를 높이곤 했다. 세속적 성공과 대단한 업적을 향한 열렬한 분투, 거의 땅바닥을 기는 듯한 겸손을 그들이 겸행했다는 것이다. 그렇지만 사람이란 모름지기 자신을 비천한 죄인이라 부르는 데 용의주도해야 하며 동시에 자신을 프랑스의 국왕이라 부르는 데도 용의주도해야 한다는 식의 말은 일종의 사기처럼 느껴진다. 한 연인의 겸손과 탐욕 사이에 의식적인 비일관성이 있을 수 없듯이, 한 그리스도인의 겸손과 탐욕 사이에도 의식적인 비일관성은 존재하지 않는다. 사람들은 헤라클레스[1] 같은 열심을 기울여 무언가를 성취하려고 하는데, 실은 그 모두가 무가치하다는 것을 이미 알면서도 그리한다. 사랑에 빠진 사람 가운데 필사적으로 노력하면 끝내 욕망을 이루리라고 선언하지 않은 이가 있던가. 사랑에 빠진 사람 가운데 끝내 욕망을 이루어서는 안 된다고 선언하지 않은 이가 있던가. 다만 그리스도교 교도의 실제적인 성공 비결은 그리스도를 닮은 겸손에 있다. 혹여 그 겸손이 온전히 행해지지 않더라도 말이다. 공로와 보답에 관한 모든 물음을 없애고 나면, 영혼은 갑작스레 풀려나 믿기지 않을 만큼 멋진 여행을 떠난다. 정신이 온전한 사람에게 스스로 얼마나 상을 받을 만하냐고 물으면, 그의 정신은 본능적으로 즉각 오그라든다. 그가 여섯 자의 땅[2]을 상으로 받을지조차 의심스럽다. 그러나 무엇을 정복할 수 있는지 묻는다면, 그 사람은 별들을 정복할 수도 있다. 그리하

이단 Heretics

1 　헤라클레스Heracles는 그리스 신화를 대표하는 영웅이다. 불굴의 힘과 의지와 용맹을 지닌 채 주어진 과업을 완수하고 닥쳐오는 역경을 극복하는 인물의 전형이다.

2 　'여섯 자의 땅'6 feet of earth이란 무덤을 말한다.

여 낭만[3]이라고 하는, 순전한 그리스도교의 산물이 출현하는 것이다. 사람은 응당 모험을 할 만한 자격을 갖출 수 없다. 용과 히포그리프[4]를 잡아 올 수도 없다. 겸손을 역설했던 중세 유럽은 낭만을 얻었고, 낭만을 얻은 문명은 온 세계를 얻었다. 이교적이며 금욕적인 느낌이 이와 얼마나 다른지는 한 유명한 경구에 훌륭하게 표현되어 있다. 애디슨[5]은 위대한 스토아 철학자의 입을 빌려 이렇게 말한다.

> 성공을 관장하는 것은 필멸의 인간들이 아니라네
>
> 하지만 셈프로니우스, 우리는 더 많은 일을 할 것이고,
>
> 그러면 응당 성공할 자격을 갖추게 될 것이라네

3   여기서 '낭만'Romance이란 중세 기사 이야기 같은 환상적이고 예측 불가능한 모험담이나 그런 모험담의 주제를 가리킨다. 이후에도 체스터턴은 계속 비슷한 의미로 '낭만'이라는 말을 사용한다.

4   히포그리프Hippogriff는 서양 신화와 전설에 등장하는, 말의 몸에 독수리의 머리와 날개를 가진 괴물이다.

5   조지프 애디슨Joseph Addison, 1672-1719은 영국의 문필가, 극작가, 정치가다. 인용된 구절은 애디슨이 1712년에 발표한 희곡 「카토, 하나의 비극」Cato, A Tragedy의 한 부분이다. 보통 소小카토라고 하는 마르쿠스 카토Marcus Cato, 95-46 BC는 고대 로마의 공화주의와 스토아 철학적 삶의 태도를 대표하는 인물이다. 애디슨의 희곡은 카토가 로마의 공화정을 지키고자 추종자들을 이끌고 북아프리카의 우티카로 피신하여 카이사르에 저항하려 했지만, 결국 패배한 뒤 항복하지 않고 자결했다는 역사 이야기를 극적으로 보여 준다. (인용된 부분에 등장하는 셈프로니우스는 가공의 인물이다.) 군주정에 맞서 공화정을 옹호한다는 점에서 당대 영국과 유럽 대륙에서 큰 인기를 얻었으며, 후대에 미국 독립혁명의 주요 인물들에게 큰 영감을 주었다고 알려졌다.

낭만과 그리스도교 세계의 정신, 모든 연인에게 있는 그 정신, 유럽의 모험으로 세계를 주름잡은 그 정신은 정반대로 말할 터이다. '응당 성공할 자격을 갖춘 것은 필멸의 인간들이 아니다. 하지만 셈프로니우스, 우리는 더 많은 일을 할 것이고, 그러면 성공할 것이다.'

이 즐거운 겸손은 우리 자신을 가볍게 제지하는 동시에 합당한 자격 없이도 무한한 업적을 얻도록 준비시킨다. 하지만 겸손은 너무도 단순해서 오히려 사람들은 그것이 불길하고 신비로운 무엇임에 틀림없다고 생각해 왔다. 겸손은 너무나 실제적인 미덕이어서 오히려 악덕임에 틀림없다고들 한다. 겸손은 너무나 성공적이어서 오히려 자만으로 오해된다. 겸손이 그토록 쉽게 오해를 사는 것은 허영이라 할 만큼 단순한 사랑의 광채와 함께하기 때문이다. 겸손은 금빛과 선홍빛을 좋아해서 늘 그런 옷을 입고 다닌다. 자만은 금빛과 선홍빛을 보고도 깊이 감명하거나 들떠 기뻐하기를 거부한다. 한마디로 이 미덕의 성공에는 실패가 내재해 있다. 그것은 너무나 성공적인 투자여서 미덕이라 믿기지도 않는다. 겸손이 이 세상에 좋은 것만은 아니다. 겸손은 이 세상에 대해 너무나 실용적이니까. 언젠가 나는 겸손이 이 세상에 대해 너무나 세상적이라고 말하기도 했다.

오늘날 빈번히 인용되는 겸손의 사례 중에 과학자의 겸손이라는 것이 있다. 확실히 현대적인 사례일 뿐 아니라 좋은 사례이기도 하다. 사람들은 산을 뽑고 바다를 가르고 신전을 부수고 손을 뻗어 별에 닿는 저 사람이, 실은 무해한 오랜 취미를 맘껏 즐기면서 무해하고 노쇠한 제 코가 가리키는 방향으로 곧장 나아가려는 아주 나이 든 신사라는 사실을 믿으려 들지 않는다. 어떤 사람이 모래알을 쪼갰는데 그 결과 우주가 아래위로 뒤집혔을 때, 그 사람에게는 모래알을 쪼개는 것이 큰일이며 우주를 뒤집는 것이 작은 일임을 깨닫기도 쉽지가 않다. 새 하늘과 새 땅을 어떤 부산물로 여기는 그런 사람의 감각으로 들어서기란 만만치 않은 노릇이다. 이제 막을 내리려 하는 저 찬란한 과학 시대의 위대한 인물들이 그들의 권력과 업적을 무섭도록 순수한 지성에 빚졌음을 감히 의심할 수는 없다. 카드로 만든 집인 양 하늘을 무너뜨려 놓고도 그들이 내놓은 변명이란 원칙에 따랐다는 것조차 아니었다. 그들의 반박 불가능한 해명은 우연히 그랬다는 것이었다. 언제든 그들 안에 자신이 한 일에 대한 자만이 아주 조금이라도 있었을 때는 그들을 공격할 만한 적당한 근거를 찾을 수 있었다. 하지만 그들이 전적으로 겸손했을 때는 늘 전적으로 승리했다. 우리는 헉슬리[6]에 대해서는 응대할 수 있지만, 다윈에 대해서는 응대할 수가 없다. 다윈에게 설득력이 있었던 건 그에게 어떤 의식이 없었기 때문이다. 혹은 그가 둔감했기 때문이라고 할 수도 있겠다. 다만 이렇게 천진하고 단조로운 정신은 과학의 세계에서 줄어들기 시작했다. 이제 과학자들은 멋진 구절을 보듯이 자기 자신을 대한다. 그들은 겸손을 자랑스러워하기 시작했다. 그들은 세상 사

6   영국의 유명 작가 올더스 헉슬리Aldous Huxley, 1894-1963의 조부인 토머스 헨리 헉슬리Thomas Henry Huxley, 1825-1895를 가리킨다. 그는 의사이자 저명한 생물학자로 활동했고 인간 존재, 윤리, 문명 등을 자연과의 관계 속에서 성찰하고 비판한 저서들을 남겼다. 1859년에 다윈의 『종의 기원』On the Origin of Species이 출간되고 진화론이 격심한 논쟁을 촉발했을 때, 진화론 옹호자들의 대표를 자처하여 활동하기도 했다.

람들처럼 미학을 추구하고, 진리를 대문자로 쓰며, 제 손으로 파괴했다던 신조들을 이야기하고, 선조들이 이룬 발견을 말하기 시작했다. 현대 잉글랜드 사람들처럼, 그들은 자신의 단단함에 대해 부드러워지기 시작했다. 그들은 자신의 강함을 의식하게 되었다. 다시 말해 그들은 점점 더 약해지고 있다. 그런데 순전히 현대적인 수십 년 사이에 순전히 현대적인 한 사람이 나타나서는 옛 과학 세계의 명확한 인격적 단순성을 우리의 세계로 들여오고 있다. 천재적 재능을 지닌 그는 예술가이자 과학자이며 무엇보다도 커다란 과학적 겸손을 갖춘 사람이다. 바로 H. G. 웰스[7]다. 앞에서 쭉 전했던 다른 사례들처럼, 웰스를 말하면서도 그러한 미덕이 그의 본질적 속성이라는 점을 보통 사람에게 납득시키는 데는 처음부터 어려움이 있으리라고 생각한다. 웰스는 자신의 문학을 난폭한 상상 곧 이 행성의 마지막 격통에 대한 비전에서 시작했다. 그런데 이렇게 난폭한 상상에서 시작한 사람이 겸손한 사람일 수 있을까? 그는 짐승을 인간으로 만들고 천사를 새처럼 쏴 버리는 거친 이야기들로 나아갔다. 천사를 쏴 버리고 짐승을 인간으로 만드는 사람이 과연 겸손한 사람일까? 이후로도 그는 신성모독보

---

7   허버트 조지 웰스Herbert George Wells, 1866-1946는 영국의 과학자, 소설가, 비평가다. 『타임머신』The Time Machine, 1895과 『투명인간』The Invisible Man, 1897, 『우주전쟁』The War of the Worlds, 1898 등의 과학 소설로 대성공을 거두고서 인류 문명의 역사와 진보를 통찰하는 글들을 발표하여 당대에 가장 영향력 있는 작가 중 하나로 자리매김했다. 다윈주의를 사상의 배경으로 삼고 합리적 이성에 의한 사회의 점진적 발전을 주장했으며, 자연사적 진화와 진보의 관점에서 인류 역사를 다룬 『세계사대계』The Outline of History, 1920라는 대작을 남기기도 했다. 그의 친구이자 비판자였던 체스터턴은 웰스의 소위 '과학적' 세계관과 역사관에 대한 대응으로 『영원한 인간』1925을 집필했다.

다 더 대담한 일을 해왔다. 바로 인류의 정치적 미래를 예언한 것이다. 그는 공격적인 권위를 갖추어 단호하고도 세심히 결정을 내리면서 예언했다. 그러나 모든 인류의 미래를 예언하는 사람이 과연 겸손한 사람일까? 자만과 겸손 같은 것에 관해 요즘 통용되는 사고로는 그렇게 큰일, 그렇게 대담한 일을 벌이는 사람이 겸손한 사람인가 하는 물음에 답하기가 쉽지 않다. 내가 이 글의 서두에서 제시했던 것이 유일한 답이다. 큰일을 하는 사람은 겸손한 사람이다. 대담한 일을 하는 사람은 겸손한 사람이다. 그런 선풍적인 견해들을 특별히 부여받은 사람은 겸손한 사람이다. 여기엔 세 가지 확실한 이유가 있다. 첫째, 그는 다른 누구보다 눈을 더 크게 뜨고 열심히 지켜본다. 둘째, 그는 무언가가 다가올 때 한층 더 압도되고 고양된다. 셋째, 그는 더 진부하고 더 우쭐대는 일상적 자아의 불순물을 덜 지니고서 더 정확하고 더 신실하게 그것들을 기록한다. 모험은 모험이 아주 뜻밖인 사람들, 즉 모험이 낭만인 사람들의 것이다. 모험은 숫기 없는 사람들의 것이다. 그런 의미에서, 모험은 모험과는 가장 거리가 먼 사람들의 것이다.

이처럼 눈에 띄게 두드러지는 H. G. 웰스의 정신적 겸손은 생기 있고 선명한 다른 많은 것들과 마찬가지로 어떤 사례를 들어 설명하기가 어렵다. 그래도 하나만 예를 들어 보라면 나는 별 어려움 없이 답할 수 있다. H. G. 웰스에 관한 가장 흥미로운 사실은, 그가 동시대인들 가운데 성장을 멈추지 않는 유일한 인물이라는 점이다. 한밤중에 깨어 있으면 그가 자라나는 소리를 들을 수 있을 정도다. 그의 성장을 뚜렷이 보여 주는 확실한 현상은 그의 의견이 계속 변한다는 것이다. 그저 단순한 의견 변화가 아니다. 조지 무어[8]처럼 한 입장에서 또 다른 입장으로 완전히 건너뛰는 식이 아니다. 웰스는 극히 제한된 방향으로 난 아주 단단한 도로를 따라서 지속적으로 나아간다. 순간의 변덕이나 허영은 아닌데, 전체적으로 웰스가 더 놀랄 만한 의견에서 더 단조로운 의견으로 나아갔다는 것이 그 증거다. 어떤 의미에서는 비관습적인 의견에서 관습적인 의견으로 나아갔다고도 할 수 있다. 이 사실은 웰스의 정직성을 확인시키고, 그가 허식가가 아님을 증명한다. 한때 웰스는 미래에는 상류층과 하류층이 확연하게 구분되어 한 계층이 다른 계층을 먹어 치우리라고 주장하기도 했다. 한때 그토록 놀라운 견해의 논거를 찾아냈던 자기모순적인 허풍선이라면, 훨씬 더 놀라운 무언가를 위해서만 본래의 주장을 포기할 게 분명하다. 하지만 웰스는 상류층과 하류층이 모두 궁극적으로는 과학적인 중류층 곧 엔지니어 계층에 종속되거나 동화되리라고 하는, 나무랄 데 없는 믿음을 위해 본래의 주장을 포기했다. 그는 한결같은 고결한 진중함과 단순함을 따라 그 선풍적인 이론을 버렸다. 한때는 참이라고 생각했지만 지금은 참이 아니라고 여기기 때문이다. 그는 평범한 시각이 옳은 시각이라는, 한 지식인이 이를 수 있는 가장 끔찍한 결론에 이르렀다. 일만 명의 사람들을 앞에 두고 탑 위로 올라서서 "2 곱하기 2는 4"라고 외치는 것이야말로 가

8   조지 무어George Moore, 1852-1933는 아일랜드의 시인, 소설가, 비평가다. 젊은 시절 파리에 머물며 당대의 예술가들과 교류했고 프랑스 사실주의에 영향을 받은 작품들을 남겼다. 원래 화가가 되려고 프랑스로 유학을 떠났으나 작가로 전향했고, 가톨릭 집안에서 태어나 자랐지만 개신교 신자가 되었다. 인생의 후반기에는 아일랜드로 돌아와 예이츠 등과 함께 켈트복고주의Celtic Revival라고도 하는 아일랜드 문예부흥 운동을 이끌었다.

장 대단하고도 열렬한 용기다.

　　H. G. 웰스는 보수주의의 즐겁고도 신나는 여정 가운데 있다. 그는 숨죽이고 있던 관습들이 여전히 살아 있음을 더 많이 발견해 내는 중이다. 그의 겸손과 온전한 정신만큼 과학과 결혼이라는 주제에 관한 시각 변화도 적절한 예라 할 수 있겠다. 내가 기억하기로, 한때 그는 피조물인 인간이 개나 말의 방식을 따라 성공적으로 짝짓기를 하고 자녀를 출산할 수 있다는 몇몇 독특한 사회학자들의 견해를 지지했다. 이제는 더 이상 지지하지 않는다. 지지하지 않을뿐더러『형성 중인 인류』[9]에서는 아주 맹렬한 감각과 유머로 그에 대해 기술하기도 했다. 그래서 이제는 누구라도 그러한 견해를 고수한다고 생각하기는 어려울 것 같다. 그 견해에 대한 웰스의 반론에서 주된 근거는 물리적으로 불가능하다는 것인데, 내가 보기에는 아주 시시한 반론이며 다른 근거들과 비교하자면 무시해도 좋을 정도다. 과학적인 결혼과 관련해 주목할 만한 결정적인 반론의 근거는 생각할 수조차 없는 노예들이나 겁쟁이들에게만 그런 일을 시행할 수 있으리라는 것이다. 나는 과학적인 결혼의 전파자들이 의학의 관리감독을 통해 강하고 건강한 인류를 산출할 수 있다고 말할 때, 그 주장이 (그들의 말대로) 옳은지, (웰스의 말대로) 그른지 알지 못한다. 다만 혹시라도 과학적인 결혼이 그런 일을 해낸다면, 그 강하고 건강한 인류의 첫 번째 행동은 의학의 관리감독을 쳐부수는 일이 되리라고 확신한다.

　　의료에 관한 이 모든 이야기는 건강을 주의注意라는 관념과

9　　『형성 중인 인류』*Mankind in the Making*, 1903에 관해서는 제2장 주17, 주18 참조.

연결한다는 점에서 맹점이 있다. 대체 건강과 주의가 무슨 상관이란 말인가? 오히려 건강은 부주의와 관련 있다. 특별한 경우와 비정상적인 경우에 주의가 필요하다. 특히 건강을 잃었을 때 회복하기 위해 주의해야 한다. 그럴지라도 건강해지려는 이유는 결국 주의하지 않기 위해서다. 만약 우리가 의사라면, 우리는 예외적으로 아픈 이들을 향해 말하는 것이며 그들은 주의하라는 말을 들어야 마땅하다. 하지만 우리가 사회학자라면 우리는 보통의 사람들에게, 인류를 향해 말하는 것이다. 인류는 무모한 존재여야 한다는 말을 들어야만 한다. 건강한 사람의 근본 기능들은 단연코 기쁨으로 수행되거나 기쁨을 위해 수행되어야 한다. 그 기능들이 조심스레 수행되거나 조심하기 위해 수행되어서는 안 된다. 사람이 먹어야 하는 이유는 식욕이 돋기 때문이지, 유지할 몸이 있기 때문은 아니다. 사람이 운동해야 하는 이유는 펜싱 칼이나 말馬이나 높은 산 그 자체를 사랑하기 때문이지, 뚱뚱하기 때문은 아니다. 사람이 결혼해야 하는 이유는 사랑에 빠졌기 때문이지, 인구를 늘려야 하기 때문은 단연코 아니다. 사람이 다른 것을 생각하는 동안에도 음식은 신체 조직을 새로이 형성해 간다. 사람이 다른 것을 생각하는 동안에도 운동은 몸을 훈련한다. 자연스럽고 따스한 설렘에서 시작했다면, 결혼은 혈기 왕성한 세대를 생산할 기회를 누리게 할 것이다. 건강의 제1법칙은 필수적인 것들을 필수적인 것들로 받아들이지 말아야 한다는 것이다. 오히려 사치로 받아들여야 한다. 살짝 긁힌 자국이나 가벼운 질병, 주의하면 그럭저럭 다스릴 수 있는 그런 사소한 일들에 주의를 기울여야 한다. 하지만 온전한 정신의 이름으로, 결혼같이 중요한 일들에는 주의를 기울이지 않도록 해야 한다. 그러지 않으면 우리 생명의 샘이 말라 버릴 것이다.

그러나 웰스는 편협한 과학적 세계관을 말끔히 제거하지 못했고, 그래서 과학적이어서는 안 되는 것들이 있다는 사실을 보지 못했다. 그는 여전히 거대한 과학적 오류에서 살짝 영향을 받고 있다. 사람이 가장 먼저 배우게 되는 인간의 영혼이 아니라 거의 가장 마지막에 배우게 되는 원형질 같은 데서 시작하는 습관이 그에게 있다는 말이다. 그의 정신 능력은 정말 훌륭하지만 한 가지 흠이 있으니, 사람들의 일이나 문제에 충분한 여지를 주지 않는다는 게 그러하다. 이를테면 그는 자신의 새로운 유토피아[10]를 언급하면서, 그 이상향의 요점은 원죄를 믿지 않는 것이라고 말한다. 만일 그가 인간의 영혼에서 시작했더라면, 그러니까 자기 자신에게서 시작했더라면 가장 먼저 믿어야 할 것이 원죄라는 사실을 발견했을 것이다. 요컨대 이기심의 영구성은 교육이나 학대 같은 우연한 사건들이 아니라 우리가 자아를 지닌다는 사실 그 자체로부터 비롯한다는 것을 발견했으리라는 말이다. 모든 이상향의 약점이 바로 이러한데, 인간의 가장 큰 난점을 취하여 그것이 결국 극복되리라 상정하고는 소소한 문제들의 극복 방법을 공들여 설명하는 식이다. 처음에는 어느 누구도 자신에게 주어진 몫 이상을 바라지 않으리라고 못 박아 두고서, 나중에는 그 몫이 자동차로 주어질지 열기구로 주어질지를 기발하게 설명한다. 인간

10   H. G. 웰스의 소설 『현대 유토피아』*A Modern Utopia*, 1905를 가리킨다. 이 '현대 유토 피아'는 '사무라이'Samurai라는 자발적 귀족 계층의 통치 속에 정치적 안정과 진보 의 두 가지 목표를 동시에 달성하는 세계국가로 제시된다.

심리에 대한 웰스의 무관심을 더 선명히 보여 주는 예는 그의 세계시민주의에서 찾을 수 있는데, 웰스의 유토피아에서는 애국심을 발하게 하는 모든 경계가 폐지된다. 천진하게도 그는 유토피아란 하나의 세계국가가 되어야 한다고 말한다. 그리하지 않으면 사람들이 유토피아를 놓고 전쟁을 벌이리라는 것이다. 유토피아가 세계국가라 해도, 우리가 여전히 그것을 놓고 세상 종말까지 전쟁을 벌이리라는 생각은 들지 않는 모양이다. 다양한 예술이나 의견이 있어야 한다는 점은 인정하면서도 다양한 정부는 없으리라고 생각하는 건 대체 무슨 일일까? 사실은 단순명료하다. 어떤 것이 좋은 것이 되는 것을 의도적으로 막으려 하지 않는 한, 그것이 싸워서 얻을 가치가 있게 되는 것 또한 막을 수 없다. 문명 사이에 분쟁이 일지 않도록 막기는 불가능하다. 이상理想 사이에 다툼이 일지 않도록 막기가 불가능하기 때문이다. 오늘날 나라들 사이에 갈등이 더 이상 일지 않더라도 이상향 사이의 갈등만은 남을 것이다. 지극히 높은 존재들은 합일뿐 아니라 변별의 경향을 갖기 때문이다. 사람들이 합일을 위해 싸우게 할 수 있겠지만, 사람들이 변별을 위해 싸우는 걸 막을 수는 없다. 지극히 높은 존재 안에 있는 다양성이야말로 맹렬한 애국심, 위대한 유럽 문명의 격렬한 민족주의가 의미하는 바다. 덧붙여 말하자면, 그것이 바로 삼위일체 교의의 의미다.

그런데 내가 생각하기에, 웰스의 철학이 저지른 가장 중요한 실수는 조금 더 심각한 것이다. 웰스는 새로운 유토피아를 소개하는 부분에서 이 실수를 매우 흥미로운 방식으로 드러낸다. 그의 철학은 어떤 의미에선 철학 자체의 가능성을 부정하는 데 이른다.

웰스는 우리가 궁극의 정신적 만족을 느끼며 의지할 수 있는, 안전하고 믿을 만한 생각 따위는 존재하지 않는다고 주장한다. 웰스가 한 말을 직접 인용하는 편이 더 명확하고 또 재미있기도 할 것이다.

웰스는 이렇게 말한다. "어떠한 것도 지속되지 않으며, (소심한 현학자의 정신 외에는) 어떠한 것도 정확하고 확실하지 않다. … 참으로 존재란! 존재하지 않는다. 단지 개별자들의 보편적 생성만이 있을 뿐이다. 플라톤이 특정한 이상들의 박물관을 향했을 때, 그는 진리에 등을 돌린 것이었다." 웰스는 이렇게도 말한다. "우리가 아는 것들에는 변치 않고 지속되는 것이란 전혀 없다. 우리는 더 약한 빛에서 더 강한 빛으로 변화한다. 그리고 더 강한 각각의 빛이 지금껏 불투명한 우리의 근본을 꿰뚫고, 그 아래 있던 신선하고 상이한 불투명한 것들을 드러낸다." 자, 웰스가 이런 이야기를 할 때, 외람되지만 나는 그가 뚜렷한 정신적 차이를 제대로 보지 못했다고 할 수밖에 없다. 우리가 아는 것들에 변치 않고 지속되는 부분이 전혀 없다는 말은 절대 참일 수 없다. 만일 그리하다면 우리는 그 무엇도 알지 못할 것이며 이를 가리켜 지식이라 불러서도 안 될 테니까. 우리의 정신 상태는 수천 년 전에 살았던 누군가의 정신 상태와는 매우 다를 테지만, 전적으로 다를 수는 없다. 전적으로 다르다면, 우리는 그 차이를 의식하지 못할 테니까. 웰스는 진리의 샘 곁에 놓인 모순들 가운데 가장 으뜸가면서도 가장 단순한 역설을 확실히 이해해야 한다. 즉, 무언가가 서로 다르다는 것은 또한 서로 비슷하다는 의미임을 알아차려야 한다. 토끼와 거북이는 속도라는 속성에서 서로 다르지만, 운동이라는 속성에서는 서로 같다. 가장 빠른 토끼라 해도 이등변 삼각형이나 분홍이라는 관념보다 더 빠를 수는 없다. 토끼가 거북이보다 더 빨리 움직인다고 말할 때, 우리는 거북이 역시 움직인다고 말하는 셈이다. 어떤 사물에 대해 그것이 움직인다고 말할 때, 다른 이야기가 없어도 우리는 움직이지 않는 사물들이 있다고 말하는 셈이다. 사물들이 변한다고 말할 때조차, 우리는 변하지 않는 무언가가 있다고 말하는 셈이다.

웰스의 오류를 가장 잘 보여 주는 경우는 그 자신이 제시한 예에서 찾을 수 있다. 우리가 희미한 불빛을 볼 때 더 어두운 것과 비교하면 빛이지만, 더 강한 빛과 비교하면 어둠이다. 다만 빛의 속성은 변함없이 그대로이다. 그렇지 않다면 우리는 그것을 더 강한 빛이라고 부르거나 더 강한 빛으로 인식하지 못할 테니까. 만일 빛의 특성이 정신 안에 고정되어 있지 않다면, 우리는 더 짙은 그림자를 더 강한 빛이라 부르거나 그와 반대로 부르기 십상일 것이다. 만일 빛의 특성이 한순간이나마 고정되어 있지 않으면, 만일 그것이 머리카락 한 올만큼이라도 의심스러워진다면, 예를 들어 빛에 대한 우리의 관념 안에 파란색에 대한 어떤 모호한 관념이 섞여 들어온다면, 눈 깜빡할 사이에 우리는 이 새로운 빛이 더 많은 빛을 지녔는지 아니면 더 적은 빛을 지녔는지 의심하게 될 것이다. 한마디로 진보란 구름처럼 시시각각 변할 수 있겠지만, 그 방향은 프랑스의 도로처럼 견고하게 고정되어야 한다. 내가 본머스의 북쪽에 있는 동시에 스피츠베르겐의 남쪽에 있다는 의미에서[11] 북쪽과 남쪽은 상대적이다. 다만 북극의 위치를 의심할 여지가 있다면, 내가 스피츠베르겐의 남쪽에 있는지도 똑같이 의심해 보아야 한다. 빛에 대한 절대적 관념은 실제로는 획득할 수 없을 것이다. 우리는 순수한 빛을 구할 수 없다. 우리는 북극에 도달할 수 없을지도 모른다. 하지만 그렇다고 해서 북극을 인식하기가 불가능한 것은 아니다. 그리고 북극이 인식 불가능한 것이 아니기에, 우리는 브라이턴과 워딩[12]의 지도를 흡족하게 그려 볼 수 있다.

달리 말하자면 구체화된 이상理想들의 박물관을 향해 갔을 때, 플라톤은 진리를 향해 고개를 돌리고 H. G. 웰스에게서는 등을 돌린 셈이다. 바로 이 지점에서 플라톤은 그의 지각知覺을 보여준다. 모든 것이 변한다는 것은 참이 아니다. 변하는 건 겉으로 분명히 드러나는 물질적인 것들이다. 변하지 않는 무언가가 있다. 그것은 추상적 속성, 보이지 않는 관념이다. 한쪽에서 어둠으로 보이는 것이 다른 쪽에서는 빛으로 보일 수도 있다고 한 웰스의 말은 참이다. 그렇대도 양쪽에는 빛이라는 관념이 공통적으로 자리한다. 우리가 빛의 관념 자체를 본 적은 없지만 말이다. 끝없는 세월 동안 웰스의 키가 계속 자라고 자라서 결국 그의 머리가 가장 멀리 떨어진 별보다도 높은 곳에 이를지 모른다. 그가 이에 대해 훌륭한 소설 한 편을 쓰리라고 상상해 봄직도 하다. 아마도 그는 처음에는 나무를 보고 키가 크다고 하겠지만, 나중에는 키가 작다고 할 것이다. 처음에는 구름을 보고 참 높이 떴구나 하다가 나중에는 낮게 떴구나 할 것이다. 그렇게 오랜 시간이 흘러 가장

11   본머스Bournemouth는 영국의 남해안에 있는 휴양 도시이고 스피츠베르겐Spitzbergen
      은 노르웨이 북쪽 북극해에 위치한 섬이다.
12   브라이턴Brighton과 워딩Worthing은 영국해협에 면해 있는 서로 이웃한 휴양 도시다.

멀리 떨어진 별에 닿는 동안에도 변치 않고 남은 것이 있으니, '높이'라는 관념이다. 그 끔찍한 텅 빈 공간에서 웰스는 자신이 (이를테면) 더 뚱뚱해지는 것이 아니라 더 키가 자라서 높아지고 있다는 확실한 개념을 유일한 동반자이자 위로자로 삼게 될 것이다.

그러고 보니, 실제로 H. G. 웰스가 나무처럼 키가 자라나는 사람들에 대해 쓴 매우 유쾌한 소설이 떠오른다. 내가 보기에 이 작품에서도 웰스는 모호한 상대주의에 희생되었던 것 같다. 『신들의 양식』[13]은 버나드 쇼의 희곡이 그렇듯 본질적으로 초인이라는 관념을 탐구한 작품이다. 그리고 내 생각에, 이 작품은 반쯤 무언극 같은 알레고리의 베일을 통해서이기는 하지만 동일한 지적知的 공격에 노출되어 있다. 아무리 위대한 사람이라도 어떤 방식으로든 우리의 기준에 맞지 않는다면, 우리는 그 사람을 고려해 볼 수 없다. 위대함에 대한 우리의 기준을 통과하지 않는다면, 우리는 그 사람을 위대하다고 부를 수조차 없다. 니체는 초인이라는 관념 안에 있는 흥미로운 점을 이렇게 요약했다. "사람은 뛰어넘어야 할 대상이다."[14] 그런데 '뛰어넘다'라는 그 말 자체가, 우리에게 공통된 어떤 기준이 있으며 우리를 뛰어넘는 것이 존재한다는 의미

13 H. G. 웰스가 발표한 과학 소설 『신들의 양식은 어떻게 세상에 왔나』*The Food of the Gods and How It Came to Earth*, 1904를 가리킨다. 일단의 과학자들이 성장을 촉진하는 음식을 만들어 아이들을 거인으로 만드는 이야기를 담고 있다. 간단히 『신들의 양식』으로 불렸으며 후대에 이를 바탕으로 B급 영화가 제작되기도 했다.

14 니체의 대표작 『차라투스트라는 이렇게 말했다』*Also sprach Zarathustra*, 1883-1885의 서문에 등장하는 문장이다. 니체는 고정불변하는 존재sein의 철학이 아니라 계속해서 변화하는 생성werden의 철학을 주장했다. 특히 인간은 고정된 형상이나 본질에 고착된 존재가 아니라 끊임없이 자신을 넘어서서 스스로 창조하는 존재여야 한다고 역설하면서 이를 초인übermensch 개념으로 표현했다.

를 품고 있다. 초인이 사람들보다 더 사람답다면, 사람들은 처음에 초인을 죽인다 하더라도 결국에는 그를 신격화할 것이다. 하지만 초인이 정말로 초인답다면, 사람들은 아무런 목적도 없어 보이는 흉물을 대하듯 초인에게도 상당히 무관심할 것이다. 초인은 우리를 위압하기 위해서라도 우리의 시험에 응해야 한다. 단순한 힘이나 크기도 하나의 기준이 된다. 하지만 그것만으로 사람들에게 한 사람을 그들보다 우월한 자라고 생각하게 할 수는 없다. 옛이야기에서 그러하듯 거인들은 사람에게 해롭다. 마찬가지로 좋은 인간이 아니라면, 초인은 사람에게 해롭다.

『신들의 양식』은 거인의 입장에서 쓴 "잭과 콩나무" 이야기다. 내가 알기로, 이런 이야기는 문학사에서 일찍이 기술된 적이 없다. 하지만 이 이야기에 심리적 요지가 있다는 건 분명하다. 잭에게 죽임을 당한 거인이 자신을 초인으로 알았으리라는 점을 나는 거의 의심하지 않는다. 거인은 잭을 보고서 생명의 힘이 지닌 커다란 성장 가능성을 꺾어 놓으려는 편협한 인간이라고 여겼을 것이다. (심심찮게 그러하듯이) 거인의 머리가 둘이었다면, 거인은 하나보다는 둘이 낫다는 초보적인 격언을 읊어 댔을 것이다. 거인은 머리가 둘이나 있다는 사실의 미묘한 현대성을 자세히 설명했을 것이다. 머리가 둘이기에 대상을 두 가지 관점에서 볼 수 있으며 자신의 오류를 즉각 수정할 수도 있다는 말이다. 하지만 잭은 변치 않는 인간의 기준 곧 한 사람에게는 머리가 하나이며 의식도 하나라는 원칙, '하나의 머리와 하나의 심장과 하나의 시선'이라는 원칙의 대변자였다. 그 거인이 특별나게 큰 거인인가 하는 물음이 잭에게는 대수롭지 않았다. 잭이 알고자 했던 건 그 거인이 좋은 거인인지, 그러니까 우리에게 이로운 것을 그 거인이 조금이라도 가졌는가 하는 것뿐이었다. 종교에 관한 거인의 시각은 어떠한가? 정치와 시민의 의무에 관한 거인의 견해는 무엇인가? 거인은 아이들을 정말 좋아하는가, 아니면 어둡고 사악한 의미에서만 아이들을 좋아하는가? 온전한 감정 상태에 대한 고상한 표현을 써서 말해 보자면, 그의 마음은 제자리에 놓여 있는가? 잭은 이 물음들에 대한 답을 얻기 위해 때로는 칼을 들고 거인에게 상처를 입혀야만 했다. 이렇듯 "잭과 콩나무"라는 올바른 옛이야기는 인간에 관하여 더없이 온전한 이야기이다. 우리가 이 이야기를 제대로 이해했더라면 더 이상 성경도 역사도 필요로 하지 않을 것이다. 하지만 현대 세계에서는 특히 이 이야기가 전혀 이해되지 못하는 것 같다. 웰스와 마찬가지로 현대 세계는 거인들의 편에 서 있다. 그곳은 가장 안전한 장소이지만, 그러하기에 가장 평범하고 단조로운 곳이다. 현대 세계는 작은 카이사르들을 찬양하면서 강함과 용감함에 대해 이야기한다. 하지만 강함의 관념과 용감함의 관념이 결합할 때 생기는 영원한 역설은 보지 못하는 듯하다. 강한 자는 용감할 수 없다. 오직 약한 자만이 용감할 수 있다. 그러나 실제로는, 의심의 때에는 오직 용감한 자만이 강하다고 신뢰를 얻는다. 피할 수 없는 잭에게 맞서 거인이 자신을 계속 단련할 방법은 자기보다 열 배는 큰 거인들과 쉬지 않고 싸우는 것뿐이다. 말하자면 거인이기를 멈추고 잭이 되는 것이다. 그러므로 우리 자유주의자들과 민족주의자들에게 쏟아지는 비난의 근거 곧 작은 자들이나 패배한 자들에 대한 동정의 마음이란 웰스와 그의 친구들이 상상하듯이 쓸모없는 감상주의가 절대 아니다.

그것이야말로 실제적인 용기의 제1법칙에 속한다. 즉, 가장 약한 진영에 있는 것이 가장 강한 무리에 있는 것이다. 나는 초인이라는 인종이 강림하여 용처럼 싸우는 것보다 인류에게 더 좋은 일이 있으리라고 상상할 수 없다. 초인이 우리보다 낫다면 우리가 그와 싸울 필요는 없다. 하지만 이 경우, 우리는 초인을 가리켜 성인^{聖人}이라 불러야 하지 않을까? 초인이 단지 강하다면 (육체적으로 강하든 정신적으로 강하든 아니면 도덕적으로 강하든 전혀 상관없다) 그는 적어도 우리가 지닌 모든 힘만큼은 인정해야 한다. 우리가 초인보다 약하다는 것이, 우리가 우리 자신보다 약하다는 이유가 되지는 않는다. 우리가 거인의 무릎에 닿지도 않을 만큼 작다는 것이, 우리가 넘어져서 더 작아지리라는 이유가 되지는 않는다. 그러나 실지 현대 세계에서 권력자, 카이사르, 초인을 영웅으로 숭배하고 찬양하는 의미는 이러하다. 영웅이 인간 이상의 존재가 되려면, 우리는 인간 이하의 존재여야만 한다.

　물론 이보다 오래되고 더 나은 영웅 숭배도 있기는 하다. 다만 옛 영웅은 아킬레우스[15]처럼 인간다움 그 자체보다 더 인간다운 존재였다. 니체의 초인은 차갑고 친구도 없다. 아킬레우스는 어리석을 만큼 친구를 좋아해서 친구가 죽자 괴로워하며 적의 군대를 몰살한다. 버나드 쇼의 슬픈 카이사르[16]는 적막한 자만심에

15　아킬레우스Achilleus는 그리스 신화에 나오는 영웅이다. 오디세우스를 따라 트로이 전쟁에 참전한 아킬레우스는 전쟁의 주동자였던 아가멤논이 자신의 연인인 브리세이스를 빼앗으려 하는 바람에 전투에 참전하지 않았으나, 사랑하는 친구 파트로클로스가 트로이의 왕자 헥토르의 손에 전사하자 다시 전투에 참여하여 헥토르를 죽이고 전세를 뒤집는다. 하지만 유일한 약점이었던 발뒤꿈치에 화살을 맞고 그 역시 전사한다.

빠져 이렇게 말한다. "희망을 품지 않은 자는 절망할 수도 없다." 이 옛 인신人神[17]은 자신의 끔찍한 언덕에서 이렇게 답한다. "나의 설움에 미칠 설움이 있었던가?" 훌륭한 사람이란 너무나 강한 나머지 자신이 남들보다 못하다고 느끼는 사람이 아니라 너무나 강하여 자신이 남들보다 낫다고 느끼는 사람이다. "내가 너희에게 새 계명을 주노니, '단단해져라'"[18]라고 했던 니체는, 사실 "내가 너희에게 새 계명을 주노니, '죽어라'"라고 말한 셈이다. 생명을 정의하는 것은 감성感性이다.

마지막으로 "잭과 콩나무" 이야기를 다시 해야겠다. 나는 '웰스와 거인들'이라는 문제를 곱씹어 보았는데, 이 문제가 특별히 그의 정신에서 두드러지기 때문은 아니다. 나는 웰스의 우주에서는 버나드 쇼의 우주와는 달리 초인이 그렇게 큰 부분을 차지하지 않는다는 것을 안다. 나는 정반대의 이유에서 이 문제를 곱씹

이단 Heretics

16   버나드 쇼는 희곡 『카이사르와 클레오파트라』*Caesar and Cleopatra*를 집필하여 1898년에 초연하고 1901년에 출간했다. 카이사르와 클레오파트라의 관계를 사적인 애정보다 정치적 전략 차원에서 다룬 이 작품은 고대 로마의 이집트 점령과 현대 영국의 이집트 점령을 평행하게 대비시키는 한편, 카이사르라는 인물을 니체의 초인 같은 영웅의 모습으로 그려 낸다.

17   신이면서 인간인 예수 그리스도를 나타낼 때 'God-Man'(신인神人)이라고 하는데, 체스터턴은 인간이었다가 신처럼 추앙받게 된 카이사르를 가리켜 'Man-God'이라고 부르고 있다. 예수 그리스도와 초인이 대립적으로 대응함을 알 수 있다.

18   니체가 『차라투스트라는 이렇게 말했다』에서 차라투스트라의 입을 빌려 한 말이다. "새 계명을 너희에게 주노니 서로 사랑하라"(요한복음 13장 34절)라고 했던 예수의 말을 비틀어 쓴 표현이다. 여기서 '단단하다'hard(독일어 'hart')는 '강하고 튼튼하다'는 의미로 쓰였지만, '딱딱하게 굳었다'는 의미도 있기 때문에 체스터턴은 이 점을 파악하여 다음 문장에서 '죽다'dead와 연결한다.

어 보았다. 그리고 비도덕적 영웅 숭배라는 이단이 약하게나마 그를 쥐고 있는 것은 사실이지만, 오늘날 최고의 사상가를 빗나가게 하지는 않도록 오히려 제지당하고 있다는 느낌이 들었던 것이다. 웰스의 '새로운 유토피아'에서는 W. E. 헨리[19]를 향한 그의 동경이 여러 번 암시된다. 똑똑하지만 행복하지는 않았던 이 인물은 모호한 폭력을 동경하면서 살았으며, 힘에 대한 찬양과 폭정에 대한 합리화를 찾아 언제나 거친 옛이야기와 거친 옛 발라드, 강하고 원시적인 문학으로 회귀했다. 하지만 그는 찾던 것을 발견하지 못했다. 그것은 거기에 없다. 원시적인 문학은 "잭과 콩나무"이야기에 들어 있다. 강력한 옛 문학은 약한 자에 대한 찬양으로 가득하다. 거친 옛이야기들은 현대의 그 어떤 정치적 이상주의자들만큼이나 소수자들에게 다정하다. 거친 옛 발라드들은 원주민보호협회APS, Aborigines Protection Society만큼이나 약자들에게 마음을 쓴다. 사람들이 억세고 세련되지 않았을 때, 온갖 역경과 가혹한 법률 가운데 살았을 때, 싸움이 정말 무엇인지를 알았을 때, 그 시절에는 오직 두 종류의 노래만 있었다. 첫째는 약자가 강자를 물리친 것을 기뻐하는 노래이고, 둘째는 어쩌다 한 번쯤 강자가 약자를 이긴 것을 슬퍼하는 노래다. 현상유지에 대한 저항, 기존의 균형을 바꾸려는 부단한 노력, 힘 있는 자에 대한 때 이른 도전이야말로 '인간'이라 불리는 심리적 모험의 진면목이자 가장 깊은 비밀이기 때문이다. 힘을 무시할 줄 아는 것이 인간의 힘이다. 그 허망한 희

---

19   윌리엄 어니스트 헨리William Ernest Henley, 1849-1903는 후기 빅토리아 시대를 대표하는 영국의 시인, 비평가다. 불굴의 의지를 노래한 대표작 「인빅터스」Invictus는 여러 언어로 번역되어 전 세계적으로 낭송되고 있다.

망이야말로 진짜 희망이며 나아가 인류의 유일한 진짜 희망이다. 푸른 숲의 가장 투박한 발라드에서는 왕뿐 아니라 영웅에 대항하는 사람이 존경을 받는다. 로빈 후드가 일종의 초인이 되는 그 순간, 기사도에 충실한 연대기 작가는 자신이 옆으로 밀쳐 두려 했던 형편없는 사색가에게서 매질을 당하는 로빈 후드의 모습을 보여 준다. 그리고 로빈 후드가 존경심을 갖고 홍조를 띠며 그 매질을 받아들이도록 만든다. 이러한 포용력은 현대 인도주의의 산물이 아니며 평화와 관련된 그 무엇의 산물도 아니다. 이 포용력은 상실된 전쟁의 기술 가운데 하나일 뿐이다. W. E. 헨리를 따르는 이들은 강인하고 투지 있는 잉글랜드를 원한다. 그들은 강인하고 투지 있는 잉글랜드 사람들의 격렬한 옛이야기들로 돌아간다. 그리고 그 격렬한 옛날 문학 어디에나 '마주바의 방책'이 쓰여 있음을 발견한다.[20]

20   마주바Majuba는 남아프리카에서 벌어졌던 제1차 보어 전쟁1880-1881에서 마지막 결전이 펼쳐졌던 언덕의 이름이다. 병력에서 크게 앞선 영국군은 마주바 고지를 먼저 점령했지만 농민 청년들로 구성된 허술한 보어군에 대패했다. 그 결과 제1차 보어 전쟁을 서둘러 종결할 수밖에 없었고 보어인들은 독립을 유지할 수 있었다. 세계 곳곳에서 식민지를 확장하며 승승장구하던 영국군이 현지 병력에 크게 패한 치욕의 사건으로 영국사에 기록되었다.

06

크리스마스와
유미주의자들

세상은 둥글다. 너무 둥글어서 낙관론자들과 비관론자들이 서로 자신의 길이 옳은 길이라며 처음부터 입씨름을 벌여 왔다. 선과 악이 대강 같은 비율로 섞여 있다는 단순한 사실은 문제가 되지 않는다. 문제는 어느 부분이 선이고 어느 부분이 악인지를 놓고 의견이 갈린다는 데서 주로 발생한다. 이렇게 해서 '비종파적 종교들'[1]을 괴롭히는 골칫거리도 생겨난다. 비종파적 종교들은 모든 신조에 아름다운 그 무엇이 들어 있는 척 가장하지만, 많은 사

---

1   비종파적 종교undenominational religion란 한 종교 내에서 (특히 그리스도교 안에서) 특정 종파에 속하지 않고 독립적으로 그 종교의 근본 신앙을 추구하려는 운동이나 단체(교회)를 말한다. 종파 간의 극심한 갈등에서 벗어나려는 시도는 높게 평가되지만, 갈등을 진정으로 극복하기보다는 회피하고 근본적인 신학의 문제를 도외시하는 피상적이며 혼합주의적인 영성 운동으로 나아간다는 비판도 받는다.

람의 눈에는 온갖 지루함을 거기 다 모아 둔 것만 같다. 모든 색이 순수하게 한데 뒤섞이면 완벽한 흰색이 되어야 한다. 하지만 인간의 물감 통에서 뒤섞이면 진흙 같은 것, 많은 새로운 종교 같은 것이 되고 만다. 그렇게 뒤섞어서 지어낸 신조는 애초에 따로 있던 어느 신조 하나보다도 못한 경우가 많고, 폭력배들의 신조보다 더 나쁜 것이 되기도 한다. 어떤 종교에서 무엇이 진짜 좋은 부분이고 무엇이 진짜 나쁜 부분인지를 가려내기가 어렵다는 데서 오류가 발생한다. 그리하여 이러저러한 종교에 대해 생각해야 하는 불운한 이들의 머리 위로 비애가 무겁게 내려앉는다. 흔히 좋다고 하는 부분은 나쁘고, 나쁘다고 하는 부분은 좋다.

하나의 인간 집단을 진정으로 동경하지만, 네거티브 사진의 형태로 동경한다는 것이 비극이다. 거기 있는 모든 흰색이 실은 검은색이고 모든 검은색이 실은 흰색이라는 것을 알고서 기뻐하기란 쉽지 않다. 그런데 이런 일이 인간의 종교와 관련하여 우리에게 곧잘 일어난다. 19세기의 종교적 영향력을 증언해 주는 기관이나 인물 가운데 둘을 이야기해 볼까 한다. 구세군[2]과 오귀스트 콩트[3] 말이다.

구세군에 대한 학식 있는 이들의 판단은 다음 몇 마디 말로

2   구세군Salvation Army은 개신교의 한 교파로 군대식 조직을 갖춘 것이 특징이다. 1865년에 런던 일대 빈민굴에서 복음 전파를 위한 자선 운동으로 시작되었으며 구세군이라는 이름이 정식으로 채택된 것은 1878년이다. 당시 노동 계층과 빈민 계층에서 크게 환영받았으며 영국은 물론 전 세계로 급속히 전파되었다.

3   오귀스트 콩트Auguste Comte, 1798-1857는 프랑스의 철학자, 사회학자다. 뉴턴 이후 이루어진 근대 자연과학의 발전에서 크게 영향을 받아 관찰과 실험을 통해 원리와 법칙을 발견하려는 실증주의 철학과 사회학을 발전시켰다.

정리할 수 있다. "구세군이 선행을 많이 한다는 것은 조금도 의심하지 않습니다. 하지만 저속하고 천박한 방식으로 하고 있지요. 그들의 목적은 훌륭하지만 수단이 잘못되었습니다." 애석하게도 실상은 이와 정반대다. 구세군의 목적이 훌륭한지는 잘 모르겠지만 구세군의 수단은 확실히 감탄스럽다. 그들은 정말이지 열정적이고 진심 어린 종교적 방법을 채택했다. 구세군은 모든 종교처럼 대중적이고, 모든 종교처럼 군사적이고, 모든 종교처럼 공공연하며 감각적이다. 구세군 신자들이 로마가톨릭 신자들보다 경건한 것은 절대 아니다. 슬프고 연약하다는 의미에서 경건함이란 신앙이 없는 자들의 것이니까. 에우리피데스[4]나 르낭[5], 매슈 아널드에게서 발견하는 그 아름다운 어스름을, 믿는 이들에게서는 찾아볼 수 없다. 믿는 이들에게선 오직 웃음과 전쟁만을 볼 수 있다. 사람은 대리석처럼 단단한 진실을 향해서는 경의를 표할 수 없고, 오직 아름다운 거짓을 향해서만 경의를 표할 따름이다. 그런데 구세군은 그 목소리가 천한 환경에서 흉한 형태로 터져 나왔음에도 기쁘고도 성난 신앙의 옛 목소리를 냈다. 그 목소리가 디오니소스[6]의 난동처럼 뜨겁고 가톨릭의 가고일[7]처럼 거친 탓에

4   에우리피데스Euripides, 480-406 BC는 『메데이아』 등 고대 그리스 비극의 대표작을 쓴 아테네의 시인이다.

5   조제프 에르네스트 르낭Joseph Ernest Renan, 1823-1892은 프랑스의 철학자, 종교학자다. 그리스도교의 기원을 밝히고 인간적인 예수의 모습을 탐구하는 데 천착하여 가톨릭교회와 갈등을 빚기도 했으나 학문적 공로를 인정받아 말년에는 아카데미 프랑세즈의 회원이 되었다.

6   디오니소스Dionysos는 그리스 신화에 등장하는 포도주와 광기의 신이다. 디오니소스를 숭배하던 이들은 술과 춤과 음악이 난무하는 광란의 축제를 벌였던 것으로 유명하다.

하나의 철학으로 오해되는 않았다. 헉슬리 교수[8]는 그의 영리한 문구 가운데 하나에서 구세군을 가리켜 '광란의 그리스도교'라고 불렀다. 과연 헉슬리는 십자가를 전혀 이해하지 못했던 스토아학파의 가장 마지막이자 가장 고귀한 일원이었다. 그가 그리스도교를 이해했더라면 '광란의 그리스도교'가 아닌 그리스도교란 이제껏 있지도 않았고, 있을 수도 없음을 알았을 것이다.

목적의 문제와 수단의 문제 사이에는 이러한 차이가 있다. 구세군 같은 것의 목적을 판단하기는 매우 어렵지만, 그 예식과 분위기를 판단하기는 식은 죽 먹기다. 부스 장군[9]의 주택 공급 계획이 제대로 되었는지 아닌지는 사회학자나 되어야 제대로 알 수 있다. 하지만 관악대 심벌즈 두 짝을 마주쳐야 소리가 난다는 건 건강한 사람이면 누구나 다 안다. 통계 자료나 주택 모형 등 이성적인 것은 무엇이든 문외한이 보기에는 늘 어려운 법이다. 하지만 비이성적인 것은 누구나 다 이해한다. 종교가 그토록 일찍 세상에 등장해서 그토록 널리 전파된 반면에 과학은 그토록 늦게 세상에 등장해서 거의 전파되지 않은 까닭이 바로 이러하다. 오직 신비주의만이 민중에게 이해될 수 있는 일말의 가능성을 지녔음을 모든

---

7   가고일gargoyle은 주로 중세 고딕 성당에서 빗물 배수를 위해 건물 외벽에 설치한 홈통으로, 여러 가지 기괴한 괴물이 입을 벌린 형상으로 만들어졌다.

8   토머스 헨리 헉슬리를 가리킨다. 헉슬리에 대해서는 제5장 주6 참조.

9   구세군을 창설한 윌리엄 부스William Booth, 1829-1912를 가리킨다. 감리교 목사였던 부스는 당시 빈민들의 비참한 삶을 목격하고 복음과 함께 빵을 전해야 한다는 신념으로 부인과 함께 빈민굴로 들어가 구제 운동을 일으켰다. 구세군은 군사적 조직을 갖추었으며 성직자를 사관, 신학교를 사관학교, 교인을 군우라 칭하고 그 지도자는 장군이라 한다.

역사가 만장일치로 증언한다. 그러니 상식은 문화의 어두운 신전에서 밀교密敎의 비법으로 간직해야 하지 않을까. 구세군의 인류애와 그 진정성은 박사들이 탐구해 볼 만한 문제이지만, 구세군 관악대의 진정성만큼은 의심의 여지가 없다. 관악대는 순전히 영적인 데다 오직 내적 생활의 활성화만을 추구하기 때문이다. 인류애의 목적은 선善을 행하는 것이다. 그리고 종교의 목적은 관악대의 굉음 속에서 잠시나마 선하여지는 것이다.

그런데 똑같은 반反명제가 또 하나의 현대 종교에 대해서도 성립한다. 흔히 실증주의라고 알려졌으며 '인류교'라고도 하는 콩트의 종교 말이다.[10] 명민하고 예의 바른 철학자 프레드릭 해리슨[11]은 순전히 자신의 인성으로 신조를 대신하는 인물인데, 이 해리슨 같은 사람들은 자신이 콩트의 철학을 전달할 뿐이며 교황과 전례, 그리고 새로운 축일과 성인의 기념일을 담은 새로운 달력을 위한 콩트의 환상적인 제안들[12]을 전하는 건 아니라고 말할 것이다. 우

---

10   현대적 실증주의의 시조라고 할 수 있는 오귀스트 콩트는 신학을 '나쁜 과학'이라고 부정했던 반면에 종교는 초자연적 요소만 제거하여 개혁하면 사회를 결속시키는 새로운 응집소로 기능할 수 있다고 믿었다. 그는 50대 후반에 클로틸드 드 보라는 여인과 신경증에 가까운 연애를 경험하고서 사랑이야말로 인류를 결속하는 힘이 되어야 한다고 주장하며 그러한 사회를 이룰 수 있는 새로운 종교 체계를 내놓고 이를 '인류교'Religion of Humanity라고 부르면서 '질서와 진보'를 그 교의로 내걸었다. 파리와 런던에 인류교의 교회가 실제로 세워지기도 했지만, 이로 인해 말년의 콩트는 뭇사람에게 비난과 조롱을 받았다.

11   프레드릭 해리슨Frederic Harrison, 1831-1923은 영국의 법학자, 역사학자다. 영국에서 실증주의를 이끈 대표적인 인물로 콩트와 함께 실증주의에 관한 여러 편의 저술을 남겼으며, 25년간 영국실증주의위원회The English Positivist Committee, 현 The London Positivist Society의 의장을 맡기도 했다.

12   1849년 오귀스트 콩트는 28일을 한 달로 삼고 1년에 13달이 있는 달력을 고안

리가 사제들처럼 옷을 갖춰 입어야 한다거나, 밀턴의 생일에 불꽃놀이를 해야 한다는 식의 이야기를 전하는 게 그의 뜻은 아니다. 이 굳건한 영국인 콩트주의자에게는 스스로 고백한 대로 그 모든 이야기가 좀 터무니없어 보이나 보다. 하지만 나에게는 그것이 콩트주의에서 유일하게 일리 있어 보인다. 콩트주의는 하나의 철학이 되기에 불충분하다. 인류를 숭배하기란 확실히 불가능하다. 새빌 클럽[13]을 숭배하기가 불가능하듯이 말이다. 물론 인류와 새빌 클럽은 모두 우리가 우연히 속하게 될지 모르는 훌륭한 단체들이다. 다만 새빌 클럽이 별들을 만들어 내거나 우주를 채우지 않았음을 우리는 분명히 인지한다. 더욱이 삼위일체 교의를 당혹스러운 신비주의의 단편일 뿐이라며 공격하고는, 개인들을 뒤섞거나 실체를 나누지 않으면서 9천만 명의 개인인 동시에 하나의 신이기도 한 존재를 믿으라고 하는 것은 확실히 불합리하다.

콩트의 지혜는 충분하지 않았지만, 콩트의 어리석음은 지혜와 같았다. 무미건조한 현대성의 시대에, 아름다움은 지각 있는 무언가로 생각되는 것만큼이나 야만적이고 흉한 것으로 여겨진다. 그러나 콩트만은 사람들이 반드시 야단스러운 허례의 성스러움을 지녀야 한다는 것을 알았다. 그는 쓸모 있는 것은 짐승들도

했다. 그는 이 새로운 달력에 인류 문명의 발전에 이바지한 위인들을 기리는 축일들을 배치했다.

13 새빌 클럽Savile Club은 런던 신사들의 사교 클럽으로서 1868년에 설립되어 오늘날까지 이어진다. 새빌리언Savilian이라 불리던 클럽 회원 중에는 정계, 학계, 예술계 등 각 방면의 유력 인사들이 많았는데, 이 책의 저자인 체스터턴을 비롯해 러디어드 키플링, H. G. 웰스, 버트런드 러셀, 로버트 루이스 스티븐슨, W. B. 예이츠, 오스카 와일드 등이 속했다.

가지고 있으며, 참으로 인간적인 것들이란 전혀 쓸모가 없음을 알았다. 그는 의례와 형식이란 인위적이고 부수적이며 부패한 것에 지나지 않는다는, 오늘날 널리 퍼진 사고思考가 잘못임을 알았다. 실로 의례는 사고보다 훨씬 더 오래되었고, 사고보다 훨씬 더 단순하며 훨씬 더 야생적이다. 사물의 본성에 닿은 느낌은 말하기에 적절한 어떤 것들이 있다고 감지하게끔 하는 데 머물지 않는다. 그 느낌으로 인해 사람들은 행하기에 적절한 어떤 것들이 있다고도 감지하게 된다. 그중에서도 춤을 추고 신전을 짓고 크게 소리치는 행동들은 더 적합하게 여겨진다. 녹색 카네이션[14]을 다는 일이나 다른 철학자들을 산 채로 화형하는 일은 덜 적합하다. 어디서나 종교의 춤은 성가聖歌보다 먼저 출현했으며, 사람은 말을 하기 전부터 의례의 전문가였다. 만일 콩트주의가 널리 퍼졌더라면 세계는 이미 인류교로 개종했겠지만, 그렇더라도 그건 콩트의 철학이 아니라 콩트의 달력 때문이었을 것이다. 영국의 실증주의자들이 스승의 약점이라고 여긴 것을 저버린 순간, 그들은 제 종교의 강점을 꺾어 버렸다. 신앙을 지닌 사람은 순교자가 될 준비를 해야 할 뿐 아니라 바보가 될 준비도 해야 한다. 자신이 믿는 바를 위해 머리에 꽃을 꽂을 준비조차 안 된 사람이 고난을 겪고 죽을 준비가 되어 있노라고 하는 것은 터무니없다. 나로 말할 것 같

14 오스카 와일드가 1892년작『윈더미어 부인의 부채』Lady Windermere's Fan의 초연 당시 가슴에 달았던 이래로 녹색 카네이션은 그와 그 추종자들의 상징물이 되었다. 자연에 존재하지 않는 녹색 카네이션은 예술이 자연을 따르는 것이 아니라 자연이 예술을 따라야 한다는 와일드의 미의식을 나타내며, 동시에 자연에 위배된다는 이유로 죄악시된 동성애를 상징한다.

으면, 어떤 이유로도 콩트의 저술을 완독하는 일은 없으리라고 확신한다. 모닥불을 피우고 다윈의 날을 열렬히 기념하는 내 모습은 쉽게 상상할 수 있지만 말이다.

저들의 멋들어진 노력은 실패했고, 이후로 그 같은 시도가 성공한 적도 없다. 합리주의자들의 축제라는 건 없었으며 합리주의적 황홀 따위도 없었다. 사람들은 여전히 신의 죽음으로 인한 어둠 속에 있다. 지난 세기에 그리스도교가 융단폭격을 당하던 시절에는 소위 '인간적 즐거움을 향한 그리스도교의 적대감'이라는 부분에 가장 집요하고도 멋진 공격이 가해졌다. 셸리[15]와 스윈번[16] 그리고 그들의 군대가 몇 번이고 그 부분을 관통했지만, 그 부분을 바꾸어 놓지는 못했다. 그들은 온 세계가 기뻐하며 즐겁게 달려들 트로피나 깃발은 하나도 세우지 못했다. 유쾌한 어떤 이름이나 새로운 계기는 하나도 제시하지 못했다. 스윈번이 빅토르 위고의 생일 전야에 양말을 걸어 두지 않는다. 윌리엄 아처[17]가 남의 집 문 앞에서 눈을 맞으며 아기 입센의 탄생을 기리는 캐럴을 부르지 않는다. 우리의 이성적이고 애처로운 한 해를 통틀어 한때 온

이단 Heretics

---

15 퍼시 비시 셸리Percy Bysshe Shelley, 1792-1822는 바이런, 키츠와 함께 영국 낭만주의의 3대 시인으로 꼽힌다. 옥스퍼드 대학 시절에 무신론을 주창하여 퇴학당했고 이후로도 낭만적 격동으로 가득한 삶을 살다가 불과 서른 살의 나이에 숨을 거두었다.

16 앨저넌 찰스 스윈번Algernon Charles Swinburne, 1837-1909은 영국의 시인으로 동성애나 무신론같이 금기시되던 주제들을 다루고 운율을 자유로이 구사하여 빅토리아 시대의 기성관념에 도전했다. 정치적으로는 프랑스의 대大문호인 빅토르 위고에게서 영향을 받아 국민의 자유와 공화주의라는 대의명분을 따랐다.

17 윌리엄 아처William Archer, 1856-1924는 스코틀랜드 출신의 작가, 비평가다. 초기부터 헨리크 입센의 작품들을 옹호했으며 버나드 쇼의 지지자이자 친우였다.

세상을 뒤덮었던 고대의 유쾌한 축제들 가운데 남은 것은 딱 하나뿐이다. 오직 크리스마스만이 오늘날까지 남아서, 그리스도인이든 아니든 우리 모두에게 몇 사람이 시를 쓰는 대신에 많은 사람이 시를 연기했던 시절을 떠올리게 한다. 겨우내 숲에서 빨갛게 빛을 내는 나무라고는 오로지 호랑가시나무뿐이다.

이 문제에 관한 낯선 진실은 '홀리데이' 곧 휴일이라는 말을 통해 엿볼 수 있다. 은행 휴일은 짐작건대 은행원들이 거룩하다고 여기는 날이 아닌가 한다.[18] 반나절 휴일은 학생이 부분적으로만 거룩해지는 날이겠다. 여가와 장난처럼 무척이나 인간적인 것들이 어김없이 종교적 기원을 지닌 까닭을 첫눈에 알아채기란 쉽지 않다. 이성적으로 생각해 보아도, 미켈란젤로의 탄생이든 유스턴역[19]의 개장이든 간에 우리가 무언가를 기념하기 위해 노래를 부르며 선물을 주고받지 말아야 할 이유는 전혀 없다. 하지만 사람들은 그렇게 하지 않는다. 사람들은 뭔가 영적인 것을 욕심내면서도 근사하게 물질적으로 변해 갈 따름이다. 니케아 신경[20]과 그

18　영어의 휴일holiday은 어원상 '거룩한 날'holy day이라는 말에서 왔다. 은행 휴일bank holiday은 본래 은행이 쉬는 날을 뜻했지만, 지금은 은행까지 쉬어서 거의 모든 업무가 중단되는 공휴일을 의미한다.

19　유스턴역Euston Station은 런던 철도 교통의 중심이 되는 기차역이다. 1837년에 개장했다.

20　니케아 신경Symbolum Nicaenum은 원래 제1차 니케아 공의회325에서 아리우스파를 이단으로 규정하고 삼위일체 교의를 확인하면서 제정한 신앙고백을 말한다. 하지만 보통은 제1차 콘스탄티노폴리스 공의회381에서 수정·보완한 니케아-콘스탄티노폴리스 신경을 줄여서 니케아 신경이라고 하며, 성공회와 로마가톨릭에서는 미사 때 이 신경을 낭송하여 신앙을 고백하는 것을 원칙으로 하되 사도신경을 낭송하는 것도 허용한다.

비슷한 것들을 없애 보라. 그러면 당신은 소시지 장수에게 가서 요상하고 잘못된 행동을 저지를 테니까. 성인聖人들의 기묘한 아름다움을 없애 보라. 그러면 우리에겐 원즈워스[21]의 훨씬 더 기묘한 추함만이 남을 뿐이다. 초자연적인 것들을 없애 보라. 부자연스러운 것이 남을 뿐이다.

이쯤에서 매우 슬픈 문제를 건드려야 하겠다. 현대 세계에는 아우구스티누스[22]가 말한 고대의 아름다움antiqua pulchritudo을 주창하는 사람들로 이루어진 훌륭한 계층이 있다. 이들은 세계의 유년기에 있었던 오래된 축제와 범절을 열망한다. 윌리엄 모리스[23]와 그의 추종자들은 암흑의 중세가 맨체스터의 시대[24]보다 얼마나 환했는지를 몸소 보여 주었다. W. B. 예이츠[25]는 선사 시대의 춤에 맞

21 원즈워스Wandsworth는 런던의 템즈강 서남쪽 강변에 있다. 1834년 이곳에 연료용 가스 생산 시설이 건설되었고 가스 생산용 석탄이 강을 따라 운송되어 강변에 쌓여 있었다. 1851년에는 런던에서 가장 큰 규모의 교도소가 들어섰다.

22 히포의 아우구스티누스Augustinus Hipponensis, 354-430는 초기 그리스도교 교부敎父들 가운데 가장 방대한 저작을 남긴 신학자, 주교이자 성인聖人이다. 젊은 시절에는 방황하여 당대에 유행하던 고대 종교와 철학에 심취했다가 결국 그리스도교로 개종해 사제 서품을 받고 주교의 자리에 올랐다. 혼란한 시대 상황 속에서 뛰어난 지도력을 보였으며 고대 그리스 철학과 그리스도교 신학을 종합하여 중세 철학과 신학은 물론 그 후대에까지 지대하게 영향을 끼친 학문적 토대를 마련했다고 평가받는다.

23 윌리엄 모리스William Morris, 1834-1896는 영국의 디자이너, 시인, 사회주의 운동가다. 미술공예 운동Arts and Crafts Movement에 적극 참여하여 전통 직물의 부활을 이끌었다. 옥스퍼드 대학에서 서양 고전을 공부하면서 중세에 심취했으며 문학에서는 근대 판타지 장르의 성립에 기여했다.

24 맨체스터Manchester는 영국 산업혁명의 발상지이자 중심지로서 '맨체스터의 시대'란 산업혁명기를 말한다.

25 윌리엄 버틀러 예이츠William Butler Yeats, 1865-1939는 현대 영문학을 대표하는 아일

104

추어 발걸음을 내딛는다. 다만 예이츠의 목소리를 알고 그의 목소리를 잊힌 옛 합창에 더하려는 다른 사람은 아무도 없다. 오직 예이츠 자신만이 그 합창을 들을 수 있다. 조지 무어는 가톨릭교회가 깜빡 잊고 남겨 둔 아일랜드의 이교 신앙이나, 간혹 보존되어 있는 아일랜드의 지혜를 작은 조각들까지 모조리 수집한다. 안경을 쓰고 녹색 옷[26]을 입고서 메이폴[27]이나 올림포스산의 경기[28]가 되살아나기를 기도하는 사람들은 수없이 많다. 하지만 이들이 크리스마스를 기념하지는 않을 것이란 걱정스러운 기미가 엿보인다. 어떤 인간의 본성을 이런 견지에서 바라보기는 마음 아프지만, 아무래도 조지 무어는 푸딩에 불을 붙일 때 숟가락을 흔들면서 소리

랜드 출신의 시인으로 1923년 노벨문학상을 수상했다. 아일랜드의 신비로운 신화와 전설을 주제로 한 작품들로 유명하다.

26   녹색은 아일랜드를 상징하는 색깔이다. 아일랜드의 상징인 세 잎 클로버에서 비롯했다고도 하며 (아일랜드의 수호성인인 성 파트리치오가 세 잎 클로버를 들고 삼위일체를 설명했다고 한다) 1년 내내 푸른 초원이 많은 아일랜드의 자연 풍광에서 비롯했다는 이야기도 있다. 아일랜드는 물론 영국과 미국 등 아일랜드 이민자들이 많은 곳에서는 성 파트리치오 축일같이 온 민족의 기념일에 녹색 옷이나 모자 등을 착용하고 거리를 행진한다.

27   메이폴maypole은 고대와 중세 유럽에서 열린 5월제 행사 때 그 주위를 돌며 춤을 추려고 세워 두었던 커다란 나무 기둥을 말한다. 그 기원과 의미는 확실하지 않은데, 한때는 유럽이 그리스도교화하기 이전인 철기 시대 초기의 관습에서 유래했다는 의견이 지배적이었지만 최근에는 중세에 그리스도교화한 유럽에서 생겨난 관습이라는 의견도 많다. 유럽 전역에서 인기 있는 풍습이었지만 18세기 이후 많은 지역에서 소멸했다.

28   고대 그리스 도시국가들이 올림포스산에 모여 개최했던 고대 올림픽 대회를 말한다. 19세기에 고대 그리스 문화에 대한 관심이 고조되면서 영국, 프랑스, 그리스에서 국내 대회로 부활했다가 국제올림픽위원회가 설립되면서 1896년 제1회 근대 올림픽 대회가 그리스에서 개최되었다.

를 지르지는 않을 것 같다.[29] 예이츠도 절대 크리스마스 크래커[30]를 잡아당기지 않을 것 같다. 그렇다면 축제를 즐기는 전통에 관한 그들의 꿈은 대체 무슨 의미가 있는 걸까? 거리에서 수많은 사람들이 열심을 다해 행하는 오래되고 견고한 축제의 전통이 여기 있는데, 그들은 그것을 저속하다고 생각한다. 정말 그러하다면, 그렇게 확신하도록 내버려두자. 그들은 메이폴의 시대에는 메이폴이 저속하다고 생각했을 사람들이다. 캔터베리[31]에 순례 가던 시절에는 캔터베리로의 순례가 저속하다고, 올림포스산의 경기가 열리던 시대에는 그 경기가 저속하다고 생각했을 사람들이다. 물론 이 모든 게 저속하다고 의심할 만한 근거는 전혀 없다. 어느 누구도 자신을 속이도록 내버려두지는 말자. 저속함이라는 말이 거친 언어나 소란스러운 행동, 험담과 심한 장난, 과도한 음주 같

---

29   영국에서는 크리스마스에 말린 과일을 넣어 만든 푸딩에 브랜디를 끼얹고 불을 붙이는 관습이 있다. 이때 만찬상에 둘러앉은 이들이 다 함께 환호성을 지른다.

30   크리스마스 크래커Christmas Cracker는 크리스마스 만찬 때 쓰는 기다란 꾸러미 같은 것이다. 두 사람이 양쪽 끝을 잡고 당기면 폭죽 터지는 소리가 나면서 안에 미리 넣어 둔 작은 선물이나 색종이 조각들이 튀어나온다.

31   캔터베리Canterbury는 런던에서 동쪽으로 약 85킬로미터 떨어진 곳에 위치한 도시다. 이곳은 고대 켄트 왕국의 수도였는데, 597년 교황으로부터 브리튼섬에 대한 선교 사명을 받고 찾아온 아우구스티노라는 베네딕토회 수사가 에텔베르트 왕을 개종시키고 캔터베리의 초대 대주교가 된 이래로 잉글랜드 그리스도교의 중심지라는 상징적 지위를 누려 왔다. 중세에는 많은 이들이 캔터베리로 순례를 떠났는데, 대략 그 시기는 성직자에 대한 세속 법정의 재판 여부를 두고 국왕 헨리 2세와 오랜 기간 대립하던 캔터베리의 대주교 토머스 베켓이 1170년 주교좌성당에서 무참히 살해당하고 1173년 순교자로 선포된 이후다. 14세기 말에 완성된 중세 영문학의 대표작 『캔터베리 이야기』The Canterbury Tales는 런던에서 토머스 베켓의 순교지인 캔터베리로 가던 순례자들이 이야기 대회를 열어 재미난 이야기를 하나씩 들려주는 형식으로 구성되었다.

이단   Heretics

은 것들을 의미한다 해도 거기에는 늘 즐거움이 있고 신들에 대한 신앙이 있지 않았던가. 어디서든 믿음이 있으면 흥이 나고, 어디서든 흥이 나면 좀 위험해진다. 하지만 신조와 신화가 이런 거칠고 활기찬 삶을 낳듯이 이 거칠고 활기찬 삶은 늘 신조와 신화를 낳을 것이다. 우리가 잉글랜드적인 것들을 잉글랜드인의 땅에 되돌려 놓는다면, 잉글랜드인들은 다시금 종교적인 민족이 될 것이다. 모든 게 잘만 된다면, 다시금 미신의 민족이 될 것이다. 현대 생활에서 높고 낮은 신앙의 형태들을 전혀 찾아볼 수 없는 이유는 우리가 나무와 구름 같은 자연으로부터 동떨어진 채 살아가기 때문이다. 우리에게 더 이상 순무 유령[32]이 없다면, 그건 대개 순무가 부족한 탓이다.

---

32 순무 유령turnip ghost은 10월 말일인 핼러윈에 순무의 속을 파내고 그 겉면을 유령의 얼굴처럼 깎은 후 그 안에 불을 밝혀 둔 것을 가리킨다. 켈트족의 달력에서 한 해가 끝나는 이날에 죽은 영혼이 다시 살아난다고 사람들은 믿었다. 이렇게 핼러윈에 유령 모양의 등을 만들어 불을 밝히는 관습은 아일랜드에서 시작되었으며, 요즘은 대체로 호박을 사용하나 이는 호박이 흔한 아메리카에서 일반화된 관습이라고 한다.

O7

오마르와
성스러운 포도나무

독주毒酒의 문제와 관련하여 새로운 도덕률이 다소 격한 방식으로 우리 앞에 등장했다.[1] 이 문제에 열광한 이들은 밤 12시 30분에

[1] 1820년대 이후 영국에서는 (미국과 다른 북유럽 프로테스탄트 국가들에서처럼) 금주 운동Temperance Movement이 사회 운동으로 대두했다. 초기의 금주 운동은 산업 사회의 중심 세력으로 떠오른 부르주아 중산층의 프로테스탄트 윤리에 기반한 보수적인 도덕 개혁의 일환으로서 과도한 음주의 폐해를 줄이려는 절주 운동이었다. 하지만 1830년대 이후에는 관련 단체들이 우후죽순 등장하고, 철저한 금주를 주장하는 목소리가 높아졌다. 19세기 후반에 들어서면 새로운 복음주의 운동, 노예제 폐지 운동, 여성 참정권 운동 등 사회 개혁을 요구하는 여러 진영에서 금주를 주장하면서 금주 운동이 사회 전반의 대중 운동으로 확대되었다. 19세기 말에서 20세기 초에는 주류 소비 금지법을 제정해야 한다는 주장이 크게 대두되었다. 프로테스탄트 비국교도들이 중심이 된 자유당은 술집 영업을 중단시키는 정책들을 시행하려고 했고, 양조장과 술집 소유주들의 지지와 지원을 받는 보수당에서는 자유당의 금주 정책 입안을 계속 좌절시키면서 금주 운동 자체가 첨예한 정치 현안으로 떠올랐다.

난폭하게 밖으로 내던져진 남자부터 미국 술집들을 도끼로 박살 낸 여성[2]에 이르기까지 다양하다. 이러한 논의에서 지극히 현명하고 온건한 입장이란, 술이나 술 비슷한 건 오직 약으로만 음용해야 한다는 것이다. 그러나 이에 대해 나는 극렬히 반대한다. 술을 약으로 마시는 것이야말로 진정 위험하고 비도덕적인 음주 방식이 아닐 수 없다. 쾌락을 얻고자 술을 마시는 이는 예외적인 것, 온종일 매시간 바라기는 어려운 무언가를 얻으려고 시도하는 사람이다. 얼빠진 게 아니라면 매시간 무언가를 얻으려고 하지는 않는 법이니까. 반면에 건강을 얻고자 술을 마시는 이는 당연한 것, 그에게 없어서는 안 되는 무언가를 얻으려고 시도하는 사람이다. 그는 그것 없이 살아가자고 단념하는 일을 힘겨워할지 모른다. 황홀함의 황홀경을 경험한 사람은 유혹에 순순히 넘어가지 않겠지만, 평범함의 황홀경을 살짝 엿보는 것이 훨씬 더 눈부신 법이다. 마법의 연고 같은 것이 있어서 어떤 튼튼한 사람에게 "이걸 바르면 기념탑[3]에서 뛰어내릴 수 있습니다"라고 말한다고 하자. 그는 주저 없이 기념탑에서 뛰어내리겠지만, 온 도시 사람들이 기뻐하도록 온종일 뛰어내리지는 않을 것이다. 그러나 우리가 그 마법의 연고를 어떤 눈먼 이에게 가져가서 "이걸 바르면 보게 될 겁니다"

---

2   미국의 그리스도교 근본주의자이자 여성운동가였던 캐리 네이션Carrie Nation, 1846-1911은 여성에 대한 억압은 물론 음주와 도박에도 격렬하게 반대했다. 그녀는 특히 도끼를 들고 다니며 술집과 도박장을 부수어 여러 차례 체포되었다.

3   이 기념탑은 런던 시내에 62미터 높이로 솟아 있는 런던 대화재 기념탑을 가리킨다. 1666년 런던 대화재를 기억하기 위해 1677년에 건립된 이 기념탑 꼭대기 부근에는 전망대가 있는데 여러 차례 투신자살 사건이 발생하자 19세기 중반에 철조망을 설치했다.

라고 말한다면, 그는 훨씬 더 강렬한 유혹에 휩싸일 것이다. 고귀한 말의 발굽 소리가 들리거나 동틀 무렵 새들의 지저귐이 들릴 때, 그가 눈에 연고를 바르지 않고 견디기란 정말 쉽지 않을 것이다. 축제같이 들뜬 기분을 부인하기는 쉽다. 하지만 자신이 정상임을 부인하기는 어렵다. 의사라면 다 알듯이 환자에게 필요할 때조차 그에게 알코올을 주는 것이 매우 위험할 수 있다는 사실은 바로 이러한 상황에 들어맞는다. 부언할 필요도 없겠지만, 격려와 자극이 되도록 환자에게 알코올을 주는 것이 결코 정당화하기 어려운 일이라고 말하려는 건 절대 아니다. 내 말은 건강한 사람에게 재미로 알코올을 주는 것이야말로 알코올을 적절하게 사용하는 방식이며, 그렇게 하는 편이 건강에도 훨씬 더 잘 부합한다는 것이다. 이 문제에 대한 건전한 규칙은 여느 건전한 규칙들이 그러하듯 역설처럼 보인다. 행복하다면 마시고 비참하다면 마시지 마라. 술이 없어서 상태가 엉망일 때는 절대 마시지 마라. 그럴 때 마신다면 잿빛 얼굴을 한 뒷골목 술주정뱅이처럼 될 테니까. 하지만 술이 없어도 행복하다면 술을 마셔라. 그럴 때 마신다면 만면에 웃음을 머금은 이탈리아의 농부 같아질 것이다. 술이 필요하다면 마시지 마라. 그것은 이성적인 음주이며 죽음과 지옥으로 향하는 길이다. 술이 필요하지 않다면 마셔라. 그것은 비이성적인 음주이며 태곳적 건강하던 세상으로 향하는 길이다.

30년이 넘는 세월 동안 동방 어느 위대한 인물의 영광과 그림자가 우리 영문학에 드리워져 있었다. 피츠제럴드가 번역한 오마르 하이얌의 작품[4]은 우리 시대의 어둡고 불안정한 향락주의를 불멸의 통렬함 속으로 한데 응축해 놓았다. 그의 작품이 문학적으로 얼마나 뛰어난지 운운하는 것은 진부한 말이 될 터이다. 쾌활하며 호전적인 경구와 모호하고 슬픈 노래를 결합한 사례는 다른 책에서 거의 찾아볼 수 없다. 다만 그 번득이는 재능만큼이나 훌륭하고 철학적인 데다 윤리적이며 종교적이기까지 한 영향력에 대해서는 나도 한마디 해야겠는데, 미리 고백하건대 그 한마디는 완고한 적대감에서 나온 것이다. 『루바이야트』의 정신과 그 굉장한 영향력을 거슬러 언급할 수 있는 것들은 많고도 많다. 다만 나머지 다른 문제들 위로 불길하게 우뚝 솟아오른, 『루바이야트』에는 진정 수치이며 우리에게는 진정 재난인 문제가 하나 있다. 저 위대한 시인이 사교와 인생의 즐거움에 대해 끔찍할 만큼 공격을 가했다는 사실이 그러하다. 누군가는 오마르를 가리켜 '슬프고 기쁜 페르시아 노인'이라 한다. 그래, 그는 슬프다. 하지만 어떠한 의미에서건 기쁘지는 않다. 그는 청교도보다도 더 끔찍한 기쁨의 적이다.

우수에 찬 우아한 동방 사람 하나가 장미나무 아래 앉았고, 그의 곁에는 포도주 단지와 시를 적을 두루마리가 놓였다고 하자. 그를 보고서 누군가 어두운 침대 곁에서 브랜디를 조금씩 떠먹여 주던 의사를 떠올린다면 무척 이상해 보일 것이다. 하운즈디치[5]에

---

4   오마르 하이얌Omar Khayyám, 1040-1123은 페르시아의 철학자, 수학자, 천문학자이자 시인이다. 수학에서 이항정리를 증명했으며 서양의 그레고리력보다 정확한 달력을 고안했다. 『루바이야트』Rubaiyat, 1859는 영국의 시인 에드워드 피츠제럴드Edward FitzGerald, 1809-1883가 오마르 하이얌의 페르시아어 4행시 루바이 75편을 모아서 번역, 출간한 시집이다. 인생의 덧없음과 순간의 즐거움을 노래하는 하이얌의 시들은 피츠제럴드의 뛰어난 번역을 통해 서구 세계에 알려지고 높은 평가를 받으며 오랫동안 큰 인기를 얻었다.

서 진[6]을 마시고 비틀대던 우중충한 부랑자를 떠올린다면 더 이상해 보일 것이다. 하지만 이 세 사람을 사악한 유대紐帶의 끈으로 연결하는 위대한 철학적 통일성이 있다. 오마르 하이얌이 술을 마시는 것은 나쁘다. 단지 술을 마셔서 나쁜 것이 아니라 의료용으로 마시기에 나쁘다. 그는 행복하지 않아서 술을 마신다. 그의 술은 온 우주를 드러내는 술이 아니라 닫아 버리는 술이다. 즐겁고 본능적인 시적詩的 음주가 아니다. 그것은 이성적인 음주다. 그것은 투자처럼 산문적이고, 카모마일 약처럼 입맛을 떨어뜨린다. 스타일의 관점이 아니라 정서의 관점에서 보자니, 저 하늘로 잉글랜드의 멋들어진 옛 음주가飲酒歌가 떠오른다.

동무들아 모두 사발을 돌려라

사과주가 흘러넘치도록[7]

이 노래는 참으로 가치 있는 것들의 가치, 형제애와 수다의

5   하운즈디치Houndsditch는 오늘날 런던 시내에 있는 좁은 일방통행 도로의 이름이
     나 원래 옛 런던의 성벽 바깥으로 난 오물 처리용 도랑이었다. 특히 죽은 개를 내
     다 버리는 곳으로 악명 높았다.
6   진gin은 토닉 워터나 과일 주스를 섞어 마시는 독한 술이다.
7   잉글랜드 민요인 '와세일 송'Wassail Song의 한 소절이다. 와세일은 과거 잉글랜드
     에서 연말연시에 마을 사람들이 이웃집에 찾아가 노래를 부르며 인사하는 풍습
     인데 이때 부르는 노래들이 와세일 송이다. 사람들이 이웃집 문 앞에서 와세일 송
     을 부르면 이웃이 나와서 선물을 주었고, 그러면 답례로 커다란 와세일 볼wassail
     bowl에 술을 따라 주며 건강을 기원했다. 크리스마스에 사람들이 집집마다 찾아
     다니며 캐럴을 부르는 것은 이 와세일 풍습이 그리스도교화한 것이다. 잉글랜드
     의 사과주 생산 지역에서는 이웃집만이 아니라 과수원에도 찾아가 사과나무를
     향해 노래를 부르고 주문을 외면서 풍작을 기원했다고 한다.

가치, 그리고 가난한 이들의 짧지만 다정한 여가를 표현하려는 행복한 이들에게서 흘러나왔다. 오마르가 내세운 도덕성을 향한 보다 완고한 책망은 대부분의 책망이 그러하듯 유치하고 그릇되었다. 어느 비평가는 오마르를 가리켜 무신론자이자 유물론자라고 했는데, 믿기지 않을 만큼 어리석은 이야기다. 동방에서는 그 둘 가운데 하나가 되기도 거의 불가능하다. 그러한 까닭에 동방에서는 형이상학을 너무나 잘 이해하고 있다. 철학적인 그리스도인이 오마르의 종교에 맞서 제기할 만한 진짜배기 반론은 그가 신의 자리를 전혀 마련해 놓지 않았다는 것이 아니라 오히려 신의 자리를 너무 많이 마련해 놓았다는 것이다. 오마르의 유신론은 신 말고는 아무것도 상상할 수 없다. 인간의 인격과 의지의 개요를 모조리 부인하는 유신론이다.

공은 찬성이니 반대니 묻지도 않고
차는 대로 이리로 저리로 굴러다니네
너를 들판으로 내던지신 그분은
그 모두에 대해 알고 계시네, 그분은 아시네![8]

아우구스티누스나 단테 같은 그리스도교 사상가라면 이 시에 고개를 절레절레 저을 것이다. 이 시가 자유의지를 무시하기 때문이다. 자유의지란 영혼의 용기이며 품위다. 최고의 그리스도교가 이 회의론과 싸우는 까닭은 그것이 신의 존재를 부정하기

---

8   에드워드 피츠제럴드가 번역한 『루바이야트』의 70번째 시다.

때문이 아니다. 인간의 실존을 부정하기 때문이다.

비관적 쾌락 추구자를 숭배한다는 면에서 우리 시대에 가장 앞장선 것이 바로『루바이야트』다. 하지만 그것만 있는 것은 아니다. 우리 시대의 가장 뛰어난 지식인들 가운데 많은 이들도 흔하지 않은 기쁨을 의식적으로 잡아채도록 우리를 몰아댔다. 월터 페이터[9]는 우리 모두가 사형을 선고받은 신세이고 그저 삶의 절묘한 순간들을 즐기는 수밖에 다른 도리가 없다고 말했다. 오스카 와일드 역시 막강하고도 황량한 철학을 통해 똑같은 가르침을 설파했다. '카르페 디엠'[10]의 종교라고 할까. 하지만 이 종교는 행복한 사람들의 종교가 아니라 불행한 사람들의 종교다. 커다란 기쁨에 넘치는 사람은 장미꽃 봉오리들을 모을 수 있다 해도 굳이 모으지 않는다. 그 기쁨의 눈은 단테가 보았던 불멸의 장미[11]를 떠날 줄 모른다. 커다란 기쁨은 그 안에 불멸의 감각을 품고 있다. 찬란한 젊음은 다리를 뻗을 충분한 공간이 있다는 감각을 지니고 있다.『트리스트럼 샌디』[12]나『피크위크』[13] 같이 훌륭한 희극에는

---

9   월터 페이터Walter Pater, 1839-1894는 근대 영문학에서 가장 뛰어난 평론가로 손꼽힌다. 옥스퍼드 대학의 교수이기도 했던 그는 '예술을 위한 예술'을 내세운 유미주의 사조의 대변자였다.

10   '카르페 디엠'carpe diem은 '오늘을 잡으라'는 뜻의 라틴어 경구로, 과거나 미래에 집착하지 말고 바로 이 순간에 충실하라는 뜻이다.

11   이탈리아 르네상스 문학을 대표하는 단테는 그의 작품『신곡』1320에서 지옥과 연옥을 거쳐 천국으로 여행하는데, 그곳에서 사랑하던 여인 베아트리체의 안내를 받아 지복에 이른 사람들을 만나고 성인들과 성모 마리아를 본 다음, 결국 삼위일체 하나님을 직관한다.

12   아일랜드 출신의 성공회 성직자였던 로런스 스턴Laurence Sterne, 1713-1768이 쓴 첫 작품이자 출세작으로 풍자적이며 파격적인 소설이다. 원제는 "신사 트리스트럼 샌디의 생애와 의견"The Life and Opinions of Tristram Shandy, Gentleman, 1759-1767이다.

이러한 공간과 불멸에 대한 감각이 자리한다. 그리고 우리는 그 등장인물들이 끝없는 이야기 속에서 영원히 살아가는 사람들이라고 느낀다.

강렬한 행복이 주로 일시적인 순간에 찾아온다는 말은 더없이 참이다. 하지만 우리가 그러한 순간을 일시적이라고 여겨야 한다거나 '그 자체를 위해' 즐겨야 한다는 말은 참이 아니다. 그렇게 하는 것은 행복을 합리화하는 것이며, 따라서 행복을 파괴하는 것이다. 행복은 종교와 같은 신비이며 절대 합리화해서는 안 된다. 어떤 사람이 찬란히 빛나는 유쾌한 순간을 경험한다고 해보자. 조금 반짝이는 정도가 아니라 격렬한 행복, 거의 고통스러울 정도의 행복이다. 이를테면 처음 사랑에 빠진 황홀한 순간이라든가, 전투에서 승리를 거둔 순간 말이다. 사랑에 빠진 남자는 그 순간을 즐기지만, 그 순간 자체를 위해 즐기는 것은 아니다. 그는 사랑하는 여인을 위해서나 자기 자신을 위해 그 순간을 즐긴다. 전사는 승리의 순간을 즐기지만, 그 순간 자체를 위해 즐기는 것이 아니다. 그는 자신이 내건 깃발을 위해 그 순간을 즐긴다. 그 깃발이 상징하는 대의가 어리석고 일시적일지도 모른다. 그 사랑이 풋사랑에 그쳐 일주일 만에 끝나 버릴지도 모른다. 하지만 애국적인 전사는 자신의 깃발이 영원하리라 생각하고, 연인은 사랑에 끝이 없으리라 생각한다. 이 순간들은 영원으로 채워져 있다. 이 순간들이 즐

---

13   찰스 디킨스의 첫 장편 소설인 『피크위크 페이퍼』*The Pickwick Papers*, 1836를 가리킨다. 피크위크 클럽을 만든 새뮤얼 피크위크가 인생의 진기하고 흥미로운 현상들을 조사해서 클럽 회원들에게 보고하겠다면서 다른 두 회원과 함께 런던에서 멀리 떨어진 곳으로 마차 여행을 하는 동안 겪은 일들을 다룬다.

거운 이유는 순간 같지 않아서다. 그러나 페이터의 방식으로 바라보면, 이 순간들은 페이터와 그의 문체만큼이나 차가워진다. 사람은 필멸하는 것을 사랑할 수 없다. 한순간 불멸하는 것만을 사랑할 수 있다.

페이터의 실수는 그의 가장 유명한 표현에서 드러난다. 그는 단단한 보석 같은 불꽃으로 타오르기를 우리에게 요청한다.[14] 하지만 불꽃은 단단하지도, 보석 같지도 않다. 불꽃은 조종하거나 제어할 수 없다. 인간의 감정 역시 전혀 단단하지도, 보석 같지도 않다. 불꽃처럼 감정도 건드리거나 들여다보기에 위험한 것이다. 우리의 열정이 단단해지고 보석 같아질 방법이 딱 하나 있기는 하다. 보석처럼 차가워지면 된다. 유미주의자들의 '카르페 디엠' 만큼이나 사람들의 자연스러운 사랑과 웃음을 살균하듯 불어닥친 것도 없다. 어떤 종류의 즐거움에나 전적으로 다른 정신이 요구되기 마련이다. 때로는 수줍음이, 때로는 가늠할 수 없는 희망이, 때로는 소년 같은 기대가 요구된다. 순수성과 단순성은 열정의 핵심이며 이는 사악한 열정에 대해서도 마찬가지다. 악덕조차 일종의 순결을 필요로 한다.

오마르가 (혹은 피츠제럴드가) 세상에 미친 영향을 그냥 내버려둘 수도 있겠지만, 이 세상에 뻗은 그의 손은 너무나 무거웠고 그래서 사람들을 마비시켰다. 이미 말했듯이, 오마르에 비하면 청교도들은 훨씬 더 쾌활한 사람들이다. 소로[15]나 톨스토이를 따르

---

14   유미주의자 월터 페이터는 자신의 대표작인 『르네상스』The Renaissance, 1873의 결론부에서 이렇게 말한다. "언제나 이 단단한 보석 같은 불꽃으로 타오르는 것, 이 황홀경을 유지하는 것이야말로 인생에서 성공하는 것이다."

는 새로운 금욕주의자들도 오마르보다는 훨씬 더 활기차다. 음주와 사치를 포기하는 것이 별 의미도 없이 쾌락을 부정하는 듯한 인상을 주기는 하지만, 그래도 이들은 수많은 자연스러운 즐거움을 부정하지 않았으며 행복의 자연스러운 힘을 남겨 두었다. 소로는 한잔의 커피 없이도 일출을 즐길 수 있다. 톨스토이는 결혼 생활을 상찬하지는 못하지만[16] 적어도 진흙을 예찬할 만큼은 충분히 건강하다. 자연은 지극히 자연스러운 기호품 없이도 기꺼이 즐길 수 있다. 멋진 관목을 바라보며 꼭 포도주를 곁들일 필요는 없다. 다만 자연이든 포도주든 다른 어떤 것이든, 행복에 대해 그릇된 태도를 지닌 채로 즐길 수 있는 것은 전혀 없다. 오마르는 (혹은 피츠제럴드는) 행복에 대해 그릇된 태도를 지니고 있었다. 그와 그에게서 영향을 받은 이들은, 우리가 참으로 쾌활해지려면 사물의 본성 안에 어떤 영원한 쾌활함이 있음을 믿어야 한다는 걸 이해하지 못한다. 특별히 초대받은 발레 공연에서도 스타 무용수들이 똑같은 곡조에 맞추어 춤을 춘다는 사실을 믿지 않는다면, 우리는 파드카트르[17]를 온전히 즐길 수가 없다. 오직 진지한 사람만이 정말로 사람들을 웃길 수 있는 법이다. 성경에서는 '술이 사람

---

15   헨리 데이비드 소로Henry David Thoreau, 1817-1862는 미국의 시인, 수필가다. 문명을 멀리하고 자연에서의 소박한 삶을 추구했다. 특히 매사추세츠주 월든 호수에서 홀로 지냈던 2년여의 생활과 생각을 기록한 『월든』Walden, 1854이 유명하다. 오랜 기간 우정을 나눈 에머슨과 함께 미국 초월주의 철학을 형성했으며, 시민불복종 civil disobedience을 주장하여 인도의 간디 등에 영향을 주었다.

16   레프 톨스토이는 나이가 들면서 더욱 청빈하고 금욕적인 생활을 추구했지만, 이 때문에 아내 소피아와 끊임없이 갈등을 겪어야 했다.

17   파드카트르pas-de-quatre는 발레 용어로 4명의 무용수가 한 조를 이루어 추는 춤을 가리킨다.

의 마음을 기쁘게 한다'[18]고 하지만, 마음을 지닌 사람에게나 해당하는 말이다. 쾌활한 영靈[19]은 오직 영적인 사람들에게만 머문다. 궁극적으로 사람은 사물의 본성을 제외하고는 그 무엇도 즐길수 없다. 궁극적으로 사람은 종교를 제외하면 아무것도 즐길 수없다. 인류사에서 한때 사람들은 별들이 신전의 곡조에 맞추어 춤을 춘다고 믿었고, 이후로는 추어 본 적이 없는 방식으로 춤을 추었다. 이러한 옛 이교도의 행복론과 『루바이야트』의 현자는 서로 아무런 관련이 없다. 그 현자가 다양한 그리스도교와 전혀 관련이 없듯이 말이다. 그는 주신酒神을 따르는 주정꾼이 아니지만, 성인聖人도 아니다. 디오니소스와 그의 교회는 월트 휘트먼[20]의 교회가 그러하듯이 진지한 삶의 환희 위에 세워졌다. 디오니소스는 포도주를 약이 아니라 성사聖事[21]로 만들었다. 예수 그리스도 역시

18 시편 104편 15절 참조.

19 여기서 체스터턴은 영단어 'spirit'이 정신이나 기상을 뜻하기도 하나 위스키 같은 증류주를 가리킨다는 사실을 염두에 두고서 이야기를 풀어 간다. 따라서 독자들은 이 장이 술에 관한 이야기로 시작되었고 이 단락에서도 술에 관한 이야기가 교차된다는 점을 감안할 필요가 있다.

20 월트 휘트먼Walt Whitman, 1819-1892은 미국의 저명한 시인, 수필가다. 미국 자유시의 아버지라 불릴 정도로 명예와 인기를 누렸고 문학적으로는 초월주의에서 사실주의로 이행하는 경향을 띤다. 종교적으로는 이신론에 심취했고, 모든 종교가 동등하다고 생각했으며, 신이란 어디에나 있는 초월적 존재라고 믿었다. 평생 독한 술을 마셔 본 적이 없다고 하며 금주 운동에도 적극적이었다.

21 성사sacrament는 인간의 감각에 감추어진 하나님의 은총이 감각적인 형태를 통해 전달되는 것이다. 성사를 이해하고 해석하는 방식은 그리스도교 종파가 갈리는 데 핵심 역할을 했다. 여기서 체스터턴이 말하는 성사란, 성사들 가운데 가장 핵심이라 할 수 있는 성체성사다. 성체성사는 미사 중에 사제의 축성을 통하여 그리스도의 몸과 피로 성변화聖變化한 빵과 포도주를 신자들이 나누어 먹고 마심으로써 그리스도를 자기 안에 모시는 것을 말한다. 성체성사는 예수가 십자가에 달리

포도주를 약이 아니라 성사로 만들었다. 그러나 오마르는 포도주를 성사가 아니라 약으로 만들었다. 그가 축제를 벌이는 이유는 삶이 즐겁지 않기 때문이다. 그가 한껏 즐기는 이유는 기쁘지 않기 때문이다. 오마르는 이렇게 말한다. "마셔라! 너희들은 어디에서 왔는지도 모르고 왜 왔는지도 모르니. 마셔라! 너희들은 언제 가는지도 모르고 어디로 가는지도 모르니. 마셔라! 별들은 잔혹하고 세상은 윙윙 돌아가는 팽이처럼 게으르니. 마셔라! 믿을 만한 것도 없고 싸울 만한 것도 없으니. 마셔라! 모든 것이 기본적인 평등과 사악한 평화 속에서 지나가 버릴 테니." 그렇게 그는 손에 든 잔을 우리에게 내민 채 서 있다. 그리고 그리스도교의 높은 제대에는 또 다른 인물이 손에 포도주 잔을 들고 서서 말한다. "마셔라! 온 세상이 하나님의 진홍빛 사랑과 진노에 물들어 이 포도주처럼 붉으니. 마셔라! 나팔 소리가 울려 전투를 알리니 이것은 이별의 잔이다. 마셔라! 이것은 너희를 위하여 내가 흘리는 새로운 계약의 피다. 마셔라! 나는 너희들이 어디에서 왜 왔는지를 안다. 마셔라! 나는 너희들이 언제 어디로 가는지를 안다."

기 전날 밤 마지막 만찬 때에 자신의 살과 피로써 빵과 포도주를 제자들에게 나누어 준 데서 비롯한다. 전통적으로 로마가톨릭교회와 동방정교회, 성공회, 루터교는 성체성사를 인정하지만 그 밖에 다른 개신교 교파들에서는 상징적 예식으로 이해한다.

08

온화한
황색 언론

요즘 앨프리드 함스워스[1]와 피어슨[2]이라는 이름에 얽힌 새로운 저널리즘의 영향에 맞서 저항하는 목소리가 여기저기서 들려온다. 공격에 가담하는 이들은 대부분 이 새로운 저널리즘이 너무나 선정적이고 폭력적이고 저속하며 경악스럽다는 점을 지적한

---

1   앨프리드 함스워스Alfred Harmsworth, 1865-1922는 영국에서 대중 저널리즘을 개척한 언론 재벌이다. 오늘날까지도 가장 널리 읽히는 영국의 대표 타블로이드 신문 『데일리 메일』Daily Mail, 1896과 『데일리 미러』Daily Mirror, 1903를 창간했으며, 형제들과 함께 여러 신문사와 잡지사를 소유하고 운영했다.

2   시릴 아서 피어슨Cyril Arthur Pearson, 1866-1921은 영국 언론계의 거물로 여러 신문사와 잡지사를 창립하거나 매입했다. 특히 1900년에 영국의 대표적인 황색 신문 『데일리 익스프레스』Daily Express를 창간한 것으로 유명하다. 함스워스와 피어슨은 19세기 말부터 20세기 초에 대중 저널리즘을 바탕으로 거대한 부를 축적하고 엄청난 사회적 영향력을 발휘했으며 소위 '언론 귀족'이라고 불렸을 뿐 아니라 실제로 귀족 작위까지 수여받을 정도로 유명 인사들이었다.

다. 이에 대해 젠체하며 반대하려는 건 아니지만, 나는 그저 개인적인 인상에서, 이 저널리즘이 오히려 크게 선정적이거나 폭력적이지 않아서 잘못되었다고 말하려 한다. 새로운 저널리즘의 진짜 악덕은 경악스럽다는 것이 아니라 못 견디게 밋밋하다는 것이다. 그들의 목적은 오로지 예측 가능하고 진부한 어떤 수준을 따라 조심조심 계속해 나가는 데 있다. 그래서 수준이 높지는 않더라도 어떻게든 평이해지게끔 신경을 쓴다. 일상의 거리에서 보통의 택시 운전사에게서 들을 수 있는 서민다운 진짜 신랄함이 그 안에 있을 확률은 전혀 없다. 저속하지 않으면서 재미있어야 한다는 점잖음의 기준이 있다고는 하지만, 이런 기준은 저속하려면 재미없이 저속해야 한다고 요구하는 것이나 마찬가지다. 이러한 저널리즘은 삶을 과장하지 못할 뿐 아니라 삶을 완전히 과소평가한다. 그럴 만도 한 것이, 이들은 격렬한 현대 생활에 시달리는 사람들에게 심약하고 나른한 기분 전환의 계기를 제공하려고 하기 때문이다. 이런 언론은 황색 언론이 아니라 칙칙한 황갈색 언론이다. 한 피곤한 서기가 앨프리드 함스워스에게 전할 수 있는 것보다 더 위트 있는 논평을 함스워스가 그 피곤한 서기에게 전해서는 안 된다는 식이다. 누구도 (힘 있는 인물은 그 누구도) 노출해서는 안 된다. 누군가의 기분도 상하게 해서는 안 되고, 누군가를 지나치게 기쁘게 해서도 안 된다. 실상이 이러한데도 황색 언론은 선정적이라고 하는 모호한 생각이 대중에 널리 퍼졌는데, 여기엔 커다란 판형과 야단스러운 기사 제목 등 외부적이고 부수적인 요소들이 한몫을 했다. 황색 언론 편집자들이 할 수 있는 한 모든 글자를 큼직한 대문자로 인쇄하려고 한다는 건 사실이다. 그래야만 사람들을 깜짝 놀라게 할 수 있어서가 아니라 오히려 사람들을 가만히 달랠 수 있기 때문이다. 희미하게 불 밝힌 기차 안에서 지쳐 쓰러졌거나 반쯤 취해 있는 사람들에게는 크고 분명하게 제시된 것들이 단순함과 편안함을 선사한다. 편집자들이 독자들을 대할 때 큼지막한 글자를 사용하는 이유는 부모와 가정교사가 아이들에게 철자법을 가르치면서 큼지막한 글자를 사용하는 이유와 별반 다르지 않다. 육아 시설에서 말발굽처럼 커다란 'A'를 쓰는 이유는 아이들을 펄쩍 뛰어오르게 하기 위해서가 아니다. 오히려 반대로 아이들을 편안하게 해주고 가르치려는 내용을 더 부드럽고 분명하게 전하려고 그렇게 한다. 앨프리드 함스워스와 피어슨이 운영하는 어둑하고 조용한 글방도 비슷하다. 그들의 정서는 철자법 교과서 정서다. 다시 말해 어린 학생이 이미 공손하게 익숙해진 그런 정서다. 그들이 내세운 가장 격한 포스터조차 습자 책에서 뜯어 낸 낱장들에 불과하다.

진짜 선정적인 저널리즘은 프랑스나 아일랜드나 미국에는 존재하지만, 이곳 잉글랜드에는 흔적조차 없다. 아일랜드에선 저널리스트가 흥분을 불러일으키려면 이야기할 가치가 있는 흥분을 불러일으켜야 한다. 아일랜드 유력 국회의원의 부패 혐의를 비난하거나 경찰 전체를 확실한 비리 의혹으로 고발하는 식이다. 프랑스에서는 저널리스트가 놀라운 사건이 있다고 하면 정말 놀라운 사건이 있다. 이를테면 저널리스트가 공화국의 대통령이 세 명의 부인을 살해했다는 사실을 캐내는 식이다. 우리의 황색 저널리스트들은 양심도 없이 이런 사건을 지어 낸다. 그들의 도덕 상태는 그 진실성의 수준과 다를 게 없다. 사람들이 안심할 만한 사건들만 지어내는 것은 정신적 역량이 딱 고만하기 때문이다. 한 예로 베이징의 사절들이 학살당했다는 소설 같은 이야기는 허위였다. 이 이야기는 두려워하거나 슬퍼해야 할 개인적인 이유가 있었던 사람들 말고는 어느 누구의 흥미도 끌지 못했다. 중국의 상황을 주시하는 대담하고 도발적인 시선과도 아무런 접점이 없었다. 선혈이 낭자한 것 말고는 인상적일 게 전혀 없는, 얼빠진 생각만 드러냈을 따름이다. 내가 아주 좋아하는 진짜 선정주의는 도덕적이거나 비도덕적이거나 둘 중 하나다. 진짜 선정주의는 아주 비도덕적일 때조차 도덕적 용기를 필요로 한다. 누군가를 깜짝 놀라게 하는 일은 세상에서 가장 위험한 일에 속하는 탓이다. 당신이 지각이 있는 어떤 생물을 펄쩍 뛰어오르게 만들면, 그것이 펄쩍 뛰어올라 당신을 덮치지 말란 법도 없으니 말이다. 하지만 이 운동의 지도자들에게는 도덕적인 용기도, 비도덕적인 용기도 없다. 그들의 수단이라곤 자기들이 한 말은 기억하지 못하면서 다른 사람들이 무심코 흘린 말은 크게 강조해서 떠들어 대는 것뿐이다. 무언가를 공격하려고 분발할 때도 충격의 여파 속에 한동안 화제가 될 만한, 크고 실제적인 것들을 저격하는 데는 이르지 못한다. 그들은 프랑스 사람들이 하듯이 군대를 공격하지도 않고, 아일랜드 사람들이 하듯이 판사들을 공격하지도 않고, 백 년 전 잉글랜드 사람들이 했듯이 민주주의 자체를 공격하지도 않는다. 그들은 전쟁성[3]처럼 모든 사람이 공격하기만 할 뿐 누구도 방어하려고 하지 않는 것, 4등급 만화 신문에 나오는 오래된 농담 같은 것을 공

3   전쟁성戰爭省, War Office은 과거에 영국 군대를 담당하던 정부 부처로 1964년 이후 국방성Ministry of Defence으로 통합되었다.

격한다. 마치 소리를 지르려고 안간힘을 쓰면서 제 목소리가 얼마나 작은지를 알리려는 사람처럼, 선정성을 좇으려고 무진 애를 쓰면서 어쩔 도리 없이 선정성과는 거리가 먼 본성만을 보여 준다. 온 세계는 크고 수상쩍은 제도와 기관으로 가득 차 있고 문명의 온갖 사악함은 그들을 면전에서 똑바로 응시하고 있는데도, 그들이 대담하고 영특하다고 내놓은 아이디어란 고작 전쟁성을 공격하는 것이다. 날씨에 맞서 싸우는 캠페인을 전개하거나 장모丈母에 관한 농담을 지어내려고 비밀 협회를 조직하는 것도 무리는 아니다. 정말이지 윌리엄 쿠퍼의 알렉산더 셀커크[4]가 그러했듯 "저들의 온순함이 내게는 충격이다"라 할 만한 상황인데, 이는 나처럼 선정적인 것들에 유난스러운 애호가들만의 이야기는 아니다. 현대 세계 전체가 순수하게 선정적인 저널리즘을 갈망하고 있다. 매우 유능하고 정직한 저널리스트인 블래치퍼드[5]는 이 점을 제대로 포착했다. 그는 그리스도교에 맞서 싸우는 캠페인을 시작했고 그 때문에 신문이 망할 거라는 경고를 사방에서 받았지만, 지적 책임

---

4   알렉산더 셀커크Alexander Selkirk, 1676-1721는 스코틀랜드 출신의 영국해군 소속 선원이었는데, 1705년 남태평양에서 항해 중 조난당해 무인도에서 4년을 보낸 뒤 구조된 것으로 유명하다. 소설가 대니얼 디포Daniel Defoe, 1660-1731는 그를 모델로 하여 『로빈슨 크루소』*The Life and Surprising Adventures of Robinson Crusoe*, 1719를 집필했으며, 시인이자 성가 작곡가로 유명한 윌리엄 쿠퍼William Cowper, 1731-1800는 셀커크를 일인칭 시적 화자로 내세운 「알렉산더 셀커크의 고독」The Solitude of Alexander Selkirk이라는 시를 썼다.

5   로버트 블래치퍼드Robert Blatchford, 1851-1943는 영국의 사회주의 운동가, 저널리스트였다. 무신론자, 우생학 반대론자, 잉글랜드 민족주의자로도 잘 알려졌으며 1890년부터 사회주의 주간지 『클래리언』*The Clarion*을 창간하여 1931년까지 발행했다.

감이라는 명예로운 감각을 바탕으로 캠페인을 이어 나갔다. 그는 의심의 여지 없이 독자들에게 충격을 안겨 주었음에도 자신의 신문이 승승장구하는 모습을 목도했다. 우선은 그와 뜻이 같아서 읽고자 했던 이들이 신문을 샀고, 그다음으로 그와 뜻이 달라서 그에게 편지를 써 보내려 했던 이들이 신문을 샀다. 그들의 편지는 아주 길고 장황했으며 (나도 손을 좀 보탰는데, 편지의 양을 부풀릴 수 있어서 기뻤다) 대체로 신문에 크게 실렸다. "편집자가 사람들을 충분히 화나게만 할 수 있다면, 사람들이 그를 위해 그 신문의 절반은 공짜로 써 줄 것이다"라고 하는, 저널리즘에 관한 위대한 금언은 (증기기관이 그랬듯이) 이렇게 우연히 등장했다.

　이런 신문들은 심각하게 숙고할 만한 대상이 못 된다고 주장하는 목소리도 있다. 하지만 이 주장은 정치와 윤리 면에서 설득력이 없다. 함스워스의 정신이 지닌 온화함과 온순함의 문제에는 그와 유사하고도 훨씬 더 커다란 문제의 윤곽이 비쳐 보이는 탓이다.

　함스워스 같은 저널리스트는 성공과 폭력에 대한 숭배로 시작해서 순전한 소심함과 범상함으로 끝을 맺는다. 그러나 함스워스 혼자만 그런 것은 아니며, 함스워스라는 개인이 어리석은 인간이어서 이런 숙명에 처한 것도 아니다. 제아무리 용감하다 해도 폭력을 숭배하는 데서 시작하면 결국 범상함으로 끝을 맺기 마련이다. 제아무리 현명하다 해도 성공을 숭배하는 데서 시작하면 결국 평범함으로 끝을 맺는다. 이런 낯설고 역설적인 숙명은 한 개인이 아니라 철학과 관점에 간여한다. 필연적으로 몰락을 불러오는 것은 어리석음이 아니라 지혜로움이다. 성공에 대한 숭배는 모든 숭배 가운데 유일하게 그 추종자들을 노예와 겁쟁이가 될 운

명으로 몰아간다. 갤럽 부인[6]의 암호를 위해서나 인간적 희생을
위해 영웅이 될 수 있는 사람은 있어도, 성공을 위해 영웅이 되는
사람은 없다. 갤럽 부인이나 인간적 희생을 사랑해서 실패를 선택
할 수는 있어도, 성공을 사랑해서 실패를 선택할 수는 없다. 대성
공이라는 시험이 만사를 테스트한다면, 그 시험을 견뎌 내고 성공
에 이르기란 사실상 불가능하다. 상황이 희망적일 때, 희망은 한
낱 달콤한 아첨이나 진부한 의견에 지나지 않는다. 모든 것이 절
망적일 때라야 희망은 진짜 힘이 되는 법이다. 모든 그리스도교의
덕목들이 그러하듯 희망은 필요불가결한 만큼이나 불합리하다.

　사물의 본성에 자리한 이 숙명적인 역설 때문에, 현대의 모험
가들은 결국 그저 지루하고 묵인된 존재가 되어 버렸다. 그들은
힘을 갈망했다. 그들에게는 힘을 갈망하는 것이 곧 힘을 동경하는
것이었다. 그런데 힘을 동경하는 것은 단순히 현상 유지를 동경하
는 것이다. 강해지고자 하면 강한 자들을 존중해야 한다고 그들은
생각했다. 강해지고자 하면 강한 자들을 무시해야 한다는 분명한
진리를, 그들은 깨닫지 못했다. 그들은 모든 것이 되려 했다. 그
들은 제 뒤에 있는 온 우주의 기운을 갖고자 했고 별들을 움직이
는 힘을 얻으려 했다. 그러나 그들은 두 가지 커다란 사실을 깨닫
지 못했다. 첫째, 모든 것이 되려고 할 때 거쳐야 할 첫 번째 단계
이자 가장 어려운 단계는 일단 무언가가 되는 것이라는 사실. 그

6　엘리자베스 웰스 갤럽Elizabeth Wells Gallup, 1848-1934은 미국의 교육자다. 셰익스피
　어의 작품들을 쓴 진짜 저자는 프랜시스 베이컨이라 주장한 대표적인 인물로, 베
　이컨이 개발한 암호 작성법을 이용해 셰익스피어 작품 텍스트를 분석하고 숨겨
　진 의미를 발견하고자 했다.

리고 둘째, 한 사람이 무언가가 되는 순간에 그는 본질적으로 모든 것에 저항하는 것이라는 사실. 과학자들은 저열한 동물들이 눈먼 이기심으로 분투하며 생존을 이어 간다고 말한다. 정말로 그러하다면, 여기서 얻을 수 있는 유일한 진짜 교훈은 이러하다. 즉, 우리의 이타심이 성공을 거두려면 우리 역시 눈이 멀어야 한다는 것이다. 매머드 한 마리가 고개를 갸우뚱하며, 매머드들이 시대에 좀 뒤진 게 아닐까 고민하는 일은 없었다. 매머드들은 그중 한 마리가 무리 전체를 바꿔야겠다고 고민할 만큼 시대에 뒤지지도 않았지만 말이다. 마찬가지로 어느 커다란 엘크 한 마리가 "갈라진 발굽이 너무 많이 닳았군" 하고 중얼대는 일도 없었다. 엘크는 용도에 맞추어 자신의 무기를 손질해 왔을 따름이다. 하지만 이성을 지닌 동물에게는 훨씬 더 무시무시한 위험이 닥쳤는데, 이 동물은 자신의 실패를 인지함으로써 실패할 수도 있다. 현대 사회학자들은 시대의 흐름에 자신을 맞출 필요가 있다고 말한다. 하지만 그들은 최고의 시대 흐름이란 그 무엇에도 자신을 맞추지 않으려는 사람들에 의해 이루어진다는 사실을 잊었다. 존재하지도 않는 흐름에 자신을 껴맞추려는 겁에 질린 수백만의 인간들이 자아내는 시대 흐름이란 건 그야말로 최악이다. 그런데 현대 잉글랜드의 상황은 점점 더 이런 식으로 되어 간다. 모든 사람이 여론을 논하고 오직 여론을 통해서, 자기 의견을 뺀 여론을 통해서만 의미를 전달한다. 자기 옆 사람의 공헌이 긍정적인 것이라는 잘못된 인상을 받고서 자신의 공헌은 부정적인 것으로 만들어 버린다. 일반의 논조라는 것 자체가 이미 하나의 굴복인데, 그 일반의 논조에 자신의 기호嗜好마저도 굴복시키는 것이다. 이 무정하고 우둔하기 짝이 없는 일체감 위로, 새롭고 지루하고 진부한 언론이 퍼져 나간다. 이들은 새것을 만들어 낼 줄 모르고 대담해질 줄도 모르고 다만 굴종할 줄만 아는데, 이 굴종이 더더욱 경멸스러운 까닭은 강한 자들을 향한 굴종이 아니기 때문이다. 힘과 정복으로 시작하는 이들은 누구라도 이런 식으로 끝을 보는 법이다.

'새로운 저널리즘'의 주된 특성은 나쁜 저널리즘이라는 것 하나뿐이다. 오늘날 이루어진 그 무엇과 비교하더라도 가장 짜임새 없고 조심성 없고 색깔도 없는 작품에 불과하다.

나는 어제 한 문장을 읽었는데, 과연 황금과 금강석으로 새길 만했다. 그건 바로 제국의 새로운 철학이 내건 모토였다. 나는 그 문장을 (독자들이 열심히 추측한 대로)『피어슨스 매거진』[7]에서 발견했다. 그때 나는 C. 아서 피어슨과 (영혼 대 영혼으로) 교제를 나누는 중이었는데, 혹시라도 'C'로 축약된 그의 이름이 칠페릭이 아닐까 염려되었다.[8] 그 문장은 미국 대통령 선거에 관한 기사에 들어 있었다. 다음과 같으니, 모두 주의해서 읽고 충분히 음미하

7   『피어슨스 매거진』Pearson's Magazine은 1896년에 피어슨이 창간한 월간지다. 주요 기고자에는 러디어드 키플링, 버나드 쇼, H. G. 웰스 등도 있었다. 정치나 예술에 관한 논고를 주로 다루었으며, 연재소설과 십자말풀이 등을 함께 실은 것으로 유명하다. H. G. 웰스는 이 잡지에다『우주전쟁』The War of the Worlds을 연재했다.

8   칠페릭Chilperic은 옛 프랑크족 왕들의 이름이다. 라틴어로는 킬페리쿠스Chipericus라고 한다. 이 이름을 가진 다수의 임금 가운데 가장 유명한 인물은 킬페리쿠스 1세다. 그는 561년에 아버지 클로타르 왕이 승하하고 왕국 상속을 두고서 형제들과 경쟁하는 동안, 정략 결혼했던 아내를 살해하고 자신에게 패배를 안긴 형제마저 암살하는 등 잔인하고 흉포한 모습을 보였다. 또 삼위일체의 위격 구분을 폐하자고 제안하는 등 그리스도교 교의 논쟁에 간여하면서 교회로부터 '이 시대의 네로'라고 불리며 비판을 받았다.

기를 바란다.

미국의 노동자 청중에게는 아주 거창한 주장보다는 약간의 건전한 상식이 더 깊이 가닿는다. 그래서일까, 지난 대통령 선거에서는 자기주장의 요지를 제시하면서 널빤지에 못을 박았던 한 연사가 수백 표를 얻었다.

나는 논평을 달아서 이 완벽한 문장을 망치고 싶지 않다. 아폴론의 노래를 듣고 난 다음에는 헤르메스의 말이 귀에 거슬리는 법이니.[9] 하지만 잠시 정신에 대해, 그러니까 이 문장을 쓴 사람과 수록을 승인한 편집자, 그리고 아마도 이 문장에 깊은 인상을 받았을 사람들과, 내가 알기로 이 문장이 있는 그대로 기술했을 미국 노동자의 헤아리기 어려운 낯선 정신에 대해 생각해 보자. '상식'에 대한 그들의 개념이 어떠한지를 생각해 보자! 혹시라도 우리가 대통령 선거에 나설 경우에 저런 일을 벌인다면 수천 표를 얻을 수 있다는 걸 알게 되니, 기쁘기 그지없다. 다만 나는 못과 널빤지가 '상식'을 드러내는 데 필수는 아니라고 생각한다. 그렇다면 위의 문장은 이렇게 바꾸어도 좋을 것이다.

9   셰익스피어의 낭만 희극 『사랑의 헛수고』Love's Labour's Lost의 마지막에 나오는 대사다. 아폴론은 태양과 예언과 음악의 신이며, 헤르메스는 신들의 전령이자 상업과 웅변술의 신이다. 이 문장의 의미는 여러 가지로 해석할 수 있는데, 일반적으로는 이상적 아름다움을 경험한 후에 다시 대면한 현실은 더 거칠게 느껴진다는 의미로 쓰인다.

미국의 노동자들에게는 아주 거창한 주장보다는 약간의 상식이 깊은 인상을 남긴다. 자신의 주장을 밝히면서 조끼의 단추를 풀었던 한 연설자가 수천 표를 얻었다.

미국에서는 아주 거창한 주장보다 건전한 상식을 말하는 것이 낫다. 그래서일까, 짧은 경구를 말할 때마다 틀니를 허공에 날려 보낸 버지 상원 의원이 미국 노동자들의 든든한 지지를 받았다.

연설하는 동안 머리에 지푸라기를 꽂았던 얼스우드 출신의 한 신사가 보여 준 건전한 상식이 루스벨트의 승리를 확정지었다.

이 기사에는 좀 더 오래 시선을 머물게 하는 다른 요소들도 많다. 내가 주목하려는 부분은 그 문장 안에 체임벌린[10] 지지자, 사기꾼, 난봉꾼, 제국의 건설자, 그리고 강하고 조용한 사람들이 '상식'이라는 말로 전하려고 하는 모든 진실이 명명백백히 드러나 있다는 것이다. 그들은 귀가 멍멍해지는 소음과 극적 효과를 곁들여 별 의미 없는 쇳조각들을 쓸모없는 나무판에 박아 넣는다. 누군가가 미국의 연단에 서서 널빤지와 망치를 든 채 어리석은 협잡꾼처럼 행동한다 해도, 나는 그를 비난하지 않겠다. 오히려 그를 동경할지도 모른다. 그는 늠름하고 꽤 괜찮은 전략가일 수도

---

10   조지프 체임벌린은 1895년에 식민장관이 되어 영국의 식민지를 총괄했다. 그는
     경쟁 상대인 유럽 강대국들에 밀리지 않으려고 아프리카에서 적극적인 식민지
     확장 정책을 폈는데, 이는 제2차 보어 전쟁1899-1902을 일으키는 원인이 되었다.
     체임벌린에 관해서는 제4장 주1 참조.

있다. 바닥에 단도를 내던진 버크[11]처럼 낭만적이고 훌륭한 배우일 수도 있다. (의외로) 예로부터 전해 오는 목수라는 신성한 직업의 의미에 깊이 감명한 나머지, 어떤 예식의 형태로 사람들에게 우화를 들려주는 숭고한 신비가인지도 모른다. 내가 지적하려는 건, 그 거친 의례주의를 '건전한 상식'으로 칭하는 정신적 혼란의 심연이다. 바로 그 정신적 혼란의 심연 속에서 그리고 오직 그 속에서만, 새로운 제국주의가 살아 움직이며 그 존재를 드러운다. 체임벌린의 영광과 위대함이 모두 이 안에 있다. 못을 박을 때 그 못대가리를 제대로만 내리치면, 그가 어디에서 못을 박는지 그로써 무엇을 하는지 아무도 신경 쓰지 않는다. 사람들은 다만 망치 소리에만 신경 쓸 뿐 못이 들어가며 내는 작은 소리에는 아랑곳하지 않으니까. 체임벌린은 아프리카에서 전쟁이 벌어지기 전이나 전쟁이 진행되는 와중에도 늘 쩌렁쩌렁 소리를 내면서 단호하게 못을 때려 박았다. 하지만 "이 못들로 무엇을 고정하나요? 당신의 목공소는 어디 있나요? 자족한다는 그 국외자들은 어디에 있습니까? 당신의 해방된 남아프리카는 어디에 있습니까? 당신이 말하는 영국의 위신은 어디에 있습니까? 당신의 못은 어디에 쓰였습니까?"라고 우리가 묻는다면, 그는 뭐라고 답을 할까? 못

11   더블린 태생의 정치인이자 정치 이론가였던 에드먼드 버크Edmund Burke, 1729-1797
      는 보수주의의 기초를 놓았다고 평가받는다. 1792년 거류외국인법안Aliens Bill을
      두고 의회에서 연설을 하던 버크가 단검을 바닥에 내던진 것은 유명한 일화다. 당
      시 프랑스는 대내적으로는 혁명에 휩싸여 있었고 대외적으로는 유럽의 다른 국
      가들과 전쟁을 벌이고 있었는데, 이런 프랑스에서 단검 300자루 주문이 들어온
      일을 언급하며 버크는 외투 속에 숨겨 두었던 단검을 내던지고 "프랑스와 연합하
      여 얻을 것은 바로 이것뿐"이라고 외쳤다.

이 어디에 쓰였는지에 대한 대답을 들으려면 우리는 (애정 어린 한 숨을 내쉬면서) 피어슨의 기사로 돌아가야 한다. "널빤지에 못을 박았던 연설자가 수천 표를 얻었다."

이제 이 구절 전체는 피어슨이 대표하고 『스탠더드』[12]를 매 입한 새로운 저널리즘의 색깔에 경이로울 정도로 물들었다. 수백 가지 사례 가운데 하나를 들자면 피어슨의 기사에서 널빤지와 못 을 지녔다는, 비할 데 없이 빼어난 그 사람은 (그 상징적인 못을 내 리치면서) "거짓말 하나, 돛대에 못 박혔다! 돛대에 못 박혔다!"라 고 소리쳤다고 한다. 돛대가 아니라 계산대에 못 박힌 거짓말에 대해[13] 우리가 말한다는 점을 알아차릴 만한 식자공이나 사환은 사무실을 통틀어 단 한 명도 없었던 것이다. 사무실에 있는 그 누 구도 『피어슨스 매거진』이 성 파트리치오[14]만큼이나 케케묵었으 며 앞뒤가 맞지 않는 아일랜드식 허튼소리[15]로 전락해 간다는 점

12 1827년에 창간된 일간지 『스탠더드』*The Standard*는 19세기 중후반에 미국 남북전 쟁, 프랑스-프로이센 전쟁 등 해외 소식을 자세하고 정확하게 보도하면서 판매 부수를 늘렸고 정론지로서 독자적인 입지를 다졌으나 1904년 피어슨에게 매입 되었다. 이후로도 주인이 두 번이나 더 바뀌었고, 자매지인 석간 신문 『이브닝 스 탠더드』*Evening Standard*에도 밀리면서 1916년 폐간되었다. 『이브닝 스탠더드』는 이후 황색 신문의 대표주자로 자리 잡았으며 지금도 무가지로 발행되고 있다.

13 관용적 표현인 '돛대에 못 박혔다'nailed to the mast는 돛대에 걸린 깃발처럼 확실한 입장이나 신념이 공공연히 드러나게 되었다는 뜻이다. 한편 '계산대에 못 박혔 다'nailed to the counter는 계산대에 가짜 돈을 붙여 두던 관습에서 비롯한 표현으로 거짓임이 공공연하게 밝혀졌다는 의미다.

14 성 파트리치오Sanctus Patricius 또는 성 패트릭St. Patrick은 5세기경 아일랜드에 그리 스도교를 처음 전파했다고 하는 아일랜드의 수호성인으로서 현대에 이르기까지 아일랜드인의 민족 정체성을 상징하는 인물이다.

15 '아일랜드식 허튼소리'Irish bull란 문법적으로는 맞지만, 논리적으로는 앞뒤가 맞

을 알지 못했다. 이것이 바로 『스탠더드』 매각 건의 진짜 비극이다. 이는 단지 문학에 대한 저널리즘의 승리가 아니다. 좋은 저널리즘에 대한 나쁜 저널리즘의 승리인 것이다.

비용을 들여 완성한, 아름답다고 여겨지는 기사記事가 흔해 빠졌거나 불결하다고 여겨지는 다른 기사에 밀려난다는 말이 아니다. 같은 기사에서 나쁜 특성이 좋은 특성보다 선호된다는 말이다. (나처럼) 대중 저널리즘을 좋아하는 사람은 『피어슨스 매거진』이 빈약하기 짝이 없는 대중 저널리즘이라는 것을 안다. 질 나쁜 버터를 아는 것만큼이나 확실히 알 것이다. 셜록 홈즈가 한창이던 시절에 『스트랜드 매거진』[16]이 좋은 대중 저널리즘이었음을 알아보듯이 『피어슨스 매거진』이 빈약한 대중 저널리즘이라는 것을 단번에 알아차릴 수 있다. 그리하여 피어슨은 이 거대한 지리멸렬함의 기념비가 되었다. 그가 말하거나 행하는 모든 데에는 정신박약의 기미가 있다. 그는 국내 기업들을 떠들썩하게 찬양하지만, 정작 자신의 신문을 인쇄할 때는 외국 업체를 고용한다. 이 확연한 사실을 지적당할 때도 정신이 온전한 사람이 그러하듯이 실수가 있었노라 말하는 법이 없다. 그는 마치 세 살 먹은 아이마

지 않는 표현을 말한다. '다른 사람의 장례식에 가지 않으면 그 사람도 네 장례식에 오지 않을 것이다'라든가 '이 편지를 받지 못할 경우에 반송해 주세요' 같은 말이 바로 그렇다. 원래는 'bull'이라고만 해도 의미가 통하지만 19세기에는 'Irish'를 붙여 쓰는 유행이 생겨났는데, 이는 아일랜드인들에 대한 잉글랜드인들의 편견을 드러내는 부분이다.

16   『스트랜드 매거진』*The Strand Magazine*은 1891년 1월부터 1950년 3월까지 발행된 영국의 월간지다. 아서 코난 도일이 셜록 홈즈Sherlock Holmes 시리즈를 연재했던 것으로 유명하다.

냥 제 신문을 가위로 잘라 버린다. 꾀를 부려도 어찌나 유치한지. 게다가 세 살 먹은 아이처럼 신문을 제대로 자르지도 못한다. 인간만사 모든 기록을 뒤져 봐도 사람을 속이면서 그렇게나 머리가 모자라는 인물이 또 있을까 싶다. 정신이 말짱하며 영예로운 옛 토리 저널리즘[17]의 자리를 차지했다는 지성의 실체란 바로 이러하다. 열대우림같이 풍요로운 양키 언론이 승리했다면 저속해도 풍요롭기는 했을 것이다. 하지만 그렇지가 않다. 우리는 가시덤불로 인도되었고, 그 가운데 가장 보잘것없는 떨기나무에서 레바논의 삼나무로 불이 옮겨붙고 있다.

이제 우리에게 남은 유일한 질문은, 이 저널리스트들이 여론을 대변한다는 허구가 얼마나 더 오래 지속될 것인가 하는 점이다. 대형 일간지들이 돈으로 획득한 터무니없는 위세에 합을 맞추어 가며 절대 다수가 관세개혁을 지지하노라고 잠시나마 주장할 수 있는 정직하고 진지한 관세개혁자[18]가 과연 있을까? 이 시점에서 가능한 유일한 추론은, 실제로 여론몰이를 하려는 목적으

이단 Heretics

---

17 17세 후반 제임스 2세의 왕위 계승을 둘러싼 찬반 입장에 따라 나뉜 토리당Tory Party과 휘그당Whig Party은 18세기 이후 영국 정계에서 보수주의와 자유주의를 대변하는 양당 체제로 발전했다. 이 과정에서 각 당은 저마다 입장을 홍보하고 설득하기 위한 팸플릿을 출간하고 일간지나 주간지를 직간접적으로 발행하면서 나름의 논조와 양식을 형성했는데, 이를 두고 토리 저널리즘과 휘그 저널리즘이라 부르기도 한다. 여기서 체스터턴은 정통 보수 언론으로서 토리 저널리즘의 자리를 새로이 등장한 상업적 황색 언론이 차지하게 된 상황을 지적하고 있다.

18 관세개혁자Tariff Reformer란 19세기 말부터 행해졌던 자유무역 기조에 반대하고 보호무역 정책을 강화해야 한다고 주장했던 정치인들을 가리킨다. 이들은 보호무역 정책을 통해 대영제국 내 무역을 강화하는 한편, 여타 열강과의 경쟁에서 자국 산업을 보호해야 한다고 계속 주장했다. 이들이 실질적인 입법에 성공하여 영국의 무역정책 기조를 바꾼 것은 1929년 대공황이 닥친 이후인 1931년이었다.

로 언론이 이제는 금권 정치의 과두지배 체제가 되었다는 것이다. 대중이 이러저러한 이유로 이들의 상품을 산다는 건 분명한 사실이다. 다만 사람들이 크로스의 세심한 철학이나 블랙웰의 날로 근엄해지며 엄격한 신조에[19] 탄복한다고 판단할 이유보다 그런 언론들의 정치에 탄복한다고 판단할 이유가 더 많지는 않다. 그들이 그저 장사꾼이라면, 배터시 파크로드[20]에는 그런 사람들이 수두룩하고, 그들보다 훨씬 더 나은 사람들도 넘쳐난다는 것 말고는 할 말이 없다. 다만 그들이 어떻게든 정치인이 되려고 한다면, 아직 좋은 저널리스트조차 되지 못했다는 사실을 지적할 수밖에 없다.

19 크로스Edmund Crosse와 블랙웰Thomas Blackwell은 당시 영국의 대표적인 식품가공 회사였던 '크로스 앤 블랙웰'Crosee & Blackwell의 두 창업자다.

20 배터시 파크 로드Battersea Park Road는 런던 배터시 파크의 남쪽으로 지나가는 간선 도로를 말한다. 1858년에 개장한 배터시 파크는 템스강을 사이에 두고 첼시 Chelsea의 맞은편에 위치하며 각종 정원과 조형물, 위락 시설을 갖춘 런던의 대표적인 공원이다.

09

조지 무어의 심기

조지 무어는 개인적인 고백을 글로 옮기면서 문학 경력의 첫발을 떼었다.[1] 그 자체로 어떤 해악이 있는 것은 아니다. 그가 남은 생애 동안 계속 같은 글을 쓰지만 않는다면 말이다. 그는 정말이지 강력한 정신을 지녔으며, 사람을 들뜨게 하고 기쁘게 하는 수사적이고 일시적인 확신을 훌륭하게 통제할 줄 안다. 순간적으로 정직

1 아일랜드의 문학가인 조지 무어George Moore, 1852-1933는 『한 젊은이의 고백』*Confessions of a Young Man*, 1888을 출간하면서 영국 문단에 이름을 알렸다. 이 글은 소설 형식으로 쓰였지만 예술가의 꿈을 안고 18세에 파리로 건너가 당대의 유명 화가들, 작가들과 교류하며 20대를 보냈던 무어의 자전적 이야기를 담고 있다. 또 19세기 후반 파리에서 활동하던 예술가들(특히 인상주의 화가들)의 생활상과 예술론을 기록했다는 점에서 중요한 문헌으로 평가된다. 출간 당시에 빅토리아 시대의 엄격한 도덕관념이 지배하던 영국에서는 자유분방한 파리의 예술가들을 묘사한 내용이 논란을 일으키기도 했지만, 작품에 담긴 그의 예술 비평은 문단의 인정을 받았다.

한 상태에 영원히 놓여 있는 사람이다. 그는 동경의 대상이 되는 현대의 괴짜들이 더 이상 견디지 못할 때까지 그들을 동경해 왔다. 그가 쓴 모든 것이 진정한 정신의 힘을 지닌다는 점을 인정하지 않을 수 없다. 특히 로마가톨릭교회를 떠난 이유를 설명한 그의 글은 최근 몇 년간 영성체에 관해 쓴 것 가운데 가장 훌륭한 찬사의 글이 아닌가 한다.[2] 사실 무어의 탁월한 재능을 황폐하게 만든 나약함은 로마가톨릭교회가 뿌리 뽑으려고 분투해 온 바로 그 나약함이다. 무어가 가톨릭을 증오하는 까닭은 그가 몸담고 살아가는 거울로 된 집을 가톨릭이 해체해 버리기 때문이다. 무어는 기적이나 성사가 영적으로 실재함을 믿으라고 해도 별로 싫어하지 않는다. 하지만 다른 사람들이 정말로 실재함을 믿으라고 하는 건 근본적으로 싫어한다. 그의 스승인 페이터[3]와 모든 유미주의자가 그러하듯이 무어가 삶에 대해 품은 진짜 불만은, 삶이란 꿈

2   조지 무어는 1903년 개신교로 개종하고, 아일랜드의 주요 일간지인 『아이리시 타임스』The Irish Times에 자신의 개종 사실을 알리고 설명하는 글을 기고했다. 대부분의 아일랜드인과 마찬가지로 본래 가톨릭 신자였으나 이른 시기부터 회의를 품었다고 하는데, 가톨릭교회가 운영하는 기숙학교의 억압적인 교육 방식을 통과했던 청소년기의 부정적인 경험과 그러한 교육을 강요한 정치인 아버지에 대한 반감이 영향을 준 것으로 보인다. 또 에밀 졸라 등 파리에서 교류했던 프랑스 작가들의 가톨릭교회에 대한 비판도 그에게 적잖은 영향을 끼쳤다. 그가 공식적으로 개종하게 된 직접적인 계기는 조카에 대한 종교적 양육 방식을 두고서 동생 모리스와 다투게 된 일이었다. 예술가를 지망했고 작가로 활동하던 그와 달리, 동생 모리스는 아버지의 바람대로 군인이었다가 정치인이 되었고 아일랜드 민족의 부흥과 독립을 위한 정책을 적극 시행하고 있었다. 그런 맥락에서 조지 무어의 개종은 개인적이고 가정적인 결정에서 더 나아가 아일랜드 민족주의와 관련해 정치적이고 사회적인 의미를 띠었으며, 논란을 불러일으켰다.

3   월터 페이터에 관해서는 제7장 주9 참조.

꾸는 이가 꾸고 싶은 대로 꿀 수 있는 꿈이 아니라는 데서 비롯한다. 그를 괴롭히는 것은 내세가 실재한다는 교의가 아니다. 현세가 실재한다는 교의야말로 그를 괴롭게 한다.

(여전히도 유럽에 유일무이하게 존재하는 일관된 윤리인) 그리스도교 전통은 두세 가지 역설 또는 신비에 의존하는데, 이 역설과 신비는 논쟁 중에 의문을 제기하게도 하지만 삶에서는 또 그만큼 쉽게 정당화되고는 한다. 그 가운데 한 가지 예가 희망 또는 믿음의 역설이다. 희망이 없는 상황일수록 더욱 희망을 가져야 한다는 것 말이다. 스티븐슨[4]은 이를 이해했고, 그래서 무어는 스티븐슨을 이해할 수 없다. 또 다른 예는 자선 또는 기사도의 역설로서 연약할수록 더 존중받아야 한다는 것인데, 과연 스스로 방어할 수 없는 것일수록 보호해 주고픈 마음이 드는 법이다. 새커리[5]는 이를 이해했고, 그래서 무어는 새커리를 이해하지 못한다. 한편 그리스도교 전통 안에 있는 매우 실제적이고 효과적인 신비 가운데 하나로 로마가톨릭교회에서 가장 잘 선별해 낸 신비가 바로 교만이라는 죄의 관념이다. 교만은 성격상의 약점이다. 교만은 웃음을 바짝 말리고 경탄을 바짝 말리고 기사도와 기력을 바짝 말린다. 그리스도교 전통은 이를 이해하고, 그래서 무어는 그리스도교 전통을 이해하지 못한다.

진리는 '교만의 죄'라는 공식 교의에서 드러나는 것보다 훨씬

4   로버트 루이스 스티븐슨에 관해서는 제2장 주1 참조.
5   윌리엄 메이크피스 새커리William Makepeace Thackeray, 1811-1863는 찰스 디킨스와 함께 19세기 영국을 대표하는 소설가다. 『속물열전』The Book of Snobs, 1848, 『허영의 시장』Vanity Fair, 1847-1848 등 당시 중상류층을 풍자한 작품으로 유명하다.

이단 Heretics

더 기묘하다. 겸손이 교만보다 훨씬 더 지혜롭고 더 활기차다는 것만이 진리는 아니다. 허영이 교만보다 훨씬 더 지혜롭고 더 활기차다는 것 또한 진리다. 허영은 사교적이며 일종의 동지애에 가깝다. 그러나 교만은 고독하고 무례하다. 허영은 적극적이며 무수히 많은 사람의 갈채를 갈망한다. 그러나 교만은 소극적이며 오직 한 사람의 갈채만을 갈망하나 이미 그 갈채에 휩싸여 있다. 허영은 유머가 있고 자신에 대한 농담마저 즐길 줄 안다. 그러나 교만은 지루하며 미소 지을 줄 모른다. 이 모든 차이가 바로 스티븐슨과 조지 무어의 차이다. 조지 무어는 그 스스로 알려 주듯이 "스티븐슨을 쓸어내 버렸다."[6] 나는 스티븐슨이 어디로 쓸려갔는지 모르지만, 어디로 쓸려갔든 간에 그가 즐거운 시간을 보내리라 생각한다. 그에게는 교만해지지 않고 허영을 품을 줄 아는 지혜가 있기 때문이다. 스티븐슨에게는 헛바람이 든 허영이 있고, 무어에게는 먼지투성이인 자기본위가 있다. 스티븐슨은 허영으로 우리뿐 아니라 자기 자신도 즐겁게 한다. 하지만 무어의 터무니없는 어리석음이 불러일으킨 가장 눈에 띄는 효과는 정작 그 자신의 눈에는 가려져 있다.

무어의 이 근엄한 바보짓을 두고서 자신의 책을 스스로 격찬하며 비판적인 평론가들을 질책하는 스티븐슨의 행복한 바보짓

6   조지 무어는 『한 젊은이의 고백』 개정판1904 서문 3절에서 이렇게 말한다. "내가 쓸어내 버린 이들, 그들은 어디에 있나? 이제껏 벌링턴 아케이드를 걸었던 이들 중 가장 잘 차려입은 젊은이라고 잘도 묘사되었던 스티븐슨은 공허 속으로 미끄러져 들어갔다. 저널리스트들과 시드니 콜빈의 문필가 무리도 그걸 막을 수 없었다. 딱한 콜빈이 실수했던 것이다. 그도 진작 페이터 편에 올라탔어야 했다."

에 견주어 보면, 스티븐슨이 적어도 그에 따라 살아갈 어떤 궁극의 철학을 찾아낸 반면에 어째서 무어는 아직도 새로운 철학을 찾아 세계를 떠돌고만 있는지를 어렵지 않게 짐작할 수 있다. 스티븐슨은 삶의 비밀이 웃음과 겸손에 있음을 발견했다. 자아는 곧 고르곤[7]이다. 허영은 타인과 그들의 삶이라는 거울을 통해 자신을 본다. 그러나 교만은 직접 자신을 살피다 돌이 되어 버린다.

무어에게는 이러한 결함을 오래 숙고하는 일이 반드시 필요하다. 무어의 작품에 강점이 없는 것은 아니지만, 이러한 결함이 그 작품의 약점이 되기 때문이다. 무어의 자기본위는 도덕적 약점일 뿐 아니라 거듭 나타나는 유력한 미학적 약점이기도 하다. 만일 무어가 자신에게 그토록 관심을 기울이지만 않는다면, 우리는 정말로 그에게 훨씬 더 많은 관심을 기울이게 될 텐데 말이다. 마치 어느 갤러리에서 한 예술가가 쓸모도 없고 조화롭지도 않은 인습을 좇아 똑같은 자세를 한 똑같은 인물을 그럴싸하게 재현해 둔 연작을 구경하는 느낌이다. "무어가 멀리 보이는 대운하", "스코틀랜드의 안개를 통해 보는 무어의 인상", "난롯가의 무어", "달빛에 비친 쇠약한 무어" 등 연작은 끝도 없다. 물론 무어는 그 책에서 자신의 의도란 자기 자신을 드러내는 것이었다고 답할 터이다. 하지만 정답은, 그런 책으로는 성공을 거두지 못한다는 것이

---

7   고르곤Gorgons은 그리스 신화의 등장인물로 머리카락이 뱀으로 되어 있는 세 자매다. 이들을 한 번이라도 직접 본 사람은 모두 돌이 되었다고 한다. 세 자매 가운데 메두사Medusa가 가장 유명한데, 제우스의 아들 페르세우스는 아테나 여신이 건네준 청동 방패를 거울처럼 이용해 메두사를 직접 보지 않고도 그녀의 목을 벨수 있었다.

다. 교만의 죄에 대한 천 가지 반대 의견 가운데 하나가 바로 여기에 있다. 즉, 자의식은 필연적으로 자기현시^{顯示}를 망쳐 놓는다. 자신에 대해 많이 생각하는 사람은 다면적 존재가 되고자 노력할 테고, 모든 면에서 과장된 탁월성을 추구하면서 문화백과사전이 되려고 할 것이다. 그러는 동안, 잘못된 보편주의 안에서 그의 진짜 개성을 잃어버리고 만다. 자아에 대한 생각은 스스로 우주가 되려는 노력으로 이어진다. 그리고 우주가 되려다 보면 무언가가 되기를 그만두게 된다. 반면에 어떤 사람이 우주에 대해서 생각할 만큼 충분한 지각이 있다면, 그는 자신만의 독자적인 방식으로 우주에 대해서 생각할 것이다. 그는 하나님의 비밀을 순수하게 유지할 것이다. 다른 사람들은 보지 못하는 들풀을 보게 될 것이며, 누구도 알지 못하는 태양을 바라볼 것이다. 바로 이러한 특징이 무어의 '고백들'에 여실히 드러난다. 무어의 글에서는 새커리나 매슈 아널드의 인품 같은 말끔한 인품의 현존이 느껴지지 않는다. 단지 무척 영리하고 대체로 상충하는 의견만이 난무하는데, 영리한 사람이라면 누구나 말할 수 있는 의견들이지만 특별히 무어가 말했으니 존중해 달라는 식이다. 그는 가톨릭과 프로테스탄트를, 사실주의와 신비주의를 엮어 주는 유일무이한 실이다. 정확히는 그의 이름이 그러하다. 그는 자신이 더 이상 견지하지 않는 관점들에 잠식당했으며 우리 또한 그렇게 되기를 기대한다. 그리고 그럴 필요가 없는 데서조차 대문자 'I'를 강요하는데, 그 때문에 평범한 진술문의 힘이 약화되는 지점에서도 그렇게 한다. 다른 사람이 "오늘 날씨가 좋군요"라고 말한다면, 무어는 "나 자신의 기질로 가늠해 보니, 과연 날씨가 좋은 것 같군요"라고 답할 것

141

이다. 누군가 "밀턴의 문체는 두말할 것 없이 훌륭하지요"라고 말한다면, 무어는 "문장가 밀턴이 언제나 내게 깊은 인상을 남겨 주었으니까요"라고 답할 것이다. 이렇게 자기중심적인 정신이 응당받게 되는 징벌이란 의도한 효과를 절대로 발휘하지 못한다는 것이다. 무어는 몇 번이고 흥미롭게 십자군을 일으켰지만, 자신의 제자들이 발을 내딛기도 전에 그들을 저버렸다. 그는 진리의 편에 있을 때조차 거짓의 자녀들만큼 변덕을 부린다. 그는 현실을 발견했을 때조차 안식을 얻지 못한다. 아일랜드 사람이라면 누구나 지녔으며 무어에게도 있는 아일랜드인의 기질이 바로 호전성이다. 호전성은 분명 훌륭한 덕목이며 오늘날에는 특히나 그러하다. 하지만 버나드 쇼 같은 인물의 투지에 동반되는 고집스러운 확신이 무어에게는 없다. 물론 자신의 내면만을 들여다보고 자기본위로만 생각하는 무어의 약점이 그의 싸움을 막을 수는 없다. 그 약점이 그의 승리만은 영원히 막아설 것이다.

IO

샌들과
단순함에 관하여

현대 잉글랜드인의 커다란 불행은 다른 민족보다 더 많이 자랑한다는 데 있는 것이 아니라 (진짜 아니다!) 자랑하면 잃어버릴 수밖에 없는 특별한 것들을 자랑한다는 데 있다. 프랑스 사람은 대담하고 논리적이라고 자랑하고도 여전히 대담하고 논리적일 수 있다. 독일 사람은 사색적이고 질서정연하다고 자랑하고도 여전히 사색적이고 질서정연할 수 있다. 잉글랜드 사람이 단순하고 솔직하다고 자랑할 수는 있지만, 그렇게 자랑하면서도 여전히 단순하고 솔직한 채로 있을 수는 없다. 이 이상한 덕목들은 의식하는 순간 사라져 버리고 만다. 사람은 스스로 영웅적이라고 혹은 신성하다고 의식할 수 있지만 (아, 앵글로색슨족의 모든 시인이여!) 의식하지 않는다는 것을 의식할 수는 없는 법이다.

이런 불가능성을 한 부류의 사람들이 나누어 가졌다는 것, 그러니까 아주 색다른 견해를 지닌 이를테면 앵글로색슨주의[1] 유파에게서 찾아볼 수 있다는 건 엄연한 사실이다. 나는 지금 흔히 톨스토이와 결부되는, 단순한 삶을 추구하는 그 유파를 말하는 것이다. 그러나 자신의 건장함을 끝도 없이 떠들다 보면 건장함을 잃고 만다. 더구나 자신의 단순함을 끝도 없이 떠들다 보면 단순함을 잃게 마련이다. 단순한 삶을 따르는 현대인들은 채식주의자로부터 고결한 일관성을 지닌 두호보르파[2]에 이르기까지 다양한데, 나로서는 이 모두에 대해서 커다란 불만을 제기할 수밖에 없다. 이들은 중요하지 않은 사안에서는 우리를 소박하게 만들지만, 중요한 사안에서는 우리를 복잡하게 만든다. 다시 말해 식습관, 의복, 예절, 경제 체제처럼 대수롭지 않은 사안에서는 우리를 단순하게 만들지만 철학, 충절, 영적 수용과 거부처럼 대수로운 사안에서는 우리를 복잡하게 만든다. 토마토를 구워서 먹을지 날것 그대로 먹을지는 별로 대수로운 사안이 아니다. 정말 대수로운 사안은 토마토를 날것으로 먹되 그을린 정신으로 먹느냐 마느냐이다. 보존할 가치가 있는 유일한 단순함이란 마음의 단순함, 무엇이든 받아들이고 즐거워하는 그러한 단순함이다. 어떤 체제가 이

1   앵글로색슨주의Anglo-Saxonism는 앵글로색슨족의 민족적 우수성을 믿는 일종의 신념 체계다. 19세기 말에서 20세기 초까지 영국과 미국을 중심으로 유행했다. 넓은 의미에서는 범凡게르만족의 우월성을 주장하는 튜터니즘Teutonism, 북유럽 민족들과 그들이 세운 식민 국가들의 탁월성을 주장하는 노르디시즘Nordicism의 전신前身이자 일부이면서 한편으로는 이들과 경쟁하고 구별하려는 시도이기도 했다.
2   두호보르파派Doukhobors는 러시아 정교회에서 분리되어 나온 것으로서 소수 민족에 기반을 둔 종파 가운데 하나다. 이들은 열렬한 평화주의자로 알려졌으며 세속 정부와 정교회의 교계를 부정하고 병역을 거부하여 19세기에 차르의 탄압을 받고 오지로 유배되거나 캐나다 등지로 이주했다.

단순함을 보존할 수 있을지는 한번 따져 볼 만하다. 하지만 단순함의 체계가 단순함을 파괴한다는 데는 의심의 여지가 없다. 충동을 좇아 캐비아를 먹는 사람은 원칙에 따라 시리얼을 먹는 사람보다 더 단순하다. 이때 후자가 범하는 주된 오류는 그들이 매우 애착하는 '단순한 생활과 고매한 사고'[3]라는 구절에서 찾을 수 있다. 사실 그들은 그런 생활과 사고를 필요로 하지 않고 그에 따라 개선되는 법도 없다. 그들에게 필요한 것은 오히려 정반대의 것이다. 다시 말해 그들은 고매한 생활과 단순한 사고로 개선될 수 있다. 조금 고매한 생활은 (완전한 책임 의식을 갖춘 조금 고매한 생활은) 인간적인 축제, 태초부터 이어져 온 만찬의 힘과 의미를 가르칠 것이다. 또 인공적인 것이 오히려 자연적인 것보다 오래되었다는 역사적 사실을 가르칠 것이다. 화합의 잔[4]이 굶주림보다 오래되었음을 가르칠 것이며, 의례가 어떤 종교보다도 오래되었음을 가르칠 것이다. 그리고 단순한 사고는 그들의 윤리 대부분이 얼마나 가혹하고 공상적인지를 가르칠 것이다. 단순한 사고는 조국을 사랑하는 것이 악한 일이며 저항을 일으키는 것이 못된 일이라 믿어 의심치 않는 저 톨스토이 추종자의 두뇌가 얼마나 문명화되

3　'단순한 생활과 고매한 사고'plain living and high thinking는 윌리엄 워즈워스의 시 「1802년 9월 런던에서 쓴」Written in London, September, 1802에 등장하는 구문이다. 여기서 시인은 '단순한 생활과 고매한 사고'가 사라지고 탐욕과 소비가 지배하는 세태를 한탄한다. 이후로 이 구문은 물질적으로 소박하게 살아가면서도 정신적으로 높은 이상을 추구하는 삶을 대변하게 되었다. 하지만 체스터턴은 오히려 이 말을 뒤집어 세태를 풍자한다.

4　화합의 잔loving cup이란 잔치 자리에서 술을 돌려 마시는 데 사용하던 커다란 잔을 말한다. 보통 주석으로 제조하며 양쪽에 손잡이가 달려 있다.

었고 또 얼마나 복잡한지를 가르칠 것이다.

샌들을 신고 소박하게 차려입은 한 남자가 한 손에 토마토 한 알을 움켜쥔 채 다가와서는 이렇게 말한다고 하자. "가정에 대한 사랑과 나라에 대한 사랑은 인간의 사랑이 완전하게 발전하는 것을 방해하는 걸림돌이다." 이때, 단순하게 사고하는 사람은 감탄하며 이렇게 답할 것이다. "얼마나 고생을 많이 했기에 그렇게까지 느끼는지요." 고매하게 생활하는 사람은 그 토마토를 물리칠 것이다. 단순하게 사고하는 사람은 전쟁이 죄일 뿐이라는 관념도 단호히 물리칠 것이다. 고매하게 생활하는 사람은 쾌락을 순전히 물질적인 것으로 치부하는 일보다 더 유물론적인 사고란 없다고 확신한다. 단순하게 사고하는 사람은 공포를 주로 물질적 상해에 한정하는 것보다 더 유물론적인 사고란 없다고 확신한다.

가장 중요한 단 하나의 단순함이 있다면, 그것은 마음의 단순함이다. 한번 사라진 마음의 단순함은 순무만 먹고 성긴 옷을 걸친다 해도 되돌릴 수 없다. 오로지 눈물과 공포, 꺼지지 않는 불길로만 되돌릴 수 있다. 마음의 단순함이 있다면, 초기 빅토리아 시대의 안락의자가 몇 개 남아 있다 해도 별로 문제될 게 없다. 우리는 단순한 노신사가 되어 복잡한 주요리를 뱃속에 집어넣되 복잡한 노신사가 되어 단순한 주요리를 뱃속에 집어넣지는 말아야 한다. 만약 인간 사회가 내 영혼의 내부를 그냥 내버려둔다면, 나는 순순히 굴복한 채 복잡한 주요리가 내 육체의 내부를 차지하고 자신의 거친 의지를 실행하도록 허용할 것이다. 나는 담배에 굴복하고, 부르고뉴 와인 한 병을 온순히 껴안고서 겸손한 자세로 핸섬 캡[5]에 오를 것이다. 오로지 이런 방법을 통해서라야 나는 놀라움과 두려움을 기꺼워할 줄 아는 정신의 동정動精을 지킬 수 있을 것이다. 물론 이 방법이 정신의 동정을 지키는 유일한 수단이라고 주장하는 것은 아니다. 나는 오히려 다른 방법도 있다는 쪽으로 마음이 기운다. 하지만 두려움과 놀라움과 기쁨이 결여된 단순함과는 아무런 관계도 없을 것이다. 너무도 단순해서 장난감을 좋아할 수도 없는 어린아이라는 악마적 환영과는 아무런 관계도 없을 것이다.

다른 많은 문제에서 그러하듯이 이 문제에서도 최고의 안내자는 어린아이이다. 어린아이는 단순한 기쁨으로 모든 것을 바라보며 복잡한 것도 그렇게 응시한다. 이러한 사실에서 어린아이는 가장 정확하게 아이답고, 더 건실한 단순함의 체계를 가장 분명하게 드러낸다. 거짓된 유형의 자연스러움은 자연과 인공 사이의 경계선을 거듭 보여 준다. 하지만 고귀한 유형의 자연스러움은 그러한 경계선을 지워 버린다. 어린아이에게 나무와 가로등은 똑같이 자연적이면서 인공적이다. 정확히 말하자면 어린아이에게는 나무와 가로등이 모두 자연적이지 않고 초자연적이다. 두 가지 모두 정말로 멋지면서 설명되지 않기 때문이다. 둘 중 하나에는 하나님이 꽃으로 왕관을 씌워 주시고, 다른 하나에는 점등원 샘[6]이 불꽃으로 왕관을 씌워 준다. 그 꽃과 그 불꽃은 하나같이 요정 이야

5   핸섬 캡hansom cab은 마부석이 마차 뒤쪽에 높이 설치된 2인승의 이륜마차다. 처음
     이 마차를 설계한 조지프 핸섬Joseph Hansom에게서 그 이름을 따왔다. 기존 사륜마
     차에 비해 무게 중심이 낮고 크기가 작아 더욱 안전하고 기동성이 뛰어나 19세기
     말부터 런던을 비롯한 유럽의 많은 대도시에서 인기를 얻었다.
6   여기서 샘Sam은 특정 인물을 지칭하는 것이 아니라 흔한 이름의 한 예로 사용되었
     다. 점등원lamplighter은 거리에 설치된 가스등을 시간에 맞춰 켜고 끄는 일을 했다.

기 속 황금처럼 소중하다. 저 황량한 들판 한가운데서, 가장 투박한 어린아이는 십중팔구 증기기관차에서 놀이를 한다. 영적으로나 철학적으로나 증기기관차에 대해 제기할 수 있는 유일한 반론은 사람들이 증기기관차에 돈을 낸다거나 거기서 일을 한다거나 그것을 흉하게 만든다는 것이 아니다. 심지어는 사람들이 증기기관차 때문에 목숨을 잃는다는 것도 아니다. 오직 거기서 놀지 않는다는 것, 그뿐이다. 악惡이라 하면 태엽 장치에 관한 어린애 같은 시詩가 더 이상 남아 있지 않다는 것이 악이다. 잘못은 증기기관차를 보며 지나치게 감탄하는 것이 아니라 충분히 감탄하지 않는 것이다. 죄는 증기기관차가 기계적이라는 것이 아니라 사람들이 기계적이라는 것이다.

이 책에서 다루는 여러 문제에서처럼 이 문제에서도 결론은 같다. 정말 필요한 것이란 철학이나 종교 같은 근본적인 관점이지, 관습이나 사회적 틀의 변화는 아니라는 점 말이다. 당면한 실제 목적을 달성하는 데 가장 필요한 것은 모두 추상적인 것들이다. 인간 운명에 관한 바른 시각, 인간 사회에 관한 바른 시각이 필요하다. 만일 우리가 그러한 것들에 열광하고 열을 내면서 절박하게 살고 있다면, 그것만으로 진실하고 정신적인 의미에서 이미 단순하게 살아가는 셈이다. 욕망과 위험은 사람을 단순하게 만든다. 오지랖 넓은 달변으로 우리에게 예거[7]와 땀구멍이라든가 플

7 독일 과학자 구스타프 예거Gustav Jäger, 1832-1917와 그의 이름을 딴 의류 브랜드 예거를 가리킨다. 구스타프 예거는 동물성 섬유를 직접 피부에 접촉하는 것이 건강에 매우 유익하다는 이론을 폈는데, 버나드 쇼를 비롯한 많은 이들이 이 이론에 열렬히 찬동했다. 그 결과 양모를 이용한 내복 개발이 이루어졌고, 1884년 영국

래스먼[8]과 위장 점막에 대해서 알리려는 이들에겐 허식자와 폭식가에게 퍼부어진 말씀을 전해야 하리라. "무엇을 먹을까, 무엇을 마실까, 무엇을 입을까 염려하지 말라. 이는 다 이방인들이 구하는 것이라. 너희는 먼저 하나님의 나라와 그분의 의를 구하라. 그리하면 이 모든 것을 너희에게 더하시리라."[9] 이 놀라운 말씀은 탁월한 현실 정치학일 뿐 아니라 최상의 위생학이다. 건강과 힘과 품위와 아름다움에 관하여 모든 과정을 제대로 진행시키는 최고의 방법이자 그 과정의 정확성을 보장할 수 있는 유일한 방법은 그 밖의 다른 것을 생각하는 일이다. 일곱 번째 하늘[10]에 오르는 데 여념이 없는 사람이라면 땀구멍 같은 데 까다롭게 굴지 않을 것이다. 그가 자신의 마차에 마구를 걸어 별에 연결한다면 그 과정은 그의 위장 점막에도 더없이 만족스러운 효과를 낼 것이다. '생각 좀 해본다'라는 말은 오늘날 '합리적으로 추론한다'는 말로 표현되고는 하지만, 그 본질상 평이하고 시급한 모든 것에는 적용될 수 없다. 멀리 떨어져 있는 것들, 이를테면 금성의 자오선 통과 같이 이론적으로만 중요한 것들을 다룰 때라야 사람들은 합리주의에 따라 생각하고 숙고한다. 하지만 자신의 건강같이 아주 실제

에서는 루이스 토멀린이라는 사업가가 예거의 이름을 딴 내복 회사를 차려서 크게 성공했다. 오늘날 예거는 천연 섬유를 이용해 다양한 남녀 의류를 생산하는 영국의 패션 브랜드로 자리 잡았다.

8   플래스먼Plasmon은 한 세포에 든 모든 세포질 유전자를 이르는 생물학 용어다. 여기서는 분유의 형태로 개발된 플래스먼이 든 비스킷을 가리키는데, 20세기 초에 개발된 이후 간편 건강식으로 인기가 많았다.

9   마태복음 6장 25-33절 참조.

10   유대-그리스도교 전통에서 일곱 번째 하늘 혹은 제7천국은 최고의 행복을 의미한다.

적인 문제는 심각한 위험이 닥쳐야 비로소 합리적으로 추론할 수
있다.

II

과학과
야만

민속과 혈족을 연구하는 일의 영구한 난점은 과학자가 그 본성상
세상 물정에도 밝은 사람일 가능성이 거의 없다는 데 있다. 과학
자는 자연에 관심이 많은 사람이다. 과학자가 인간 본성에 관심을
보이는 경우는 거의 없다. 이런 어려움을 극복하고 과학자가 어떻
게든 인간 본성에 관심을 보인대도, 그건 인간이라는 존재를 향
해 다가가는 그 고통스러운 과정의 미약한 시작에 불과하다. 원시
종족과 종교에 관한 연구는 한 가지 중요한 측면에서 여느 과학
연구와, 혹은 거의 모든 연구와 완전히 구별된다. 천문학은 천문
학자가 되어야만 이해할 수 있다. 곤충학은 곤충학자가 되어야만
(어쩌면 곤충이 되어야만) 이해할 수 있다. 하지만 인류학은 그저
사람이기만 하면 많은 부분을 이해할 수 있다. 인류학에서는 사람
자신이 연구 대상이니 말이다. 이로부터 민족학과 민속학의 기록

151

어디서나 눈에 띄는 한 가지 사실이 비롯한다. 천문학이나 식물학 분야에서는 대상과 분리된 냉철한 정신이 그 연구를 성공으로 이끌어 가지만, 신화학이나 인류 기원에 관한 연구에서는 오히려 재앙을 불러온다는 사실 말이다. 미생물을 정당하게 다루기 위해 연구자는 한 명의 사람이기를 멈출 필요가 있다. 하지만 사람을 정당하게 다루기 위해 그가 한 명의 사람이기를 멈출 필요는 없다. 연구자가 동정심을 억누르고 직관이나 추측을 멀리한다면, 거미의 위장을 다룰 때는 초자연적으로 영리해질지 몰라도 사람의 마음을 다룰 때는 초자연적으로 멍청해지고 말 것이다. 인간을 이해하려 한다면서 연구자가 자신을 비인간적으로 만드는 셈이니 말이다. 실로 많은 과학자가 보란 듯이 내세를 무시한다. 그런데 그들의 결함은 내세를 무시한다는 것이 아니라 현세를 무시한다는 것이다. 인류학자들이 관여하는 비밀들은 책이나 여행을 통해서가 아니라 사람 사이의 평범한 교제를 통해 가장 잘 배울 수 있다. 어느 야만족이 원숭이나 달을 숭배하는 비밀스런 이유는 그 부족들 사이로 들어가서 그들의 대답을 노트에 받아 적는다고 해서 알 수 있는 게 아니다. 가장 영리한 인물조차 이 방법을 택하겠지만 말이다. 이 수수께끼의 정답은 잉글랜드에, 바로 런던 안에 있다. 아니, 정답은 연구자의 마음속에 있다. 본드 스트리트[1]를 지나는 사람들이 검은색 모자를 쓰는 이유를 알아차린다면 팀벅투 사람들이 붉은 깃털을 달고 다니는 이유도 알게 될 것이다. 어느 야만족이 추는 전쟁의 춤에 담긴 신비는 과학적 탐험에 관한 책이

---

1   본드 스트리트Bond Street는 주요 상점들이 밀집해 있는 런던의 대표적인 쇼핑 거리다.

아니라 사교 무도장에서 연구해야 한다. 종교의 기원을 발견하려면 샌드위치 제도[2]가 아니라 교회로 가야 한다. 인간 사회의 기원을 알고 싶고 철학적으로 사회란 정말 무엇인지를 알고자 한다면 대영박물관이 아니라 사회로 들어가야 한다.

무례한 지방에서나 무례한 시대에 벌어진 가장 거북하고 비인간적인 행위들은 의례의 진짜 본성을 완전히 오해한 데서 빚어졌다. 의례란 본질적으로 이유 없이 행해지는 것임을 미처 깨닫지 못했기에, 과학자는 온갖 의례의 이유를 찾아내야만 한다. 그리고 짐작하듯이, 그가 찾아낸 이유란 것들은 대부분 터무니없다. 그 이유가 단순한 정신을 지닌 미개인의 머리에서 나왔기 때문이 아니라 세련된 정신을 지녔다는 교수의 머리에서 나왔기에 터무니없는 것이다. 예를 들어 연구 팀의 누군가가 이렇게 말한다고 하자. "멈보점보 나라의 원주민들은 망자가 음식을 먹을 수 있고, 저승으로 가는 여행길에 필요한 음식을 요구한다고 믿는다. 이러한 믿음은 그들이 무덤에 음식을 둔다는 사실과, 이 의식을 따르지 않는 가족에 대해 사제들과 부족 전체가 분노를 표현한다는 사실로 입증된다." 하지만 인간 본성을 잘 아는 사람에게 이 이야기는 완전히 헛소리로 들린다. 연구자는 마치 이렇게 이야기한 것이나 다름없다. "20세기의 잉글랜드인들은 죽은 사람도 냄새를 맡을 수 있다고 믿었다. 그들이 늘 백합이나 바이올렛 같은 꽃으로 망자의 무덤을 덮었다는 사실로 이를 입증할 수 있다. 이러한 행동을 등한시한 경우에 사제와 부족 전체의 협박이 따랐다는 점 또한 분

153

명하다. 몇몇 노부인들이 장례식에 화환이 제때 도착하지 않아서 무척이나 전전긍긍했다는 기록도 있다." 물론 야만인들이 죽은 사람도 음식을 먹을 수 있다고 생각해서 그 곁에 음식을 두었거나, 죽은 사람도 싸울 수 있다고 생각해서 그 곁에 무기를 두었을 수도 있다. 하지만 나는 야만인들이 그런 식으로 사고했다고 생각하지 않는다. 그들이 망자 곁에 음식이나 무기를 둔 이유는 우리가 망자 곁에 꽃을 두는 이유와 다르지 않을 것이다. 이야말로 지극히 자연스럽고 당연한 행동이 아닌가 말이다. 다만 그런 행동을 당연하고 자연스러운 것으로 여기게 되는 감정을, 우리는 이해하지 못한다. 인간 실존의 중요한 모든 감정과 마찬가지로, 그러한 감정은 본질적으로 비이성적이기 때문이다. 야만인이 자기 자신을 이해하지 못하는 것과 같은 이유로 우리도 야만인을 이해하지 못한다.

어떤 물질이든 인간의 정신을 통과하는 순간, 과학의 온갖 목적에 따라 변질되고 만다는 건 엄연한 사실이다. 그 물질은 돌이킬 수 없을 정도로 신비롭고 무한한 것이 된다. 필멸의 존재가 불멸을 입는 것이다. 우리가 우리의 물질적 욕망이라 부르는 것들조차 정신적인 것들이다. 그 역시 인간적인 것이기 때문이다. 과학은 돼지갈비를 분석한 다음, 그 안에 인은 얼마나 들어 있고 단백질은 얼마나 들어 있는지를 말한다. 그러나 과학은 돼지갈비를 원하는 인간의 마음을 분석해서 배고픔이 얼마나 되고 관습은 얼마나 되며 신경성 망상이나 아름다운 것을 향한 지고한 사랑은 얼마나 되는지를 말할 수 없다. 돼지갈비를 향한 인간의 욕망은 천국을 향한 욕망만큼이나 신비롭고 영묘한 것으로 남는다. 실로 인간에 관한 과학, 역사에 관한 과학, 민속에 관한 과학, 사회에 관한 과학의 온갖 시도는 본질적으로 가망이 없을 뿐 아니라 정신 나간 헛짓거리다. 경제사를 연구하면서 돈을 향한 인간의 욕망이 단지 돈을 향한 욕망이기만 하다고 확신할 수 없는 것은, 성인전_{聖人傳}을 연구하면서 하나님을 향한 성인의 갈망이 단지 하나님을 향한 갈망이기만 하다고 확신할 수 없는 것과 같다. 과학의 연구 대상인 주요한 현상들에 내재한 모호함은 과학의 본성 안에 있는 무엇이든 날려 버릴 수 있는 절대적 결정타가 된다. 사람들은 아주 적은 도구나 아주 단순한 도구만 가지고도 과학을 구성할 수 있다. 하지만 신뢰할 수 없는 도구로는 도저히 과학을 구성할 수 없다. 조약돌 한 줌을 가지고 수학의 온갖 문제들을 풀 수 있지만, 떨어졌다 붙었다 하는 찰흙 한 줌을 가지고는 그럴 수 없다. 갈대로 하늘과 땅을 측량할 수 있을지는 몰라도, 자라나는 갈대로는 그럴 수가 없다.

민속에 관한 어리석기 짝이 없는 생각들 가운데 한 가지 사례로서, 끊임없이 되살아나는 이야기들의 사례와 그 이야기들의 기원이 일치한다고 하는 주장을 살펴보자. 과학적인 신화학자들은 이야기들을 하나하나씩 역사의 맥락에서 떼어 낸 다음, 비슷한 것끼리 모아서 자기들의 우화 박물관 안에다 가지런히 고정해 둔다. 부지런하고도 대단히 흥미로운 이 과정은 그러나 세상에서 가장 분명한 한 가지 오류에 의존한다. 즉, 하나의 이야기가 이러저러한 시기에 그 일대에서 전해졌다고 해서 그 이야기 속 사건이 실제로 일어나지 않았음을 입증하는 것은 아니다. 그뿐만 아니라 그 사건이 사실이 아니라는 걸 조금이라도 암시하거나 그럴

가능성을 조금이나마 높여 주는 것도 아니다. 수많은 낚시꾼들이 두 자가 넘는 월척을 낚았다고 소리 높여 거짓 주장을 한다고 해서, 그것이 누군가 정말로 월척을 낚았는가 하는 질문에 영향을 줄 수는 없다. 또 수많은 저널리스트들이 프로이센-프랑스 전쟁은 단지 돈 때문에 일어났다고 보도한다고 해서, 그들의 보도가 그 전쟁이 실제로 일어났는가 하는 모호한 질문에 대한 증거가 되지는 않는다. 의심의 여지 없이, 지난 수백 년 동안 일어나지 않았던 무수한 전쟁들은 1870년대에 실제로 일어난 전설적인 프로이센-프랑스 전쟁에 대한 믿음을 과학의 정신에서 깨끗이 제거해 버릴 것이다. 그러한 까닭은 민속학 연구자들이 존재하는 한, 그들의 본성은 변함없을 것이기 때문이다. 그리고 민속학에 대한 연구자들의 공헌은 지금도 그러하듯 그들이 아는 것보다 더 크기 때문이다. 그리하여 그들은 전설을 연구하는 것보다 훨씬 더 신적인 일을 해낸다. 그들은 전설을 창조한다.

모두가 하는 이야기여서 절대 참일 수 없다고 과학자들이 말하는 두 부류의 이야기가 있다. 첫째 부류는 기이하거나 기발하다는 이유로 어디서나 전해지는 이야기들이다. 그 이야기들이 누군가에게 하나의 모험으로서 일어났음을 부정할 수는 없다. 마찬가지로 그 이야기들이 누군가에게 확실하게 일어났듯이 생각으로 일어났음을 부정할 수는 없다. 다만 그러한 사건이 많은 사람에게 일어났을 것 같지는 않다. 둘째 부류의 '신화들'은 단순히 어디서나 일어나기에 어디서나 전해지는 이야기들이다. 이를테면 첫째 부류에는 빌헬름 텔[3]의 이야기가 있는데, 이 이야기는 다른 민족들의 민담에서도 발견된다는 유일한 근거에 따라 전설로 분류된다. 그런데 이 이야기가 어디서나 전해지는 까닭은, 그것이 사실인지 허구인지와는 상관없이 이 이야기가 '좋은 이야기'로 통하기 때문이다. 이 이야기는 기이하고 신나고 확실한 절정도 있다. 궁술의 역사를 통틀어 그렇게 별난 사건은 절대 일어났을 리 없다거나 적어도 사람들이 말하는 바로 그 인물에게 일어나지는 않았다고 추정하는 건 상당히 무례한 짓이다. 물론 소중히 여기거나 사랑하는 사람에게 붙여 놓은 과녁을 향해 활시위를 당겨야만 하는 상황의 아이디어를 창의적인 시인이라면 누구든 쉽게 떠올릴 수 있었을 테다. 하지만 실력을 몹시 뽐내고 싶은 여느 궁사도 이런 아이디어를 쉽게 떠올릴 만하다. 이 이야기는 한 이야기꾼의 상상이 불러낸 판타지였거나 어느 폭군의 상상이 빚어낸 판타지였는지도 모른다. 어쩌면 실제로 일어난 일이 시간이 흐르면서 전설이 되었을 수도 있다. 혹은 전설에서 일어난 일이 나중에 실제로 일어났을 수도 있다. 태초부터 지금까지 한 소년의 머리 위에 사과가 놓이고 그 위에 화살이 날아와 꽂히는 일 같은 건 일어난 적이 없었다고 해도, 빌헬름 텔에 대해 전혀 들어 보지 못한 누군가가 당장 내일 아침에 실제로 그런 일을 벌일지는 또 모를 일이다.

이런 유형의 이야기는 재치 있는 응답이나 앞뒤가 맞지 않는

---

3   빌헬름 텔Wilhelm Tell은 스위스 민담에 전하는 민족 영웅이다. 스위스를 지배했던 합스부르크가의 영주 헤르만 게슬러가 자신의 명령을 어긴 사냥꾼 빌헬름 텔을 불러, 텔의 아들의 머리 위에 사과를 놓고 활을 쏘아 맞히도록 했다. 빌헬름 텔은 다행히 화살로 사과를 명중시키지만, 여분으로 준비한 두 번째 화살이 영주를 노린 것이라는 의심을 사서 체포된다. 결국 이를 계기로 스위스 농민들의 폭동이 일어나 독립을 쟁취한다는 내용이다.

말로 끝을 맺는 여느 일화들과 상당히 유사한 면이 있는 듯하다. "je ne vois pas la néessité"(내게는 반드시 그래야 할 필연성이 보이지 않는군요)라는 유명한 말로 항변했다는 사람이 탈레랑[4]이라거나 볼테르[5]라고 하는, 혹은 앙리 4세[6]라거나 무명의 판사라고 하는 이야기를 들어 봤을 것이다. 그런데 이 말을 했다는 인물들이 이렇게 다양하다고 해서, 이 말이 실제로 누군가의 입에서 흘러나오지 않았을 가능성이 높아지는 것은 아니다. 누군가 알려지지 않은 사람이 정말로 그 말을 했을 가능성이 상당히 높다. 탈레랑이 실제로 그 말을 했을 가능성도 상당히 높다. 회고록을 쓰던 사람이 이 말을 했다는 것만큼이나 어떤 사람이 대화 중에 이 말을 했다는 것도 믿어 볼 만하다. 어쩌면 위에서 언급한 인물 가운데 누군가가 이 말을 했던 것도 같다. 하지만 그들 모두가 이 말을 했던 것 같지

4   보통 탈레랑이라고 불리는 샤를모리스 드 탈레랑페리고르Charles-Maurice de Talleyrand-Périgord, 1754-1838는 프랑스 혁명기에 활동한 정치인이자 외교관이다. 본래는 로마가톨릭교회의 사제였으나 혁명을 지지하여 교황으로부터 파문당한 뒤 계속해서 뒤바뀌는 여러 정부에 몸담아 외교관으로서 프랑스와 유럽 정세에 큰 영향력을 발휘했다.

5   볼테르Voltaire라는 필명으로 더 유명한 프랑수아마리 아루에François-Marie Arouet, 1694-1778는 18세기 프랑스 계몽주의를 대표하는 작가다. 부르봉 왕가의 절대왕권 아래 있던 프랑스의 정치, 사회, 종교를 날카롭게 비판하고 풍자했으며 사상의 자유와 사회적 관용을 주장했다.

6   앙리 4세Henri IV de France, 1552-1610는 본래 오늘날 프랑스와 에스파냐 접경에 있던 개신교 왕국 나바르의 왕이었으나 종교개혁과 종교전쟁의 혼란을 종식시키려고 1593년 가톨릭 왕국이었던 프랑스의 공주와 결혼해 두 왕국을 아우르는 프랑스 국왕의 자리에 올라 새로이 부르봉 왕가를 열었다. 앙리 4세는 이 결혼을 위해 가톨릭으로 개종했지만 결혼 이듬해인 1594년 프로테스탄트의 신앙을 인정하고 그에 대한 차별을 금지하는 낭트 칙령을 발표했다.

는 않은데, 바로 이것이 변별의 지점이다. 바로 이 지점에서, 내가 말했던 첫째 부류의 신화는 둘째 부류의 신화와 대별된다. 둘째 부류의 신화 속 사건은 시구르드[7], 헤라클레스[8], 로스탐[9], 엘 시드[10] 등 대여섯 가지 영웅 이야기에서 공통으로 발견된다. 이 두 번째 신화의 특이점은 그러한 사건이 한 영웅에게 실제로 일어났다고 하는 상상이 상당히 합리적일 뿐 아니라 모든 영웅에게 실제로 일어났다고 하는 상상도 상당히 합리적이라는 것이다. 이를테면 신비롭게도 여자 앞에서는 힘이 약해지는 탓에 흔들리거나 제지 당한 위대한 인물의 이야기가 그러하다. 빌헬름 텔의 이야기는 앞서 내가 말했듯이 특이해서 인기가 있다. 반면에 삼손과 들릴라의 이야기[11]나 아서 왕과 귀네비어 왕비의 이야기[12]는 특이하지 않

7   시구르드Sigurd는 용을 죽이고 세계를 구원하는 북유럽 신화의 영웅이다. 게르만 신화의 영웅 지크프리트에 해당한다. 전승에 약간의 차이는 있지만, 두 영웅 모두 친구(군주)의 부인과 자신의 부인이 남편들의 우열을 가리며 벌인 다툼 때문에 결국 그 친구의 사주로 죽임을 당하는 동일한 결말에 이른다.

8   그리스 신화의 영웅인 헤라클레스에 대해서는 제5장 주1 참조.

9   로스탐Rostam은 페르시아 신화에 등장하는 비극적 영웅이다. 여러 이야기가 전하지만, 태어나기도 전에 헤어진 그의 아들이 자라나 장수가 되었으나 그가 아들을 알아보지 못하고 전투 중에 죽이게 되었다는 이야기가 가장 유명하다.

10   엘 시드El Cid는 중세 카스티야 지방의 귀족으로서 무슬림에 맞서 싸웠던 로드리고 디아스 데 비바르Rodrigo Díaz de Vivar의 별칭이다. 프랑스의 극작가 코르네유 Pierre Corneille, 1606-1684의 대표작 『르 시드』Le Cid, 1636에서는 가문의 명예 때문에 사랑하는 여인과 맞서게 되는 고통 속에서도 자신의 의무를 다하는 비극적 영웅으로 그려진다.

11   구약성경에 등장하는 이스라엘 민족의 영웅 삼손Samson은 엄청난 힘을 지녔으나 머리카락을 자르면 힘을 잃게 된다는 약점이 있었다. 이방 여인 들릴라Delilah의 꾐에 빠져 잠든 사이에 머리카락이 잘리고 포로로 잡혔다가 결국 죄를 뉘우치고 하나님께 기도하여 마지막 힘을 발휘해 적국의 신전을 무너뜨리고 자신도 잔해

아서 인기가 있다. 담담하고 좋은 소설이 그러하듯이 이런 종류의
이야기가 인기 있는 것은 인간에 관한 진실을 말해 주기 때문이
다. 삼손이 여자 때문에 무너지는 이야기와 헤라클레스가 여자 때
문에 무너지는 이야기[13]의 설화적 기원이 같다면, 넬슨이 여자 때
문에 무너지는 이야기[14]와 파넬이 여자 때문에 무너지는 이야기[15]
도 하나의 우화로서 설명할 수 있을 테니, 정말 기뻐할 일이다. 향
후 몇 세기 동안 민속학을 연구하는 사람들은 엘리자베스 배럿이
로버트 브라우닝과 눈이 맞아 달아났다는 사실[16]을 믿으려 하지

에 묻혀 죽었다.

12   아서 왕King Arthur은 영국과 프랑스 중세 문학의 주요 소재가 되는 브리튼섬의 전
      설적 영웅이다. 귀부인을 흠모하는 중세 기사의 전형인 랜슬롯Lancelot이 아서 왕
      의 왕비 귀네비어Guinevere를 사랑하여 왕비와 함께 달아나면서 기사들이 두 파로
      갈려 내전의 위기를 맞게 되었다.

13   그리스 신화 속 영웅인 헤라클레스는 아내 데이아네이라 때문에 생을 마감한다.
      데이아네이라는 헤라클레스의 화살에 맞아 죽은 켄타우로스의 피를 사랑의 미약
      으로 알고 보관해 두었는데 남편의 외도가 의심되자 그의 옷에 그 피를 발랐다. 하
      지만 켄타우로스의 피는 화살에 묻어 있던 히드라의 피에 이미 오염되어 있었으
      므로 그 옷을 입은 헤라클레스는 온몸이 타올랐다. 불사의 몸인 헤라클레스는 결
      국 그 고통을 견디지 못하고 제우스의 사제들에게 부탁해 자신을 화장하게 한다.

14   나폴레옹에 맞서 영국을 지킨 영웅적인 해군제독 허레이쇼 넬슨Horatio Nelson,
      1758-1805은 나폴리에 주재할 당시 영국 대사의 아내 엠마 해밀턴과 사랑에 빠져
      혼외 자식까지 낳은 것으로 유명하다.

15   찰스 스튜어트 파넬Charles Stewart Parnell, 1846-1891은 아일랜드의 유력한 정치인이
      자 독립운동가였으나 캐서린 오셰이라는 유부녀와 오랫동안 내연 관계를 유지하
      다가 그녀가 남편으로부터 이혼 소송을 당하자 가정파괴범으로 매도되어 몰락하
      고 말았다.

16   엘리자베스 배럿Elizabeth Barrett, 1806-1861과 로버트 브라우닝Robert Browning, 1812-
      1889은 제각기 영국 빅토리아 시대를 대표하는 시인이었으며 부부였다. 자녀들이
      결혼하기를 원치 않았던 폭압적인 아버지 때문에 배럿은 브라우닝과 몰래 결혼

이단 Heretics

않고, 그 당시 소설은 처음부터 끝까지 눈이 맞아 달아나는 이야기로 가득하다는 더없는 사실에 근거하여 그들의 주장을 최대한 입증해 갈 것임을, 나는 믿어 의심치 않는다.

원시 신앙을 연구하는 현대인들의 망상 가운데 가장 한심한 부분은 신인동형론神人同形論이라 하는 것에 대한 생각이다. 그들은 원시인들이 자연현상을 설명하기 위해 인간의 모습을 한 신에게 그 자연현상을 귀착시켰으며, 그렇게 한 까닭은 침울한 한계 안에 놓인 신의 정신이 어릿광대 같은 신의 실존을 넘어 더 멀리 도달할 수 없기 때문이라고 믿는다. 천둥이 한 사람의 목소리로 불리고 번개가 한 사람의 눈으로 불린 이유는, 이런 설명을 통해 천둥과 번개를 보다 합리적이고 편안하게 느낄 수 있었기 때문이라는 이야기다. 이런 부류의 철학을 깔끔하게 치유할 수 있는 궁극의 방법은 밤중에 좁은 골목길을 따라 걸어 보는 것이다. 그래 본 사람이라면 사물의 뒷모습에서 반쯤 사람같이 생긴 무언가를 그려냈을 때, 그 사물이 자연스러워 보이는 것이 아니라 초자연적으로 보이며, 이해하기 쉬워지는 것이 아니라 훨씬 더 이해하기 어렵고 신비로워진다는 점을 금세 알아차릴 것이다. 밤중에 좁은 골목길을 따라 걷는 사람은, 자연이 본래의 모습에서 벗어나지 않는 한 우리를 좌지우지할 힘을 갖지 못한다는 분명한 사실을 확인하게 된다. 나무는 나무인 동안에만 커다란 머리를 한 괴물이 된다. 팔이 백 개나 되고 혀가 천 개나 되며 다리는 하나뿐인 괴물이 되는 것이다. 나무가 나무인 동안에는 무서울 게 하나도 없다. 나무가

했으며, 결혼 이후 두 사람은 병약한 배럿이 사망할 때까지 줄곧 이탈리아에서 살았다.

무언가 낯선 것, 무언가 이상한 것이 되는 순간은 나무가 우리 인간처럼 보일 때뿐이다. 나무가 정말로 사람 같아 보일 때, 우리는 다리에 힘이 풀려 주저앉고 만다. 온 우주가 사람 같아 보일 때, 우리는 쓰러져 땅에 얼굴을 묻고 만다.

I2

이교주의와
로즈 디킨슨

신新이교주의[1]는 스윈번이 현란하게, 월터 페이터가 섬세하게 설파했으므로 새삼 진지하게 다룰 필요는 없다. 다만 신이교주의가 비할 데 없이 넘치는 영어 학습의 기회를 남겼다는 점만은 짚어두려고 한다. 신이교주의는 더 이상 새롭지 않을뿐더러 본래의 이교주의와는 조금이나마 닮았던 적이 없다. 신이교주의가 대중의 정신에 느슨하게나마 남긴 고대 문명에 관한 생각들은 확실히 범상치 않다. '이교도'라는 용어는 소설과 가벼운 문학 작품에서 종

---

1 '현대 이교주의'Modern Paganism라고도 하는 '신新이교주의'New Paganism는 근대 유럽에서 그리스도교 이전의 여러 이교들에 영향을 받아 새롭게 일어난 종교 혹은 종교 운동을 말한다. 유대-그리스도교 중심에서 멸시적으로 붙여진 이름인 '이교도'pagan라는 단어 자체의 의미를 복권하면서 한편으로는 근대성에 맞서는 새로운 영성을 찾고자 하는 움직임들이 19세기 유럽에서 크게 일어났으며, 이는 1960년대 이후 뉴에이지 운동New Age Movement 등으로 이어진다.

교가 없는 사람이라는 뜻으로 사용되었지만, 일반적으로는 종교를 반 타/쯤 가지고 있는 사람이다. 이런 생각을 따르자면 이교도들은 그간 무책임한 상태로 계속해서 화관을 만들어 쓰고서 춤추고 있었던 셈인데, 기실 최고의 이교도 문명이 솔직하게 믿었던 것이 두 가지 있다면 오히려 너무나 엄한 존엄과 너무나 엄한 책임이었다. 이교도들은 무엇보다도 고주망태에 무법자들로 묘사되곤 하지만, 실은 누구보다도 합리적이고 존경할 만한 사람들이었다. 그들은 시민 복종이라는 단 하나의 훌륭한 덕목을 지녔을 때도 불복종한다며 찬사를 받는다. 그들은 절망이라는 단 하나의 대죄를 지었을 때도 뻔뻔하게 행복해한다며 시기를 당한다.

최근에 이 비슷한 주제들을 다룬 작가들 중에서 가장 창의력 넘치고 도발적인 인물은 단연 로즈 디킨슨[2]인데, 그는 너무나 견고해서 이교주의를 순전한 무정부 상태로 보는 이 케케묵은 오류에 빠졌을 리가 없다. 오직 식욕과 자기본위만을 이상理想으로 삼은 고대 그리스의 열정을 제멋대로 이용하려면 철학을 많이 알 필요는 없고 그리스어를 조금 알기만 하면 된다. 로즈 디킨슨은 철학을 많이 알고 그리스어도 많이 안다. 그러니 그에게 오류가 있어도 미숙한 쾌락주의자의 오류는 아니다. 하지만 그가 『인디펜던트 리뷰』Independent Review에 발표했던 「너희는 언제까지 머뭇머뭇하려느냐?」How long halt ye[3]라는 논고에서 도덕적 이상들에 관하여

2   골즈워디 로즈 디킨슨Goldsworthy Lowes Dickinson, 1862-1932은 영국의 정치학자, 철학자다. 젊은 시절 신플라톤주의를 연구했으며 제1차 세계대전이 발발하자 범세계적 국제기구를 구상하고 종전 후 국제연맹의 설립에 밑그림을 제시했다.

3   이 문장은 구약성경 열왕기 상권 18장 21절에서 엘리야가 이스라엘 백성을 향해

그리스도교와 이교주의를 대조하며 능수능란하게 기술해 놓은 부분에는 더 심각한 종류의 오류가 있다고 생각한다. 디킨슨에 따르면, 이교주의의 이상은 욕정과 방종과 변덕의 광란이 아니라 완전하고 충족된 인간 본성의 이상이었다. 그에 따르면, 그리스도교의 이상은 금욕주의의 이상이었다. 나는 이런 생각이 철학과 역사에 관련하여 전적으로 그릇된 것이라고 말하려고 하는데, 이 경우에 나는 나 자신의 이상적 그리스도교나 후대 사건들에 오염되기 이전 초기 그리스도교의 이상적 그리스도교에 관하여 이야기하는 것은 아니다. 나는, 많은 현대 그리스도교 이상주의자들처럼 그리스도가 말한 특정한 내용에 주장의 근거를 두지 않는다. 또한 나는, 다른 많은 그리스도교 이상주의자들처럼 그리스도가 잊고 말하지 않은 특정한 내용에 주장의 근거를 두지도 않는다. 나는 머리 위에 그 모든 죄를 이고 있는 역사 속의 그리스도교를 취한다. 나는 자코뱅주의[4]나 모르몬교 또는 서로 뒤섞였거나 불쾌함을 주는 인간의 산물을 취하듯이 그리스도교를 취한다. 그리고 그리스도교 행위의 의미는 금욕주의에서 발견될 수 없었다고 주장한다. 공언하건대 그리스도교가 이교주의에서 벗어난 지점이 금욕주의는 아니었다. 공언하건대 그리스도교가 현대 세계와 다른 지점이 금욕주의는 아니었다. 공언하건대 주두행자 시메온[5]

하나님과 바알 사이에서 머뭇거리지 말고 결단을 내릴 것을 촉구하며 하는 말이다.

4   자코뱅주의Jacobinism는 프랑스 혁명에서 공화국 건설과 급진적 개혁을 요구했던 정파인 자코뱅Jacobin에서 비롯한 말로, 과격하고 급진적인 좌익 혁명을 추구하는 정치 이념을 의미한다.

5   주두행자柱頭行者란 고대 동방교회에서 높은 기둥 꼭대기에 올라가 고행하던 수도자들을 가리킨다. 성 시메온Simeon Stylites, 390-459은 오늘날 시리아의 알레포 지

은 금욕주의에서 주된 영감을 얻지 않았다. 공언하건대 심지어 금욕주의자들에 대고서도 그리스도교의 주된 충동이 금욕주의라고 평할 수는 없다.

　문제를 명확히 정리해 보자. 그리스도교와 이교주의의 관계에 관해 명백한 사실이 하나 있다. 알고 나면 많은 이가 실소할 만큼 너무도 단순한 사실이고 그렇기에 오히려 매우 중요한 사실이지만, 현대인들은 모두 잊고 있는 사실이다. 그 기초적 사실이란, 그리스도교와 이교주의는 하나가 먼저 나타나고 그다음에야 다른 하나가 나타났다는 것이다. 로즈 디킨슨은 이 둘이 나란히 존재하는 이상理想들이라도 되는 듯이 말한다. 심지어는 이교주의가 둘 중 더 새롭고 새 시대에 좀 더 적합하다고까지 한다. 그는 이교주의라는 이상이야말로 인간에게 궁극의 선이 되리라고 제안한다. 그러나 만약 그러하다면 우리는 최소한 디킨슨이 감안하는 것보다는 더 많은 호기심을 발휘하여, 어째서 인간은 별들 아래 지구상에서 궁극의 선을 발견한 다음, 그것을 다시 던져 버렸던가를 물어야 할 터이다. 이제 나는 이 기이한 수수께끼에 답해 보려 한다.

　현대 세계에서 이교주의와 얼굴을 맞댄 것은 오직 하나다. 그러한 의미로 현대 세계에서 이교주의에 관해 무엇이든 알고 있는 것은 오직 하나다. 그건 바로 그리스도교다. 이 사실이야말로 내가 앞서 말한 쾌락주의적 신이교주의의 약점이다. 다시 말해 유럽의 고대 성가나 고대 무용 중에 순전히 남아 있는 모든 것, 포이보

역에서 높은 기둥 위에 올라 37년 동안 기도하고 수행했던 인물이다.

스[6]나 판[7]의 축제로부터 진솔하게 전해오는 모든 것은 그리스도교 교회의 축제에서도 찾아볼 수 있다. 이교적 신비로 되돌아가는 사슬의 끝을 붙잡으려는 사람이 있다면, 부활절 꽃장식 줄이나 크리스마스 소시지 줄을 잡는 편이 나을 것이다. 현대 세계의 다른 모든 것은 가장 반(反)그리스도교적으로 보이는 것조차 하나같이 그리스도교를 기원으로 한다. 프랑스 혁명의 기원도 그리스도교다. 신문의 기원도 그리스도교다. 아나키즘의 기원도 그리스도교다. 자연과학의 기원도 그리스도교다. 그리스도교에 대한 공격의 기원도 그리스도교다. 오늘날 존재하는 것 가운데 어떤 의미에서든 그 기원이 이교주의라고 정확히 말할 수 있는 것은 오직 하나뿐이니, 바로 그리스도교다.

이교주의와 그리스도교 사이의 진짜 차이점은 이교적이거나 자연적인 덕목들과, 로마 교회가 은총의 덕목이라 부르는 세 가지 덕목 사이의 차이점 안에 완벽하게 요약되어 있다. 이교적인 혹은 이성적인 덕목에는 정의와 절제 같은 것이 있는데, 그리스도교는 이 덕목들을 모두 차용했다. 그리스도교가 차용하지 않고 스스로 창안한 세 가지 신비적 덕목은 믿음, 소망, 사랑이다. 이 세 가지 단어에 어리석고 손쉬운 수사를 쏟아부을 수 있겠지만, 명확한 두 가지 사실만을 이야기하고자 한다. 첫 번째 명확한 사실은 (춤추는 이교도라는 망상과는 정반대로) 정의와 절제 같은 이교의 덕목들은 슬픈 덕목이고 믿음, 소망, 사랑이라는 신비의 덕목들은 즐겁

---

6   포이보스Phoibos는 태양신으로서 아폴론을 부르는 이름이다.
7   판Pan은 그리스 신화의 목양신이다. 염소의 모습을 띠며 술과 음악과 춤을 즐기고 방탕하게 생활한다고 알려졌다.

고 활기찬 덕목이라는 것이다. 그리고 두 번째 명확한 사실은 첫째 사실보다 훨씬 더 명확한 것으로서, 이교의 덕목들은 합리적인 덕목이고 믿음, 소망, 사랑이라는 그리스도교의 덕목들은 본질적으로 불합리할 대로 불합리한 덕목이라는 것이다.

'불합리하다'라는 말은 오해를 빚기 쉬우니, 그리스도교의 신비적인 이들 덕목은 제각기 그 본성 안에 역설을 품고 있다고 하는 게 더 정확하겠다. 전형적인 이교에서 내세우는 합리주의적인 덕목들은 전혀 그렇지가 않다. 정의란 어떤 한 사람에게 돌아가야 할 어떤 것을 찾아내어 그에게 주는 것이다. 절제란 특정한 탐닉의 적절한 한계치를 찾아내어 그것을 지키는 것이다. 그러나 사랑이란 용서할 수 없는 것을 용서하는 것이며, 그러하지 않다면 그것은 덕목이 아니다. 소망이란 희망이 없을 때 희망하는 것이며, 그러하지 않다면 그것은 덕목이 아니다. 믿음은 믿을 수 없는 것을 믿는 것이며, 그러하지 않다면 그것은 덕목이 아니다.

그렇다면 현대 정신의 유행에 맞추어 이 세 가지 역설적인 덕목들 사이의 차이점을 살펴보아도 흥미롭겠다. 사랑은 우리 시대에 유행하는 덕목으로서 디킨스의 거대한 불빛은 사랑을 환하게 밝혀 놓았다. 소망은 오늘날 유행하는 덕목으로서 스티븐슨의 갑작스러운 은빛 트럼펫 소리는 우리의 관심을 소망에 묶어 두었다. 하지만 믿음은 유행하지 않는다. 오히려 믿음이 역설적이라면서 믿음에 맞서는 일이 관례가 되어 버렸다. 믿음이란 '진실이 아님을 알고도 믿는 힘'이라는, 유명하지만 유치한 정의를 모두들 조롱하듯 되풀이한다. 하지만 믿음은 소망이나 사랑보다 더 역설적인 하나의 원자 같은 것이 아니다. 사랑은 방어할 수 없음을 알면서도 방어하는 힘이다. 소망은 절망적이라고 생각하는 환경에서도 기운을 내는 힘이다. 밝은 전망을 보고서 새 아침에 느끼는 희망찬 상태가 있다는 것도 사실이다. 그러나 그건 소망이란 덕목이 아니다. 소망이라는 덕목은 지진과 일식이 일어날 때만 존재한다. 대충 사랑이라 불리는 게 있다는 것도 사실이다. 사랑받아 마땅한 가난한 이들에 대한 사랑 말이다. 하지만 사랑받아 마땅한 이를 사랑하는 것은 사랑이 아니라 정의다. 사랑이 필요한 사람들은 사랑받아 마땅하지 않은 이들이다. 그리고 이상理想은 아예 존재하지 않거나, 아니면 전적으로 그런 이들을 위해 존재한다. 실제적인 목적에서, 우리에게 희망찬 사람이 필요한 때는 바로 희망 없는 순간이다. 그리고 소망이란 덕목은 아예 존재하지 않거나, 아니면 그 희망 없는 순간에야 비로소 존재하기 시작한다. 소망이 합리적이기를 멈추는 바로 그 순간, 소망은 유용해지기 시작한다. 이제 옛 이교의 세계는 앞으로만 쭉 직진하다가, 그렇게 직진하는 것이 커다란 실수임을 깨달았다. 옛 이교의 세계는 고귀하고 아름답고 합리적이었으나 죽음의 고통에 처하여 합리성만으로 충분치 않으리라는 영원한 진리이자 세세대대로 전할 유산을 발견했다. 옛 이교의 시대는 다시는 회복되지 못하리라는 본질적인 의미에서 참으로 에덴동산 또는 황금시대[8]였다. 그리고 이교도보다 우리가 확실히 더 유쾌하고 훨씬 더 올바르지만 우리 가운데 그 기력을 한계치까지 펼친다 해도 이교도만큼 분별력 있는 이가

---

[8]   고대 그리스·로마 신화에서는 이 세계가 태초에 황금의 시대로 시작하여 은의 시대, 청동의 시대, 영웅의 시대를 거쳐 현세 인간의 역사인 철의 시대로 이어지면서 하강하고 타락해 왔다고 보았다.

하나도 없다는 점에서, 옛 이교의 시대는 회복될 수가 없다. 그리스도교 이후 지성의 벌거벗은 순수성은 어느 누구에 의해서도 회복될 수 없다. 그리고 이 탁월한 이유로 인해, 그리스도교 이후 모두가 순수한 지성은 사람을 호도한다는 점을 알게 되었다. 그렇다면 이교의 관점에서, 이제는 회복이 불가능한 순전함에 관해 가장 먼저 떠오르는 예를 들어 보자. 현대 세계에서 그리스도교에 주어진 최고의 찬사라 하면 시인 테니슨의 「율리시스」[9]를 꼽을 수 있다. 테니슨은 율리시스의 이야기에 치유할 길 없는 방랑의 욕망이라는 개념을 집어넣었다. 그러나 실제로 율리시스는 방랑을 전혀 원하지 않는다. 그는 집으로 돌아가기를 갈구한다. 그는 자신을 방해하는 불운한 사건들에 저항하며 억누를 수 없는 영웅의 자질을 내보인다. 하지만 그게 전부다. 거기에 모험 자체에 대한 사랑은 없다. 그런 사랑은 그리스도교의 산물이니까. 거기에는 페넬로페[10]에 대한 사랑도 없다. 그런 사랑은 그리스도교의 산물이니까. 그 옛 세계에서 만사는 분명하고 명확했던 것처럼 보인다. 착한 사람은 착한 사람이었고, 나쁜 사람은 나쁜 사람이었다. 이런 이유로 그들에게는 사랑이 없었다. 사랑이란 복잡한 영혼을 향한 존

이단 Heretics

9   앨프리드 테니슨Alfred Tennyson, 1809-1892은 빅토리아 시대를 대표하는 영국의 시인으로서 1850년 윌리엄 워즈워스의 후임으로 계관시인이 되었다. 1833년에 쓰고 1842년에 출간한 두 번째 시집에 수록된 「율리시스」Ulysses는 그리스 신화의 영웅 율리시스(오디세우스의 영어식 명칭)가 함께 모험을 떠나자고 뱃사람들을 설득하는 내용을 담고 있다.

10   페넬로페Penelope는 율리시스(오디세우스)의 아내다. 율리시스가 트로이 전쟁에 출정했다가 오랜 모험 끝에 집으로 돌아올 때까지 뭇 남자들의 유혹과 위협을 견디며 남편에 대한 신의를 지킨 것으로 유명하다.

경 어린 불가지론이니 말이다. 이런 이유로 그들에게는 소설[11]이라는 허구의 예술 같은 것도 없었다. 소설이란 사랑에 대한 신비적 관념에서 나온 창조물이니 말이다. 그들에게 유쾌한 풍경은 유쾌했고, 불쾌한 풍경은 불쾌했다. 그들은 낭만을 몰랐다. 낭만이란 것은 위험하기에 더 즐겁다고 생각하는 데서 발견된다. 그야말로 그리스도교적 관념이다. 한마디로 정리하면, 우리는 아름답고 놀라운 이교 세계를 재건하거나 상상할 수조차 없다. 그 세계는 상식이 정말로 범상한 세계였으니까.

내가 이 세 가지 덕목에 대해 전하려는 일반의 의미가 충분히 명확해지기를 바란다. 이 세 가지 덕목은 하나같이 역설적이고, 실제적이며, 실제적이기에 역설적이다. 사람들이 이러한 수수께끼들을 만들고 그것을 위해 죽기까지 하는 것은 궁극을 향한 욕구의 압박과 있는 그대로의 사물에 대한 끔찍한 지식 때문이다. 그러나 그 모순의 의미가 무엇이든, 전투에 유용한 소망이란 산술을 부정하는 소망뿐이다. 그 모순의 의미가 무엇이든, 여느 연약한 정신이 원하는 유일한 사랑, 여느 너그러운 정신이 느끼는 사랑은 주홍빛처럼 붉은 죄를 용서하는 사랑이다. 그리고 신앙의 의미가 무엇이든, 언제나 신앙은 증명할 수 없는 무언가에 대한 확신을 의미해야 한다. 그래서 이를테면 우리는 다른 사람들의 실존을 신앙으로 믿는 것이다.

---

11   그리스·로마 문화에 허구적 문학 장르가 없었던 것은 아니지만, 서구 문학에서 소설novel이라는 장르가 태동한 것은 중세 말이었다. 특히 후기 중세에 프랑스를 중심으로 기사들의 모험과 사랑을 다룬 기사 문학 장르인 로망roman이 발전하여 소설의 기원을 이루었다. 바로 이 로망에서 낭만romance이라는 말도 파생되었다.

그런데 또 하나의 그리스도교적인 덕목이 있으니, 이 덕목은 훨씬 더 분명하게 그리고 역사적으로 그리스도교와 연결되어 있으며 역설과 실제적 필요 사이의 관련성을 더욱 잘 그려 보인다. 역사적 상징으로서 이 덕목이 지닌 힘에는 의문을 표할 여지가 없다. 확실히 로즈 디킨슨도 의문을 표하지 않을 것이다. 이 덕목은 수백에 이르는 그리스도교 옹호자들의 자랑거리였으며, 수백에 이르는 그리스도교 반대자들의 조롱거리였다. 또한 로즈 디킨슨이 그리스도교와 이교주의를 본질적으로 구분하는 주장의 근간이기도 하다. 그것은 바로 겸손이라는 미덕이다. 물론 나는 동방의 거짓 겸손(엄격하게 금욕적인 바로 그 겸손)이 유럽 그리스도교의 주류에 상당히 섞여 들었음을 기꺼이 인정한다. 우리가 그리스도교에 대해 말할 때는 대략 천 년에 걸쳐 한 대륙 전역에서 일어난 일에 관해 말하고 있음을 잊어서는 안 된다. 하지만 나는 다른 세 가지 덕목보다 이 덕목에 대하여 앞서 채택한 일반 명제를 더더욱 내세우려 한다. 문명이 그리스도교의 겸손을 발견한 것은 믿음과 사랑을 발견했을 때와 마찬가지로 급박한 이유 때문이었다. 그리스도교 문명은 그것을 발견하거나, 아니면 죽어야 했던 것이다.

이교주의에서 일어난 위대한 심리적 발견은 이교주의를 그리스도교로 바꾸어 놓았는데, 이 발견은 하나의 구절로 정확히 표현할 수 있다. '이교도는 감탄스러운 감각으로 스스로를 즐기기 시작했다.' 하지만 이 문명이 끝날 무렵, 그는 인간이 스스로를 즐기면서 다른 것도 함께 즐길 수는 없다는 걸 깨달았다. 로즈 디킨슨은, 그 이교도가 물질주의의 의미에서만 스스로를 즐겼다고 상

172

상하는 사람들의 어리석은 경박함을 가리켜 너무나 훌륭해서 더는 설명이 필요 없는 말로 지적했다. 물론 이교도는 스스로를 즐겼다. 지적으로 즐겼을 뿐 아니라 도덕적으로나 영적으로도 즐겼다. 다만 그가 즐긴 것은 자기 자신이었다. 표면적으로는 너무나 자연스러운 일이다. 자, 그 심리학적 발견이란 그저 이러할 뿐이다. 가장 충만한 기쁨은 자아를 무한까지 확장함으로써 찾을 수 있다고들 하지만, 실은 자아를 무無로 축소함으로써 찾을 수 있다는 것 말이다.

겸손은 이 지구와 별들을 새롭게 한다. 가벼운 체념이라고 하는 용서받을 길 없는 그릇됨으로부터 별들을 지키는 건 의무가 아니라 겸손이다. 우리에겐 가장 오래된 저 하늘이 여전히 신선하고 강고한 것도 겸손 덕분이다. 역사 이전에 있었던 저주로 인해, 우리에게는 경이로움에 지쳐 버리는 경향이 생겼다. 만약 우리가 태양을 처음으로 바라보았다면 태양은 가장 무섭고도 아름다운 유성 같았을 것이다. 그러나 태양을 백 번쯤 보고 나면 '흔한 일상의 빛'이라는 워즈워스의 패씸하고도 불경한 표현을 써서 태양을 부르게 된다. 우리는 요구 사항을 늘리는 경향이 있다. 우리는 여섯 개의 태양, 파란색 태양, 초록색 태양을 요구한다. 그리고 겸손은 영구적으로 우리를 태고의 암흑 속으로 돌려놓는다. 빛이라고는 사람을 깜짝 놀라게 하는 찰나의 번개뿐. 우리는 아무것도 볼 수 없고 아무것도 기대할 수 없다. 그 본래의 어둠을 이해하기 전에는 사물의 눈부신 선정성을 향해 전심을 다해 어린아이같이 찬사를 보낼 수도 없다. '비관론'과 '낙관론'이라는 용어는 현대 용어들이 대부분 그러하듯 무의미하다. 그러나 이 용어들이 모호하나

173

마 무언가를 뜻할 수 있다면, 이 위대한 사실에 힘입어 우리는 비관론이야말로 낙관론의 근간이라고 말할 수 있을 것이다. 자기 자신을 파괴하는 자가 우주를 창조한다. 겸손한 사람에게, 오직 겸손한 사람에게만 태양은 정말 태양이다. 겸손한 사람에게, 오직 겸손한 사람에게만 바다는 정말 바다다. 거리에서 사람들의 얼굴을 마주할 때마다 겸손한 사람은 그들이 살아 있음을 실감할 뿐 아니라 죽어 있지 않음을 실감하면서 기쁨을 만끽한다.

나는 심리적으로 필수적인 항목으로서 겸손을 발견했다는 점의 또 다른 측면은 아직 말하지 않았다. 바로 이 또 다른 측면이 더 흔하게 주장되며 그 자체로 더 명확해서다. 겸손이 노력이나 자기 성찰에서 불변의 필수 조건이라는 것도 마찬가지로 분명하다. 다른 나라를 무시할수록 자국이 더 강해진다고 하는 주장은 강경 외교노선 정치학의 심각한 오류에 속한다. 가장 강한 나라는 프로이센과 일본처럼 그 시작은 매우 미약했으나 외국인의 발아래 꿇어앉아 모든 것을 배우기를 부끄러워하지 않은 나라들이다. 확실하고 직접적인 승리는 대부분 표절자의 몫이었다. 이는 겸손의 하찮은 부산물이기는 하지만 어쨌든 겸손의 산물이며, 바로 그러하기에 성공을 거둔다. 프로이센은 그 내부의 일처리에 있어서는 그리스도교의 겸손을 보이지 않았다. 하지만 (프리드리히 대왕[12]의 시詩

---

12   프리드리히 2세Friedrich II, 재위 1740-1786는 프로이센 왕국의 3대 국왕이다. 18세기 유럽의 대표적인 계몽군주로서, 다른 유럽 열강에 비해 뒤져 있던 프로이센에 적극적으로 선진 문물을 도입하고 기존의 폐단을 개혁했을 뿐 아니라 적극적인 부국강병책으로 비교적 짧은 시간 동안 프로이센을 유럽의 강국으로 성장시켰다. 그 결과, 분열된 독일 지역을 두고 경쟁하던 프랑스 및 오스트리아에 맞서 싸운 7년 전쟁1756-1763에서 최종적인 승리를 거두었으며, 이를 바탕으로 독일 통일

를 비롯해) 프랑스를 비굴하게 모방하더니, 마침내 정복자의 영예를 누릴 만큼 그리스도교의 겸손을 충분히 지니게 되었다. 일본인들의 경우는 훨씬 더 명확하다. 그들이 지닌 유일한 그리스도교적 자질이자 아름다운 자질은 스스로 낮춤으로써 높아지는 것이다. 하지만 우리 위에 설정된 어떤 기준에 이르려는 노력과 분투에 관련된 것으로서 겸손의 이러한 측면에 관해서는 거의 모든 이상주의적 작가들이 충분히 지적했으니, 나는 그냥 넘어가겠다.

다만 겸손과 관련하여 강자[13]에 대한 현대의 개념과 강자들에 대한 실제 기록 사이에 흥미로운 불일치가 나타난다는 점은 짚고 넘어갈 가치가 있겠다. 칼라일[14]은 누구라도 자기 시종에겐 영웅이 될 수 없다고 하는 말에 반대를 표했다. 이 말에 영웅 숭배에 대한 경멸이 담겨 있다는 게 그 반대의 주된 이유 혹은 유일한 이유라면, 나는 그에게 전적으로 동감할 수 있다. 영웅 숭배는 확실히 관대하고 인간적인 충동이다. 영웅에게는 결함이 있을 수 있지만, 영웅 숭배에는 결함이 있을 수 없다. 그래서 누구라도 자기 시종에게는 영웅이 될 수 없는 것이다. 하지만 누구라도 자기 영웅에게는 시종이 될 것이다. 그런데 사실 저 속담과 그에 대한 칼라일의 혹평은 모두 핵심을 무시하고 있다. 누구라도 제 시종

의 기틀을 마련하였다.

13   'strong man'은 말 그대로 '강한 사람'을 뜻하지만, 일반적으로는 힘을 자랑하거나 휘두르는 사람이라는 뜻에서 장사壯士나 독재자를 의미하기도 한다.

14   토머스 칼라일Thomas Carlyle, 1795-1881은 스코틀랜드 태생의 평론가이자 사상가이며 역사학자다. 대표작 『영웅숭배론』On Heroes, Hero-Worship, and the Heroic in History, 1841에서 영웅적 지도자의 필요성을 역설했으며, 그러한 영웅을 알아보고 존경할 수 있는 작은 영웅들의 필요성을 함께 주장했다.

에겐 영웅이 될 수 없다는 것은 궁극의 심리적 진리가 아니다. 누구라도 제 자신에겐 영웅이 될 수 없다는 것이야말로 궁극의 심리적 진리이자 그리스도교의 토대다. 칼라일의 말을 따르자면, 크롬웰[15]은 강자였다. 하지만 크롬웰 자신의 말에 따르면, 그는 약자였다.

귀족에 대한 칼라일의 주장이 지닌 약점은, 그가 했던 가장 유명한 말에서 찾을 수 있다. 칼라일은 사람들이 대체로 바보라고 말했다. 그리스도교는 보다 확실하고 경건한 실재론을 바탕으로 사람들이 모두 바보라고 말한다. 이 교의는 때로 원죄 교의라고 불리는데, 인간 평등의 교의라고 할 수도 있겠다. 이 교의의 핵심은 멀리까지 미치는 근본적인 위험들이 누군가에게 영향을 끼칠 뿐 아니라 모두에게 영향을 끼친다는 것이다. 모두가 유혹을 당하면 범죄자가 될 수 있고, 모두가 영감을 얻으면 영웅이 될 수 있다. 그리고 이 교의는 '현명한 소수'에 대한 칼라일의 한심한 믿음을 (꼭 그가 아니더라도 다른 누군가의 한심한 믿음을) 없애 버린다. 현명한 소수란 없다. 이제껏 존재했던 모든 귀족은 본질적인 면에서 어김없이 작은 폭도처럼 행동했다. 모든 과두정은 거리의 어느 패거리에 지나지 않는다. 다시 말해 유쾌하지만 오류를 저지를 가능성조차 없지는 않다. 물론 세계사에 등장했던 모든 과두정이 폴란드와 베네치아의 오만한 과두정처럼 처참히 끝장나지는 않았

15 올리버 크롬웰Oliver Cromwell, 1599-1658은 영국의 정치가이며 군인으로, 1648년 청교도혁명을 일으켜 찰스 1세를 처형하고 잉글랜드 역사상 유일한 공화정을 성립시킨 뒤 스스로 호국경의 자리에 올라 10년 뒤 병사할 때까지 엄격한 청교도 정신에 입각한 독재 정치를 폈다.

다. 한편 적들을 눈 깜짝할 사이에 쳐부순 군대들은 무슬림의 군대나 청교도의 군대처럼 종교적인 군대들이었다. 종교적인 군대란 그 본성상 모든 병사에게 자신을 높이지 말고 낮추라고 가르치는 군대라고 정의할 수 있다. 현대의 많은 잉글랜드인들은 자신이 강직한 청교도 조상의 강직한 후손이라고 이야기한다. 사실 잉글랜드의 청교도 조상들은 소를 보고 달아날 사람들이었다. 그 조상들 가운데 한 사람에게 묻는다면, 이를테면 존 버니언[16]에게 그가 강직했었는지를 묻는다면, 그는 눈물을 흘리며 자신이 물처럼 유약했다고 답할 것이다. 바로 그러했기에 그는 고문을 견딜 수 있었을 터이다. 이 겸손이라는 덕목은 전투에서 승리를 거두게 할 만큼 충분히 실제적인 동시에, 언제까지나 역설적이어서 현학자들을 어리둥절하게 할 것이다. 이 점에서 겸손이라는 덕목은 사랑이라는 덕목과 일치한다. 너그러운 사람이라면, 사랑으로 덮어 주어야 할 한 가지 죄란 용서받을 수 없는 죄라는 사실을 인정할 것이다. 그리고 너그러운 사람이라면, 전적으로 저주받아 마땅한 한 가지 자랑이란 자랑할 만한 것을 소유한 사람의 자랑임을 인정할 것이다. 비례적으로 말하자면, 자신의 명예를 높이는 일과는 상관없는 것을 자랑하는 일은 인간의 품성에 해를 끼치지 않는다. 그래서 나라를 자랑하는 일은 아무런 해를 끼치지 않으며, 먼 조상들을 자랑한다 해도 비교적 해가 없다. 반면에 돈을 많이 번다고

---

16 존 버니언John Bunyan, 1628-1688은 『천로역정』The Pilgrim's Progress, 1678 등 여러 권의 저서를 남긴 영국의 침례교 설교가다. 평신도였지만 선교 활동에 열심이었으며 찰스 2세가 영국 국교회 이외 교파들을 탄압하던 시기에 12년간 투옥되어 고초를 겪기도 했다.

자랑하는 일은 해를 많이 끼치는데, 여기에는 자랑할 만한 이유가 있기 때문이다. 돈보다 고결한 것, 즉 지성을 자랑하면 훨씬 더 많이 해를 끼친다. 세상에서 가장 소중한 것, 즉 선善으로 자신을 높이 평가하면 가장 큰 해를 끼친다. 자기에게 명예가 되는 것을 정말로 자랑하는 사람은, 그리스도조차 참지 못하고 꾸짖으셨던 바로 그 바리사이[17]다.

그리하여 나는 로즈 디킨슨을 비롯해서 이교의 이상을 재차 주장하는 이들에 대해 반대를 표한다. 이들이 도덕의 세계에서 찾아낸 명확한 인간적 발견들을 무시했음을 비판한다. 그 인간적 발견들은 혈액이 순환한다는 사실의 발견만큼 물질적이지는 않으나 그 정도로 확실하다. 즉, 우리는 이성과 온전한 정신이라는 이상으로 돌아갈 수 없다. 인류는 이성이 온전한 정신으로 이어지지 않는다는 사실을 발견했기 때문이다. 우리는 자랑과 즐거움의 이상으로 돌아갈 수 없다. 자랑이 즐거움으로 이어지지 않는다는 사실을 발견했기 때문이다. 현대의 작가들이 대체 어떤 범상치 않은 정신적 사건을 겪었기에 그토록 하나같이 진보라는 관념을 독립적 사고라는 관념과 연결하는지, 나는 도무지 알 수가 없다. 진보는 분명히 독립적 사고의 반反명제다. 독립적이거나 개인주의적인 사고 아래에서 모든 사람은 시작점에서 출발해 대개

---

17   바리사이(바리새인)Pharisees는 고대 이스라엘에서 유대인들이 헬레니즘 문화에 동화되는 것을 우려하여 유대교 경전과 율법의 가르침을 보존하고 그대로 실천하는 데 집중했던 유대교의 한 종파다. 신약성경의 복음서들을 보면 율법의 해석과 실천과 관련하여 예수와 여러 차례 논쟁하거나 대립하는 장면들이 자주 등장한다. 70년 예루살렘 성전 파괴 이후 탈무드가 완성되는 6세기에 이르러 주류 유대교 종파로 자리잡는 랍비 유대교Rabbinic Judaism의 근간이 되었다.

는 자신의 아버지가 앞서갔던 만큼은 앞으로 나아간다. 진보의 본성이라는 게 정말로 있다면, 지난 과거를 주의 깊게 연구하고 인수하는 것이리라. 나는 로즈 디킨슨과 그 주변 무리를 유일하고도 진정한 의미에서 반동으로 고발한다. 디킨슨이 좋다면야 이 위대한 역사적 신비들을, 다시 말해 사랑의 신비, 기사도의 신비, 신앙의 신비를 무시하도록 내버려두자. 그가 좋다면야 쟁기나 인쇄기를 무시하도록 내버려두자. 그러나 우리가 단순하고도 이성적인 자기완성이라는 이교의 이상을 되살려 추구한다면, 우리 역시 이교주의가 끝났던 곳에서 끝나고 말 것이다. 내 말은, 우리가 파멸에 이르리라는 것이 아니다. 우리가 결국 그리스도교에 이르리라는 것이다.

13

켈트족과
켈트광

현대 세계에서 과학은 용도가 다양하다. 하지만 주된 용도는 부자들의 과실을 덮기 위해 기다란 용어들을 제공하는 것이다. '클렙토마니아'[1]는 그중에서도 저속한 사례다. 그건 부유하거나 유력한 인사가 피고석에 앉아 재판을 받을 때면 어김없이 등장하는 이론, 즉 외부에 노출되는 일이 가난한 사람보다 부자인 사람에게 더 큰 형벌이 된다는 기이한 이론과 같은 것이다. 물론 사실은 정반대다. 외부에 노출되는 일은 부자인 사람보다 가난한 사람에게 더 큰 형벌이 된다. 부자일수록 떠돌이가 되기도 더 쉽다. 부자일수록 카니발 제도[2]에서 인기를 얻고 대부분의 사람들에게 존경

1   클렙토마니아kleptomania는 병적인 도벽 증상을 가리키는 정신의학 용어다. 도둑을 뜻하는 그리스어 'kleptes'와 광기를 뜻하는 그리스어 'mania'의 합성어다.
2   과거에는 남태평양의 피지를 그렇게 부르기도 했지만, 보통 카니발 제도Cannibal

을 받기도 더 쉽다. 그러나 가난할수록 하룻밤을 보낼 침대가 필요할 때조차 자신의 지난 삶을 이용해야 할 공산이 크다. 명예란 귀족에게는 사치품이지만, 짐꾼에게는 필수품이다. 이건 부차적인 문제이긴 하지만, 힘 있는 자들의 변호할 수 없는 행위를 변호하기 위해 오늘날 어마어마한 독창적 재능들이 낭비되고 있다는 나의 일반 주장을 구체적으로 드러내는 한 가지 사례다. 앞서 말했듯이, 이러한 변호는 대개 자연과학에 호소하는 형태로 가장 두드러지게 나타난다. 그리고 과학이 혹은 유사과학이 멍청한 부자들을 구조하려고 고안해 낸 그 모든 수법 가운데 인종 이론의 발명만큼 희한한 일도 없다.

잉글랜드인처럼 부유한 민족[3]이 아일랜드인처럼 가난한 민족의 정부가 터무니없을 만큼 엉망이라는 빤한 사실을 발견하면, 실망해서 잠시 주저하다가 켈트족[4]과 튜턴족[5]에 대해 떠들어 대

Islands라고 하면 아주 멀리 떨어진 곳에 있는 (식인종들이 산다고 하는) 섬을 가리킨다.

3   민족nation은 한 조상의 후손들이 아니라 한 정부가 통치하는 한 지역에 살면서 같은 언어, 문화, 역사 등을 공유하는 사람들을 뜻한다. 따라서 혈통 개념이 아니라 정치·문화·역사의 개념으로 이해해야 한다. 체스터턴은 이에 대별되는 혈통적이고 생물학적인 개념으로 인종race을 사용한다.

4   켈트족Celts은 고대 중부 유럽과 프랑스 지역에 널리 퍼져 살면서 독특한 문화를 형성했지만, 로마제국이 확장하면서 지금의 아일랜드와 스코틀랜드, 웨일스 지역으로 이동하여 정착했다. 고유한 언어, 종교와 신화, 거석문화를 지녔다고 알려졌으며 오랜 세월에 걸쳐 그리스도교 문화에 동화되면서 고유언어 사용자가 크게 줄었으나 전승과 관습을 유지하려고 애써 왔다. 이러한 민족의 정서는 19세기 이후 아일랜드 민족주의가 형성하는 데 크게 기여했다.

5   튜턴족Teutons은 게르만 계통의 부족이다. 로마 시대 작가들에 따르면 지금의 덴마크 지역을 비롯한 북유럽 지역에 주로 거주했다고 하며, 기원전 2세기경 남하해서 오늘날 프랑스 지역인 갈리아 지방을 침략했으나 로마에 패했다. 때로는 게

기 시작한다. 내가 이해하기로 그들의 이론에 따르면, 아일랜드인은 켈트족이고 잉글랜드인은 튜턴족이다. 물론 잉글랜드인이 튜턴족이 아니듯 아일랜드인은 켈트족이 아니다. 나는 인종학의 논의를 열심히 따라가 보지는 않았지만, 내가 읽어 본 최신 과학의 결론을 전체적으로 종합할 때 잉글랜드인은 대개 켈트족이며 아일랜드인은 대개 튜턴족이다. 하지만 지금 살아 있는 사람들 가운데 진짜 과학 감각이 희미하게나마 있는 사람이라면, '켈트'라든가 '튜턴'이라는 용어를 잉글랜드인과 아일랜드인 어느 쪽에라도 긍정적이거나 유용한 의미에서 적용할 생각은 꿈에도 하지 않을 것이다.

이제 그런 일은 앵글로색슨 인종을 이야기하면서 그 개념을 미국에까지 확장하려는 이들에게 남겨진 듯하다. 앵글족과 색슨족의 피가 (그들이 누구이든 간에) 브리튼인, 로마인, 게르만인, 덴마크인, 노르만인, 피카르인이 온통 뒤섞인 우리 종족에게 얼마나 남아 있는지는 열렬한 골동품 애호가들에게나 흥미로운 문제다. 그리고 스웨덴인, 유대인, 독일인, 아일랜드인, 이탈리아인이 폭포처럼 쏟아져 들어와 격렬한 소용돌이를 이루는 미국에 그 희석된 피가 얼마나 남아 있을지는 미치광이들에게나 흥미로운 문제다. 잉글랜드인 지배 계층에게는 어떤 다른 신의 이름을 부르며 기도하는 편이 더 현명한 처사였을 것이다. 다른 모든 신은 허약하고 노상 싸울 뿐이지만, 최소한 늘 한결같음을 자랑한다. 반면에 과학은 끝없이 변한다는 점을, 물처럼 흐른다는 점을 자랑한다.

르만족 전체의 지칭으로도 사용된다.

잉글랜드와 잉글랜드인 지배 계층은 일순간 불러낼 만한 신이 전혀 없어 보이자 인종이라는 터무니없는 신을 불러냈다. 역사상 가장 순수한 혈통의 잉글랜드인들은 앵글로색슨족[6]에 대한 이야기를 시작하려는 사람의 면전에서 하품을 하거나 웃음을 터뜨렸을 것이다. 민족이라는 이상理想을 인종이라는 이상으로 대체하려는 사람에게, 그 순수 혈통의 잉글랜드인들이 무엇이라 말했을지 나는 정말 생각하기도 싫다. 나는 트라팔가르 해전[7] 전야에 자신이 프랑스 혈통을 지녔음을 갑자기 알게 된 넬슨 휘하의 장교가 되기는 싫다. 입증할 수 있는 혈통을 따라 자신이 네덜란드인들과 불가역적으로 연결되어 있음을 블레이크 제독[8]에게 설명해야 하는 노포크나 서퍼크의 신사가 되기도 싫다. 이 모든 문제의 진실은 매우 단순하다. 민족은 실재하지만, 인종과는 아무런 관련이 없다. 민족이란 교회나 비밀 협회 같은 것이다. 그것은 인간의 영혼과 의지의 산물이며 정신의 산물이다. 그런데 현대 세계에는

6 앵글로색슨족Anglo-Saxons은 지금의 덴마크 지역과 스칸디나비아 반도에서 거주하던 게르만족 일파가 5세기경 잉글랜드에 정착하여 형성한 민족이다. 11세기에 노르만족에 정복될 때까지 잉글랜드 전역을 지배하면서 영어를 비롯한 잉글랜드 문화의 토대를 이루었다. 지금도 이민자가 아닌 잉글랜드 토박이나 잉글랜드 출신의 미국인 등을 가리켜 앵글로색슨이라 부른다.

7 트라팔가르Trafalgar 해전은 스페인 지브롤터 해협 근처 트라팔가르곶 앞바다에서 프랑스와 스페인 연합 함대에 맞섰던 영국 해군이 대승을 거둔 해전이다. 이 해전으로 영국의 해상봉쇄령을 돌파하려는 나폴레옹의 시도는 완전히 좌절되었다. 넬슨 제독은 해전 말미에 총을 맞고도 의식을 놓지 않고 지휘를 계속하다가 승리를 확인한 다음에야 비로소 영웅적인 죽음을 맞이했다고 한다.

8 로버트 블레이크Robert Blake, 1598-1657는 1652년 발발한 영국-네덜란드 전쟁에서 대활약했던 잉글랜드의 군인이다. 이 전쟁을 통해 영국은 경쟁국 네덜란드를 물리치고 유럽은 물론 전 세계 해상권을 장악하는 계기를 마련했다.

무엇이든 정신의 산물일 수 있다는 사실을 인정하느니, 아무것이나 생각하고 아무것이나 행하려는 사람들이 있다.

하지만 현대 세계를 마주하는 민족이란 순전히 정신의 산물이다. 때로는 스코틀랜드처럼 독립을 통해 민족이 탄생했고, 때로는 아일랜드처럼 의존과 예속을 통해 민족이 탄생했다. 때로는 이탈리아처럼 작은 민족들이 결합하여 큰 민족이 되었고, 때로는 폴란드처럼 큰 민족들에서 작은 민족들이 갈라져 나왔다. 그러나 각각의 모든 경우에 한 민족의 성격은 순전히 정신적이거나 말하자면 순전히 심리적인 것이다. 다섯 사람이 모여 또 다른 한 사람이 되는 것은 한순간이다. 클럽을 만들어 본 사람이라면 모두가 아는 사실이다. 다섯 장소가 모여 한 장소가 되는 것도 한순간이다. 침입을 물리쳐야 했던 사람이라면 틀림없이 알고 있을 사실이다. 현재 하원 의회의 가장 진지한 지성인 티머시 힐리[9]는 민족이란 사람들이 그것을 위해 목숨을 내놓으려는 어떤 것이라 했는데, 이는 민족이 무엇인지 완벽하게 요약한 말이다. 그는 휴 세실 경[10]에게 "누구도, 그 고귀한 귀족조차도[11] 그리니치의 자오선을 위해 목숨

9   티머시 힐리Timothy Healy, 1855-1931는 아일랜드의 법조인이자 민족주의 계열의 정치인으로 영국의 하원 의원을 지냈다. 이후에는 1922년 대영제국의 자치령으로 수립된 아일랜드 자유국가의 초대 총독직을 수행했다.

10   휴 세실Hugh Cecil, 1869-1956은 영국 보수당의 정치인이다. 보수당 내에서 잉글랜드 국교회와 강하게 연대하던 이른바 '교회당'Church Party의 일원이었으며, 20세기 초반 보수당이 주도한 쟁점 법안에서 당의 기조와는 다르게 개인의 목소리를 낸 것으로 유명하다. 휴 세실을 중심으로 벨푸어Belfour 총리의 노선에 반대하는 보수당 내 무리를 '훌리건'Hughligans이라 불렀다.

11   '그 고귀한 귀족'the noble Lord이란 휴 세실을 가리킨다. 그는 후작marquess의 아들로 태어나 (본인이 상원 의원이 되어 남작baron 작위를 받는 1941년까지) 휴 세실 경Lord

을 내놓으려 하지는 않을 것"[12]이라며 멋지게 응수했다. 이것이 야말로 민족이란 것이 지닌 순전히 심리적인 성격에 바치는 훌륭한 헌사다. 아테네나 스파르타가 이렇게 정신적으로 응집되었던 반면에 그리니치는 왜 그렇지 않은가를 묻는 것은 부질없는 짓이다. 마치 한 여자와 사랑에 빠진 남자가 다른 여자와는 왜 사랑에 빠지지 않는지를 묻는 것이나 마찬가지다.

외부 환경이나 인종 혹은 명백히 물리적인 어떤 것에서도 독립된 이 위대한 정신적 응집성의 가장 주목할 만한 사례가 바로 아일랜드다. 로마는 여러 민족을 정복했지만, 아일랜드는 여러 인종을 정복했다. 노르만인은 아일랜드에 가서 아일랜드인이 되었다. 스코틀랜드인도 그곳에 가서 아일랜드인이 되었다. 스페인인도 그곳에 가서 아일랜드인이 되었다. 심지어 크롬웰의 매서운 병사들도 그곳에 가서 아일랜드인이 되었다. 정치에서는 존재하지도 않았던 아일랜드가 과학에서는 존재하는 모든 인종보다 더욱 강했던 것이다. 가장 순수한 게르만 혈통이나 가장 순수한 노르만 혈통, 열정적인 스코틀랜드 애국자의 가장 순수한 혈통도 깃발조차 없는 이 민족만큼 매력적이지 못했다. 인정받지 못한 채 억압당한 아일랜드는, 그렇게 하찮은 것들은 쉽사리 흡수된다는 듯 여러 인종들을 쉽사리 흡수해 버렸다. 그러한 미신들은 쉽사리 처분

Hugh Cecil으로 불렸다.

12   잉글랜드의 유력한 귀족이자 보수주의자였던 휴 세실은 기본적으로 민족주의에
      반대했다. 티머시 힐리가 그리니치의 자오선을 이야기한 까닭은 자오선의 기준
      이 되는 왕립천문대의 소재지인 그리니치가 당시 하원 의원이었던 휴 세실의 지
      역구였기 때문이다.

된다는 듯 자연과학을 손쉽게 처분해 버렸다. 약한 상태의 민족조차 강한 상태의 인종학보다 강한 것이다. 승리한 다섯 인종은 흡수되었다. 패배한 민족에게 패배를 당했다.

　이것이 아일랜드의 낯설고도 참된 영광이다. 하지만 아일랜드에 동조하는 현대인들이 켈트족과 켈트주의에 대해 말하려고 부단히 시도했다는 이야기는 조바심을 내지 않고선 들을 수 없다. 켈트족은 누구였나? 한번 말해 보라. 아일랜드인들은 누구인가? 무관심하거나 모르는 척해 보라. 우리 시대에 등장한 위대한 아일랜드인 천재 W. B. 예이츠는 켈트 인종과 관련해 나온 주장을 모조리 폐기하는 데서 감탄스러운 통찰력을 보여 준다. 하지만 켈트족의 주장을 전반적으로 반대하는 데서 전적으로 벗어나지는 않는다. 그의 추종자들도 대부분 그러하다. 그러한 주장은 아일랜드인들이나 켈트인들을 동떨어진 이상한 인종, 희미한 전설과 허무한 몽상에 잠긴 괴짜 부족으로 표현하는 경향이 있다. 요정들을 본다는 이유로 아일랜드인들을 기이한 사람들로 제시한다. 옛 노래를 부르며 함께 모여 낯선 춤을 춘다는 이유로 아일랜드인들을 기괴하고 야만스럽게 보이도록 만든다. 하지만 이건 정말 잘못되었다. 실은 정반대다. 잉글랜드인들이야말로 기이하다. 요정을 보지 못하니 말이다. 켄싱턴[13]의 주민들이야말로 기괴하고 야만스럽다. 옛 노래를 부르며 함께 모여 낯선 춤을 추지 않으니 말이다. 결국 아일랜드인이야말로 가장 동떨어지거나 이상하지도 않고 가장 켈트적이지도 않은 인종이다. 켈트라는 말은 흔하게 대중적

이단 Heretics

13　켄싱턴Kensington은 웨스트 런던에 있는 번화가다. 다양한 유럽 국가들의 대사관 뿐 아니라 유명 공연장인 로열 앨버트 홀이 있다.

으로 사용되는 말이니까. 결국 아일랜드인들은 그저 평범하고 상식적인 민족이다. 그들은 연기에 찌들거나 고리대금업자에게 압제를 당하거나 혹은 부^富와 과학에 의해 부패하지 않은 여느 민족과 다름없이 살아갈 따름이다. 전설을 간직한다는 것이 켈트적인 것은 전혀 아니다. 그건 그저 인간적인 부분일 뿐이다. (내가 생각하기에) 튜턴족인 독일인들에게도 수백 가지 전설이 있다. 독일인들도 그저 인간이기 때문이다. 시를 사랑한다는 것이 켈트적인 것은 전혀 아니다. 잉글랜드인들은 굴뚝의 그늘과 굴뚝 같은 모자의 그늘[14] 아래 놓이기 전까지는 세상 어느 민족보다도 시를 사랑했다. 아일랜드는 광기 어린 신비의 땅이 아니다. 맨체스터[15]야말로 광기 어린 신비의 땅이며 믿기지 않는 땅이자 인간사에서 예외적인 야만의 땅이다. 아일랜드는 인종학이라는 어리석은 과학의 게임에 동참할 필요가 없다. 아일랜드는 환시를 보는 신비가들이 모인 외딴 부족인 척 가장할 필요도 없다. 환시에 관해서라면 아일랜드는 그와 관련된 하나의 민족을 넘어서는 본보기 민족이다.

---

14   굴뚝이 즐비하고 남자들이 높은 실크해트를 쓰고 다니던 당대 영국의 풍경을 가리킨다.
15   맨체스터Mancheter는 일찍이 면직 공업이 발달한 곳으로 19세기 산업혁명기에는 운하와 철도가 건설되면서 세계 최대의 공업 도시로 성장했다.

I4

어떤 현대 작가들과
가족이라는 제도에 관하여

사람들은 가정이 인간의 근본 제도라는 생각을 수긍할 것이다. 가
정이 이제까지 존재해 온 거의 모든 사회의 주요한 기초 조직이
자 중심 단위였음을 인정하지 않을 사람은 없을 것이다. 물론 라
케다이몬[1]의 사회처럼 '효율성'에만 열중하다 결국 멸망하여 흔
적조차 남지 않은 사회들은 예외다. 거대한 혁명을 일으켰던 그리
스도교조차 가정의 오래되고 야만적인 신성함을 다른 것으로 바
꾸어 놓지는 못했고 다만 거꾸로 뒤집어 놓았을 뿐이다. 그리스도
교는 '아버지, 어머니, 자녀'로 이루어지는 삼위일체를 부정하지
않았다. 다만 '자녀, 어머니, 아버지'가 되도록 그 순서를 바꾸어

---

1   제우스의 아들 라케다이몬Lacedaemon은 라코니아의 왕 에우로타스의 딸 스파르
     타와 결혼하여 왕국을 물려받고 새로운 수도를 건설한 뒤 스파르타라고 이름 지
     었다.

놓았을 뿐이다. 이것이 바로 그냥 가정이 아니라 성^聖가정이라 불리는 것이다. 많은 것들이 거꾸로 뒤집히면서 거룩해졌기 때문이다. 그러나 타락한 우리 시대의 어떤 현자들은 가정에 심각한 공격을 가했다. 그들은 가정을 비판했으나 잘못된 방식으로 비판했다. 가정의 옹호자들은 가정을 옹호했으나 잘못된 방식으로 옹호했다. 가정을 옹호하는 목소리 가운데 가장 흔한 주장은, 삶의 압박과 변덕 속에서도 가정은 평화롭고 즐겁고 조화롭다는 것이다. 그런데 가정을 옹호하는 그럴듯한 주장이면서 내게는 명백해 보이는 또 다른 주장이 있으니, 가정은 평화롭지 않고 즐겁지도 않으며 조화롭지도 않다는 것이 바로 그 주장이다.

작은 공동체의 장점들을 떠들어 대는 것은 요즘 시류에 잘 맞지 않는다. 큰 제국과 큰 사상에 열중해야 한다는 이야기들이 들린다. 하지만 작은 국가나 도시, 마을에는 일부러 눈을 감고 보지 않으려고 하는 이들에게만 보이지 않는 한 가지 장점이 있다. 작은 공동체에서 사는 사람은 훨씬 더 큰 세계에서 사는 것이다. 그런 사람은 사람들의 엄청난 다양성과 타협할 수 없는 차이들에 대하여 훨씬 더 많이 알고 있다. 이유는 분명하다. 큰 공동체에서는 우리가 함께할 사람들을 정할 수 있다. 작은 공동체에서는 우리가 함께할 사람들이 이미 정해져 있다. 그러므로 범위가 넓고 고도로 문명화된 사회에서는 공감이란 것을 토대로 하는 집단들이 생겨나 수도원의 성문보다도 더 빈틈없이 현실 세계를 차단해 버린다. 씨족에 관해서는 정말 편협한 것이란 아무것도 없다. 정말 편협한 것은 파벌이다. 씨족에 속한 사람들은 모두 같은 타탄무늬² 옷을 입는다거나 모두 같은 신성한 암소의 후예라는 이유로 함께 살아간다. 하지만 그들의 영혼에는 사물의 신성한 운명에 따라 그 어떤 타탄 무늬보다도 더 많은 색깔이 늘 담길 것이다. 파벌에 속한 사람들은 모두 같은 종류의 영혼을 지녔다는 이유로 함께 살아간다. 그들의 편협함은 정신적 응집성과 자족감의 편협함으로, 마치 지옥에 존재하는 편협함과 같다. 커다란 사회는 파벌들을 형성하기 위해 존재한다. 커다란 사회는 편협함을 촉진하려는 사회다. 그것은 외롭고 예민한 개인을 감시하면서 쓰리고도 상쾌한 인간적 절충을 경험하지 못하게 하려는 기계 장치다. 그것은 가장 축자적인 의미에서 그리스도교에 대한 앎을 저지하기 위한 사회[3]다.

이러한 변화는 클럽[4]이라는 것이 현대적으로 탈바꿈하는 과정에서 볼 수 있다. 지금보다 런던이 작았고, 런던의 구역들이 더

2   타탄Tartan 무늬는 우리가 흔히 아는 체크무늬다. 스코틀랜드 씨족들은 서로 다른 타탄 무늬가 들어간 모직 옷을 지어서 의례에 임하거나 전쟁에 나설 때 착용했다.

3   '그리스도교에 대한 앎을 저지하기 위한 사회'society for the prevention of Christian knowledge는 그리스도교 지식 진흥회Society for Promoting Christian Knowledge(SPCK)를 염두에 둔 표현이다. 1698년 영국 국교회 사제 토마스 브레이가 그리스도 신앙에 관한 인식 제고를 위해 설립한 이 단체는 그리스도교 관련 서적과 문헌을 출간하고 그리스도교 교육을 확산하는 데 역점을 두었다. 그리스도교 지식의 확산만이 아니라 영국과 그 식민지들에서 도서 보급과 교육 수준 향상에도 크게 기여했다고 평가된다. 지금은 초교파로 다양한 그리스도교 서적들을 활발히 출간하고 있다.

4   클럽club은 공통의 관심사를 지닌 사람들의 동호회를 말한다. 원래는 술집이나 찻집에서 열린 친구들의 정기 모임을 가리켰지만, 차츰 폐쇄적인 회원제로 운영되거나 독립된 모임 장소를 갖춘 클럽들이 등장했다. 귀족들의 의회 정치가 강화되는 17세기 말부터는 영국 상류층 사교계에서 클럽이 중요한 역할을 하고 정계에도 크게 영향을 끼치기 시작했다. 18세기에는 부르주아의 직업별 클럽이나 동문 클럽, 스포츠 클럽 등 다양한 클럽들이 등장하면서 역사가 오래되었거나 명사들이 가입된 클럽의 회원이 되는 것이 특권처럼 작용했다.

자족적이고 한정적이던 시절에 클럽은 마을에 남아 있는 여느 클럽이었으며, 오늘날 대도시의 클럽과는 정반대였다. 그 시절에 클럽은 사람이 사교적일 수 있는 장소로서 소중하게 여겨졌다. 하지만 이제 클럽은 사람이 사교적이지 않을 수 있는 장소로서 소중하게 여겨진다. 우리의 문명이 더 크고 더 복잡해질수록 클럽은 사람이 시끄러운 논쟁을 벌일 수 있는 장소이기를 그치고, 조용한 타격quiet chop이라는 환상적인 이름으로 불리는 일을 벌일 수 있는 장소가 되어 간다. 그런 클럽의 목적은 사람을 편안하게 해주는 것이고, 사람을 편안하게 해주는 것은 사람을 반反사교적으로 만드는 것이다. 그러나 모든 좋은 것이 그러하듯 사교성이란 불편과 위험과 절제로 가득하다. 클럽은 모든 조합 가운데 가장 퇴락한 조합, 즉 루쿨루스[5]의 방종과 주두행자 시메온의 광기 어린 고독을 두루 갖춘 호사스러운 은수자를 곧잘 산출하곤 한다.

우리가 살고 있는 거리에 내일 아침 눈이 온다면, 우리는 이제껏 알던 것보다 훨씬 더 크고 훨씬 더 거친 세계에 갑작스레 발을 들여놓게 될 것이다. 전형적으로 현대적인 사람이 자기가 사는 거리에서 벗어나기 위해 들여야 하는 노력은 이게 전부다. 첫째로 현대인은 위생법[6]을 발명하고 마게이트[7]에 간다. 그다음엔

5   루키우스 리키니우스 루쿨루스Lucius Licinius Lucullus, 118-56 BC는 공화정 로마의 군인이자 정치가였다. 동방 원정에 참여하여 막대한 전리품을 거두었고, 이후 정치에 환멸을 느껴 은퇴한 뒤에는 홀로 사치스러운 생활에 몰두했다고 전해진다.
6   여기서 위생법hygiene이란 단순히 청결을 유지하는 선을 넘어 건강을 지키기 위한 운동이나 건강 요법을 아우른다. 19세기 유럽에서는 의학과 보건학이 발전하는 한편, 급격한 산업화와 도시화로 주거 환경이 열악해지면서 일반 시민의 건강을 유지하기 위한 다양한 방안들이 보급되었다.

현대 문화를 발명하고 피렌체에 간다. 그다음엔 현대 제국주의를 발명하고 팀벅투에 간다. 그는 환상적인 지구의 경계들을 향해 간다. 그는 호랑이를 쏘아 죽이는 척한다. 그는 거의 낙타를 타다시피 한다. 이 모두를 통해 여전히 그가 본질적으로 행하는 것은 자신이 태어난 거리에서 달아나는 것이다. 도피의 이유는 언제든 설명할 준비가 되어 있다. 그 거리에서 달아나는 까닭은 그 거리가 따분하기 때문이라고 말한다. 하지만 거짓말이다. 그가 그 거리에서 달아나는 까닭은 그 거리가 너무나 흥미진진하기 때문이다. 그 거리가 너무나 흥미진진한 까닭은 까다롭기 때문이다. 까다로운 까닭은 살아 있기 때문이다. 그가 베네치아를 방문할 수 있는 까닭은 그에겐 베네치아 사람들이 단지 베네치아 사람들이기 때문이다. 그 자신의 거리에 있는 사람들은 그냥 사람들이다. 그가 중국 사람들을 응시할 수 있는 까닭은 그에게 중국 사람들이란 응시할 수 있는 수동적 대상이기 때문이다. 하지만 그가 옆집 정원에 있는 노부인을 응시할 경우, 그 노부인은 적극적인 존재가 된다. 간단히 말해 그는 자신과 대등한 사람들, 비딱하고 개인적이며 그 자신과는 의도적으로 다른 자유인들로 구성된 너무나 자극적인 사회로부터 어쩔 수 없이 달아나는 것이다. 브릭스턴[8]의 거리는 너무나 밝게 반짝이며 사람들을 압도한다. 그래서 그는 호랑

7   마게이트Margate는 잉글랜드 남동쪽 켄트 지방의 끄트머리에 있는 작은 항구 도시다. 런던에서 그리 멀지 않고 아름다운 해변이 있어 근대 이후로 이름난 휴양지가 되었다.

8   브릭스턴Brixton은 런던 남부의 한 구역이다. 19세기 중반부터 중산층의 거주 지역으로 개발되어 철도가 놓였으며 1888년에는 런던 시내에서 최초로 전기 가로등이 설치되었다.

이와 독수리, 낙타와 악어 사이에서 자신을 달래고 진정시켜야 한다. 이 생물들은 참으로 그 자신과 다르지만, 그 형태나 색깔이나 관습을 가지고 그와 결정적인 지적 경쟁을 벌이려 들지 않는다. 이 생물들은 그의 원칙들을 파괴하려 하지도 않고 그들의 원칙들을 애써 주장하지도 않는다. 그러나 변두리 거리의 더 낯선 괴물들은 그렇게 하려 한다. 낙타는 로빈슨의 등에 혹이 없다고 해서 얼굴을 구기며 비웃지 않지만, 5번지에 사는 교양 있는 신사는 로빈슨의 집에 징두리판벽이 없다고 비웃어 댄다. 독수리는 사람이 날지 못한다고 해서 조소하지 않겠지만, 9번지에 사는 소령은 사람이 담배를 피우지 않는다고 조소할 것이다. 우리는 흔히 이웃들이 자기들 일엔 신경을 쓰지 않는다고 불평하곤 한다. 하지만 우리가 정말로 말하려는 것은, 이웃이 자기 일에 신경을 쓰지 않는다는 게 아니다. 우리 이웃이 정말 자기 일에 신경을 쓰지 않는다면, 불쑥 집세를 내라는 요구를 당하고선 재빨리 우리의 이웃이기를 그만둘 테니까. 이웃이 자기 일에 신경을 쓰지 않는다고 하면서 우리가 진짜로 말하려는 건 훨씬 더 깊은 그 무엇이다. 우리가 이웃을 싫어하는 까닭은 그들에게 힘도 열정도 너무 적어서 자기 자신에 관심을 기울일 수 없기 때문이 아니다. 우리가 이웃을 싫어하는 까닭은 그들에게 힘도 열정도 넘쳐 나서 자기 자신뿐 아니라 우리에게도 관심을 기울일 수 있기 때문이다. 한마디로 우리가 이웃을 몹시도 두려워하는 이유는 그들의 협소한 지평 때문이 아니라 그 지평을 자꾸 확장하려는 그 당당한 성향 때문이다. 그리고 평범한 인간에 대한 반감은 어김없이 이러한 일반적 특성을 띤다. 이런 반감은 인간의 미약함에 대한 것이 아니라(겉으로는 그

193

래 보이지만) 인간의 왕성함에 대한 것이다. 인간을 혐오하는 이들은 마치 인간의 약함 때문에 인간을 경멸하는 척한다. 그러나 실은 인간의 강함 때문에 인간을 증오하는 것이다.

물론 보통 사람들의 무지막지한 생기와 무지막지한 다양성으로부터 물러나 이렇게 움츠러드는 것은 우월성을 가장하지 않는 한, 완벽하게 온당하고 정당하다. 하지만 그것이 귀족성이라든가 유미주의 혹은 부르주아지에 대한 우월성으로 불릴 때는 거기에 내재된 약점을 지적해야 한다. 세심함은 가장 용서받을 만한 악덕이지만, 가장 용서받을 수 없는 미덕이기도 하다. 지나치게 세심한 이들의 이런 가식적인 주장을 독보적으로 대변하는 니체는 평범한 얼굴과 평범한 음성과 평범한 정신을 지닌 평범한 사람들을 볼 때면 그 마음에 차오르는 혐오와 경멸을 어디에선가 묘사해 놓았는데, 그건 순전히 문학적인 의미에서만 매우 강력한 것이었다. 내가 이미 말했듯이, 이러한 태도는 우리에게 딱해 보일지 모르나 실은 거의 아름다운 것이다. 니체의 귀족성에는 약한 자들에게 속하는 모든 신성함이 있다. 니체가 무수히 많은 얼굴과 멈추지 않는 목소리, 압도적인 군중의 편재성을 견딜 수 없음을 우리에게 느끼게 한다면, 그때 그는 증기선이나 복잡한 버스 안에서 멀미에 시달려 본 사람 누구에게서든 공감을 얻어 낼 것이다. 모든 이가 자신이 온전한 한 사람이지 못했을 때 인류를 미워한 적이 있다. 모든 이가 눈으로는 앞을 가리는 안개처럼, 콧구멍으로는 숨 막히게 하는 냄새처럼 인류를 여겼던 적이 있다. 그러니 믿기지 않을 정도로 유머와 상상이 부족한 니체가 자신의 귀족성은 튼튼한 근육을 갖춘 귀족성이라거나 강력한 의지를 갖춘 귀족성이라고 우리에게 믿기를 요청할 때는 진실을 짚어 줄 필요가 있다. 그의 귀족성은 신경이 예민한 귀족성이다.

우리는 친구가 되고 원수가 된다. 하나님은 우리의 이웃이 되신다. 그분은 모든 두려운 자연현상의 무심한 형상을 입고 오신다. 그분은 별처럼 낯설고 비처럼 무모하며 태연하다. 그분은 짐승들 가운데 가장 끔찍한 짐승인 인간이다. 그것이 바로 옛 종교들과 옛 경전들에서 인류에 대한 의무가 아니라 이웃에 대한 의무를 이야기할 때 그토록 예리한 지혜가 드러나는 까닭이다. 인류에 대한 의무는 많은 경우에 개인적이거나 심지어는 즐거운 선택의 형식을 취할 수도 있다. 그런 의무는 취미일 수 있고 심지어는 유흥일 수도 있다. 우리는 그저 이스트엔드[9]에서 일하는 게 유별나게 적성에 맞아서 혹은 그렇다고 생각해서 이스트엔드에서 일할 수도 있다. 우리는 그저 싸우는 게 좋아서 국제 평화라는 대의를 위해 싸울 수도 있다. 가장 무시무시한 순교나 가장 역겨운 경험도 어쩌면 선택이나 어떤 취향에 따른 결과일 수 있다. 우리는 그저 그렇게 만들어졌기에 각별하게 미치광이들을 좋아하거나 특별히 나병에 관심을 가질 수도 있다. 우리는 흑인들이 검어서 그들을 좋아할 수도 있고, 아니면 독일 사회주의자들이 깐깐해서 독일사회당원들을 사랑할 수도 있다. 다만 우리가 이웃을

9　이스트엔드East End는 영국 런던 북동부 템스강 북안에 있는 한 구역의 속칭으로, 산업혁명 이후 항만과 공업 지대가 조성되었고 그 배후로는 극빈 노동자들의 빈민가가 형성되었다. 19세기에서 20세기에 이르기까지 이곳 주민들의 생활 조건은 비참했으며 연쇄살인 등 각종 강력 범죄가 빈번해서 각종 사회 소설이나 범죄 소설이 이 이스트앤드를 배경으로 삼았다.

사랑해야 하는 까닭은 그저 이웃이 거기에 있기 때문이다. 훨씬 더 만만찮은 활동에는 훨씬 더 심상찮은 이유가 있기 마련이다. 이웃은 실제로 우리에게 주어진 인류의 표본이다. 정확히 말하자면, 이웃은 누구나이기에 이웃은 모든 이다.[10] 이웃은 우연이기에 상징이다.

　　사람들이 작은 환경으로부터 달아나 매우 치명적인 땅으로 들어간다는 데는 의심의 여지가 없다. 하지만 그건 충분히 자연스러운 일이다. 그들은 죽음으로부터 달아나는 것이 아니기 때문이다. 그들은 삶으로부터 달아나고 있다. 그리고 이 원칙은 인류의 사회 체제라는 겹겹의 고리에 적용된다. 사람들이 인간 유형의 어떤 특이한 변종을 추구해야 한다는 것은, 그들이 단지 인간 변종을 추구하는 것이 아니라 그러한 인간 유형의 변종을 추구하고 있는 한, 완벽하게 합리적이다. 한 영국 외교관이 일본 장군들의 사회를 찾아 나서야 한다는 건 그가 원하는 것이 일본 장군들이라면 매우 적절하다. 그러나 그가 원하는 것이 단지 자신과 다른 사람들이라면, 그냥 집에 머물며 가정부와 함께 종교를 논하는 편이 훨씬 나을 터이다. 한 시골 마을의 천재가 런던을 정복하러 올라와야 한다는 건 그가 런던을 정복하길 원한다면 매우 합리적이다. 하지만 그가 무언가 근본적으로나 상징적으로나 적대적이고도 매우 강력한 것을 정복하길 원한다면, 원래 있던 곳에 머물면

10　　체스터턴은 우리의 이웃이 되는 데 어떤 조건이나 제약이 없다는 의미에서 '모두가 우리의 이웃'이라고 말하지 않는다. 그는 오히려 누구나 우리의 이웃이 될 수 있으므로, 한 명의 이웃은 곧 인류 전체를 의미할 수 있으며 그러한 맥락에서 우리의 이웃이 '모든 이'everybody라고 말한다.

서 교구 목사와 언쟁을 벌이는 편이 나을 터이다. 변두리 거리에 있는 어떤 남자가 램스게이트[11] 자체를 위해 램스게이트에 간다면 그건 매우 옳은 일이지만, 그런 일은 좀처럼 상상하기 어려운 일이기도 하다. 다만 그가 표현한 대로 '기분전환을 위해' 램즈게이트에 가는 것이라면, 차라리 담장을 넘어 이웃집 정원으로 뛰어드는 편이 훨씬 더 낭만적일 뿐 아니라 극적으로 기분전환이 될 것이다. 그 결과, 그는 어떤 의미에서 램스게이트 위생법의 가능성을 훨씬 능가하여 원기를 회복할 수 있을 것이다.

이 원칙은 하나의 제국, 제국 안에 있는 국가, 국가 안에 있는 도시에 적용되듯이 거리 안에 있는 집에도 적용된다. 가정이라는 제도가 찬양받는 이유는 국가나 도시라는 제도가 찬양받는 이유와 같다. 사람이 가정 안에 사는 것이 좋은 까닭은 사람이 도시 안에 에워싸여 사는 것이 좋은 까닭과 같다. 사람이 가정 안에 사는 것이 좋은 일이라는 의미는 사람이 거리에서 눈에 파묻히는 것이 아름답고 즐거운 일이라는 의미와 같다. 이 모두는 삶이 외부에서 비롯하는 것이 아니라 내부에서 비롯하는 것임을 깨닫지 않을 수 없게 한다. 무엇보다도 이 모두는 참으로 신나고 재미있는 삶이란 그 본성상 우리 자신도 모르게 존재하는 삶이라는 사실을 역설한다. 가정이 나쁜 제도라면서 다소 개방적인 태도로 넌지시 말했던 현대 작가들도 일반적으로는, 어쩌면 가정이란 언제나 화목하기만 한 것은 아니라는 걸 매우 예리하거나 씁쓸하게 혹은 열정적으로 암시하는 데 그쳤다. 가정이 좋은 제도인 까닭은 바로 그

---

11   램스게이트Ramsgate는 잉글랜드 남동부 켄트 지방의 항구 도시이자 휴양지다.

렇게 화목하지 않기 때문이다. 가정이 건전한 까닭도 바로 그 안에 수많은 차이점과 다양성이 자리하기 때문이다. 감성적인 사람들이 말하듯이 가정은 작은 왕국과 같고, 그래서 대부분의 다른 작은 왕국들이 그러하듯 대개 무정부 상태와 비슷한 상황에 놓여 있다. 가정에 연방제의 활기찬 속성들이 있는 까닭은 우리 형 조지가 종교 문제에는 관심이 없지만 트로카데로 레스토랑[12]에는 관심이 있기 때문이다. 가정이 인류와 같은 까닭은 연극배우가 되겠다는 우리 누나 세라의 꿈을 삼촌 헨리가 허락하지 않기 때문이다. 좋은 이유든 나쁜 이유든 가정에 맞서 봉기하는 모든 남녀는 좋은 이유든 나쁜 이유든 그야말로 인류에 맞서 봉기하는 것이다. 숙모 엘리자베스는 불합리하되 인류같이 불합리하다. 아빠는 인류같이 쉽게 흥분한다. 막내 동생은 인류같이 짓궂다. 할아버지는 세상같이 어리석다. 할아버지는 세상같이 나이 들었다.[13]

옳든 그르든 이 모든 상황에서 나오기를 바라는 사람들은 더 좁은 세상으로 들어가기를 바라는 게 틀림없다. 그들은 가정의 광대함과 다양성에 당황하고 겁먹었다. 세라는 온전히 개인적인 연극으로만 구성된 세상을 찾아내길 바란다. 조지는 트로카데로를 우주라고 생각하길 바란다. 나는 수도원으로 도피하는 게 옳지 못하다고 말하지 않듯이 이렇게 더 좁은 삶으로 도피하는 게 그 개

---

12   트로카데로Trocadero는 런던의 대표적 번화가인 코벤트리 스트리트Coventry Street에
      서 1896년 문을 연 고급 식당이다. 바로크 양식으로 지어진 건물이 그 자체로 랜
      드 마크가 될 정도로 유명세를 떨쳤다.
13   체스터턴은 가족 한 명이 온 인류와 전 세계를 의미하는 존재임을 역설적으로 강
      조하고 있다.

인에게 옳지 못한 일이라고 말하지는 않겠다. 하지만 이들이 살던 세상보다 더 넓고 더 다양한 세계로 들어가고 있다는 이상한 망상에 빠지도록 만드는 것은 무엇이든 나쁘고 인위적이라고 말해야겠다. 사람이 인류 공통의 다양성과 조우할 준비가 되어 있는지를 시험할 가장 좋은 방법은, 임의로 고른 어떤 집 굴뚝을 타고 내려가 가능한 한 그 집 사람들과 함께 그럭저럭 잘 지내는 것이다. 이것이야말로 본질적으로 우리 각자가 태어난 바로 그날에 했던 일이다.

이는 참으로 가정의 숭고하고도 특별한 낭만이다. 가정은 동전 던지기처럼 정해지기에 낭만적이다. 가정은 그 적들이 칭하여 부르는 모든 것이기에 낭만적이다. 가정은 임의적이기에 낭만적이다. 가정은 그저 거기에 있기에 낭만적이다. 이성적으로 선택된 사람들로 이루어진 집단들에는 어떤 특별한 혹은 당파적인 분위기가 있다. 비이성적으로 선택된 사람들의 집단들에는 그저 사람들이 있다. 모험의 요소가 존재하기 시작하는 것이다. 모험이란 그 본성상 우리에게 닥쳐오는 것이니 말이다. 모험이 우리를 선택하는 것이지, 우리가 모험을 선택하는 게 아니다. 사랑에 빠지는 것이야말로 최고의 모험, 최고의 낭만적 사건으로 여겨지곤 한다. 그 안에 뭔가 우리 외부의 것, 무언가 즐거운 숙명론이 들어 있다면, 사랑에 빠지는 일은 그야말로 최고의 모험이다. 사랑은 우리를 데려가서 변모시키고 지독히 괴롭힌다. 사랑은 음악의 아름다움처럼 견딜 수 없는 아름다움으로 우리의 마음을 쪼개어 놓는다. 그러나 우리가 확실히 이 문제와 관계되어 있다면, 우리가 어떤 의미에서 사랑에 빠질 준비가 되어 있고 또 어떤 의미에서 사랑에 뛰어들 준비가 되어 있다면, 우리가 어느 정도 선택하고 어느 정도 판단까지 한다면, 사랑에 빠지는 일이란 참으로 낭만적이지 않으며 참으로 모험적이지 않다. 그렇다면 최고의 모험은 사랑에 빠지는 것이 아니라 태어나는 것이다. 태어날 때 우리는 갑작스레 정말 멋지고 놀라운 덫으로 걸어 들어간다. 그때 우리는 전에는 꿈도 꾸지 못했던 어떤 것을 보게 된다. 아버지와 어머니는 우리를 기다리며 누워 있다가 마치 산적들이 풀숲에서 뛰어나오듯 우리를 향해 뛰어나온다. 삼촌은 뜻밖의 인물이며, 숙모는 그 흔한 멋진 표현대로 마른하늘에 날벼락 같은 존재다. 태어나면서 가정 안으로 발을 들여놓을 때, 우리는 계산할 수 없는 세상, 그 자체의 이상한 법을 지닌 세상, 우리가 없어도 충분한 세상, 우리가 만들지 않은 세상으로 들어가는 것이다. 달리 표현하면 우리가 가정 안으로 들어설 때, 우리는 요정 이야기 속으로 들어서는 것이다.

이 환상적인 이야기의 색채가 가정에서, 그리고 가정과 우리의 관계에서 평생 퇴색하지 않고 잘 보여야 마땅하다. 낭만은 삶에서 가장 깊은 것이다. 낭만은 심지어 현실보다도 깊다. 현실은 우리를 호도하는 것이라 판명될 수 있다고 해도, 중요하지 않다거나 인상적이지 못하다고 판명될 수는 없을 터이다. 사실들은 허위일 때에도 여전히 매우 이상하다. 그리고 삶의 이러한 기묘함, 사물의 이 예측할 수도 없고 뒤틀리기까지 한 요소는 어찌할 수 없이 여전히 흥미롭게 남아 있다. 우리가 규제할 수 있는 주변 환경은 유순하거나 혹은 비관적으로 변할 수도 있다. 그러나 '우리가 통제할 수 없는 주변 환경'은 마치 미코버[14]처럼 환경에 의탁하여 힘을 회복할 수 있는 사람들에게는 마치 신과 같은 존재로 남아 있다. 사람들은 왜 소설이 가장 인기 있는 문학의 형식인지 궁금해한다. 사람들은 왜 소설이 과학책이나 형이상학책보다 더 많이 읽히는지 궁금해한다. 이유는 매우 간단하다. 단지 소설이 더 진실하기 때문이다. 삶은 때로 과학책처럼 이치에 맞아 보일 수도 있다. 때로는 형이상학책처럼 훨씬 더 이치에 맞아 보일 수도 있다. 하지만 삶은 늘 한 편의 소설이다. 우리의 실존은 노래가 되기를 멈출 수 있다. 우리의 삶은 아름다운 애가哀歌가 되는 것조차 멈출 수 있다. 우리의 실존은 쉽게 이해되는 정의正義나 쉽게 인식되는 부정不正이 아닐 수도 있다. 그러나 우리의 실존은 여전히 하나의 이야기다. 저녁이면 타오르는 일몰은 언제나 '다음에 계속'이라는 글씨를 하늘에 남긴다. 우리에게 지성이 충분하다면, 우리는 철학적인 추론을 정확히 마무리할 수 있으며 더욱이 옳게 마무리하고 있노라고 확신할 수도 있다. 적절한 두뇌의 능력만 있다면, 우리는 어떤 과학적 발견도 마무리할 수 있을 것이며 옳게 마무리하고 있다고 확신할 수 있을 것이다. 그러나 가장 거대한 지성으로는 가장 간단하거나 가장 어리석은 이야기조차 마무리할 수가 없고, 옳게 마무리하고 있다고 확신할 수도 없다. 한 이야기의 이면에는 어느 정도 기계적인 지성만이 아니라 신적神的인 의지가 자리하기 때문이다. 이야기 작가는 원한다면 끝에서 두 번째 장章에서라도 주인공을 교수대로 보낼 수 있다. 마찬가지로 그와 동일한 신적인 변덕에 따라 작가는 마음만 먹는다면 스스로 교수대에 오를 수도 있고 그렇게 지옥으로 향할 수도 있다. 13세기에 자유의지를 확고하게 주장했던 바로 그 기사도적 유럽 문명이 18세기에는 '허구'라고 불리는 것을 산출했다. 토마스 아퀴나스[15]는 인간의 정신적 자유를 확고하게 주장했을 때, 순회도서관[16]에 꽂힌 온갖 나쁜 소설들을 창조했던 것이다.

다만 삶이 우리에게 하나의 이야기, 하나의 낭만이려면 삶의 커다란 부분이 우리의 허락 없이 결정되어야 한다. 삶이 하나의 완전한 체계가 되길 바란다면 이런 일이 성가신 골칫거리일 수도 있겠다. 하지만 삶이 하나의 드라마이길 바란다면 이런 일은 필수 불가결한 핵심이 된다. 물론 우리가 별로 좋아하지 않는 다른 누군가가 그 드라마를 쓰는 일도 때로 생길지 모른다. 그런데 막상 드라마의 저자가 매시간 커튼을 걷고 나와서는 다음 막을 창작해야 하는 부담을 온전히 우리에게 지운다면, 달갑지 않을 것이다. 사람은 자기 삶에서 많은 것들을 통제할 수 있다. 소설 속 영웅이 될 수 있을 만큼 여러 가지를 제어할 수 있다. 하지만 사람이 모든 것을 통제할 수 있다면 너무 과하게 영웅이 되어 버려 소설은 소설이 아니게 될 것이다. 부자들의 삶이 실제로는 너무나 단조로워서 별다른 사건 없이 지루하게 흘러가는 까닭은 그들이 사건을

이단 Heretics

---

15 토마스 아퀴나스Thomas Aquinas, 1224-1274는 그리스도교 교의와 아리스토텔레스 철학을 종합하여 집대성한, 중세 스콜라 철학을 대표하는 신학자, 철학자다. 그의 신학은 로마가톨릭교회의 정통으로 인정된다.

16 순회도서관circulating library은 일종의 도서 대여점이다. 18세기 산업혁명 이후 도시의 중산층과 노동자 계층을 중심으로 책에 대한 수요가 늘어나면서 등장했고, 19세기에는 대중문화 형성에 큰 역할을 할 정도로 급증했다. 다양한 책들을 취급했으나 주로 인기 있는 대중 통속 소설을 다루었다. 20세기 들어 책 가격이 하락하고 공공도서관이 확대 보급되면서 소멸했다.

고를 수 있기 때문이다. 그들은 전능하기에 따분하다. 그들은 모험을 만들어 낼 수 있기에 모험을 느끼지 못한다. 삶을 낭만적인 것으로 유지하고 불꽃같은 기회들로 채우는 것은, 우리가 좋아하지 않거나 기대하지 않는 것들을 만나게끔 몰아붙이는 이 평범하고도 훌륭한 제약들이다. 거만한 현대인들이 자신과는 잘 맞지 않는 환경에 처해 있다고 떠들어 대는 건 헛된 일이다. 낭만에 처해 있다는 건 제 마음에 맞지 않는 환경에 처해 있다는 것이다. 지상에 태어난다는 건 제 마음에 맞지 않는 환경에 태어난다는 것이며, 바로 그러하기에 낭만에 태어나는 것이다. 삶의 시정詩情과 다양성을 형성하고 창조하는 이 모든 위대한 제약과 틀 가운데 가장 확고하고도 중요한 것이 가정家庭이다. 현대인들은 자유라 하는 것이 완전해져야 낭만도 온전히 실재하리라고 생각하지만, 오해일 뿐이다. 현대인들은 사람이 어떤 몸짓을 해서 태양이 하늘에서 떨어져야만 놀랍고 낭만적이라고 생각한다. 하지만 태양이 정말 놀랍고 낭만적인 까닭은 하늘에서 떨어지지 않기 때문이다. 현대인들은 온갖 방법으로 어떠한 제약도 없는 세상을 찾는다. 하지만 그런 것은 윤곽조차 없는 세상, 아무런 형태도 없는 세상이다. 그러한 무한無限보다 더 저급한 것은 없다. 현대인들은 우주처럼 강해지길 바란다고 말하지만, 그들이 정말로 바라는 건 온 우주가 자기들처럼 약해지는 것이다.

15

세련된 소설가들과
세련된 상류층

어떤 의미에서는 좋은 문학 작품을 읽는 것보다 나쁜 문학 작품
을 읽는 것이 더 가치 있다. 좋은 문학 작품은 우리에게 한 사람의
정신을 이야기해 줄 것이다. 반면에 나쁜 문학 작품은 우리에게
많은 사람의 정신을 이야기해 줄 것이다. 좋은 소설은 우리에게
그 주인공에 대한 진실을 말해 준다. 나쁜 소설은 우리에게 그 작
가에 대한 진실을 말해 줄 뿐만 아니라 그 독자들에 대한 진실을
말해 준다. 그리고 정말 이상하게도, 나쁜 소설은 우리에게 그것
을 지은 동기가 오히려 더 냉소적이고 비도덕적이라고 알려 준다.
한 권의 책이 책으로서 더 부정직할수록 공문서로는 더 정직해진
다. 신실한 소설 한 편은 특정한 한 사람의 단순성을 드러낸다. 그
리고 신실하지 못한 소설 한 편은 인류의 단순성을 드러낸다. 인
간의 깐깐한 결정들과 몇몇 재조정 사항들은 두루마리 문서들과

204

법전들과 경전들에 나와 있을 것이다. 하지만 사람에 대한 기본적인 가정들과 마르지 않는 기력들은 1페니짜리 잡지와 반 페니짜리 통속 소설[1]에서 찾을 수 있을 것이다. 그러므로 오늘날 진짜 교양을 지닌 많은 이들이 그러하듯, 한 사람이 좋은 문학에서 배울 것은 좋은 문학을 감상하는 능력 말고는 아무것도 없는 셈이다. 반면에 나쁜 문학에서는 제국을 다스리고 인류의 지도를 살피는 법을 배울 수 있을 것이다.

약한 문학일수록 실은 더 강한 문학이 되고 강한 문학일수록 더 약한 문학이 되는 상황을 보여 주는 흥미로운 예가 하나 있다. 적당한 이름을 붙이자면 귀족 문학이나 속물 문학이라고 할 만하다. 혹시 귀족을 옹호하되 효과적이고 이해하기 쉬우며 그 내용이 영구적일 뿐 아니라 신실하게 기술된 문학의 예를 찾는다면, 현대의 철학적 보수주의자들의 작품 말고, 니체도 제쳐 두고서 『보 벨스 노블레츠』[2]를 읽어야 한다. 고백하건대 나는 니체의 경우에 대해 좀 더 의심을 품고 있다. 니체와 『보 벨스 노블레츠』는 동일한 근본 속성을 지녔음이 확실하다. 둘 다 콧수염을 길러 말아 올리고 헤라클레스처럼 힘이 장사인 키 큰 남자를 숭배한단 말이다.

---

1   노블레트novelette를 통속 소설로 옮겼다. 노블레트는 본래 장편 소설novel보다는 짧고 단편 소설short story보다는 긴 중편 소설을 이르는 말이다. 19세기에 대중적인 인기를 끌었던 통속 소설들이 대부분 노블레트였기에 노블레트라는 단어 자체가 저급한 대중 소설을 이르는 말로 쓰였고 체스터턴 역시 같은 맥락에서 이 단어를 사용한다.

2   『보 벨스 노블레츠』*Bow Bells Novelettes*는 19세기 후반 영국에서 유행한 대중 주간지 『보 벨스』*Bow Bells*에서 파생된 또 다른 주간지로, 대중적인 통속 소설이 삽화와 함께 연재되었다.

그것도 다소 여자같이 병적으로 흥분하며[3] 숭배한다. 그렇대도 통속 소설이 철학적으로 더 우월하다는 데는 변함이 없는데, 통속 소설은 흔히 강자의 미덕들, 이를테면 느긋함과 친절함, 다소 무모한 선의善意, 그리고 약자를 괴롭히는 일에 대한 지독한 반감 같은 것들을 강자의 몫으로 돌리기 때문이다. 반면에 니체는 병자들 사이에나 존재하는 약함에 대한 비웃음을 강자의 몫으로 돌린다. 다만 지금 다루려는 문제는 저 위대한 독일 철학자의 부차적인 공로가 아니라『보 벨스 노블레츠』의 일차적인 공로에 관한 것이다. 인기를 끄는 감상적인 통속 소설에서 그려 내는 귀족의 모습이 내게는 정치와 철학에 관한 영구히 전할 안내서로서 안성맞춤으로 보인다. 물론 준남작[4]을 가리키는 칭호라든가 그가 훌쩍 뛰어넘을 수 있는 산속 깊은 골의 너비 같은 세세한 부분까지야 정확하지는 않겠지만, 귀족이 일반적으로 지닌 관념과 의도를 인간사에 존재하는 그대로 묘사하는 솜씨는 나쁘지 않다. 귀족이 품은 꿈의 핵심은 장엄함과 용맹함이다.『패밀리 헤럴드 서플먼트』[5]에서는 때로 이 장엄함과 용맹함을 왜곡하고 과장하지만, 그 안에

---

3   전통적으로 '여성적'feminine이라는 단어는 명백히 부정적인 함의를 가졌고, 19세기 말에서 20세기 초에 발전하기 시작한 정신병리학에서는 간헐적인 병적 흥분 증상인 히스테리hysteria가 여성의 질병으로 여겨졌다. 체스터턴 역시 시대적 고정관념을 드러내는 이러한 표현을 그대로 사용하고 있다.

4   준남작baronet은 남작baron보다 낮고 기사knight보다 높은 귀족 작위로, 세습 가능한 귀족 작위 중 최하위이며 상원 의회에서 투표할 권리를 갖는 5등작(공작, 후작, 백작, 자작, 남작) 귀족peer에는 들지 못한다. 5등작 귀족들은 그 작위 자체로 불리지만 준남작은 이름 앞에 'Sir'를 붙여서 칭한다. 18세기 후반부터 젠트리 계층이 소설의 주요 등장인물로 많이 출현하면서 그들과 어울릴 만한 준남작 집안의 인물들도 자주 등장했다.

장엄함과 용맹함이 부족한 것은 절대 아니다. 산속 깊은 골의 너비를 너무 좁게 설정하거나 준남작의 칭호를 별로 인상적이지 않게 짓는 실수를 저지르지도 않는다. 그런데 이렇게나 멀쩡하고 믿음직한 오래된 속물 문학 위로 오늘날 또 다른 속물 문학이 떠올랐으니, 훨씬 더 극심한 허세와 가식이 가득한 이 문학이 내게는 존중받을 만한 가치가 훨씬 덜해 보인다. 덧붙여 말하자면 (이게 중요하려냐마는) 문학으로서는 훨씬 더 낫다. 하지만 철학으로서는 무지막지하게 더 나쁘고, 윤리와 정치로서도 무지막지하게 더 나쁘다. 그리고 귀족과 인류를 있는 그대로 생생하게 그려 낸 묘사로서도 무지막지하게 더 나쁘다. 내가 지금부터 말하려는 그런 책들에서, 우리는 영리한 사람이 귀족이라는 관념을 가지고 어떤 일을 벌일 수 있는지를 발견할 수 있다. 그리고 『패밀리 헤럴드 서플먼트』에 수록된 문학에서는 귀족이라는 관념이 영리하지 않은 사람을 가지고 어떤 일을 벌일 수 있는지를 배울 수 있다. 이 점을 알 때, 우리는 영국의 역사에 눈뜨게 된다.

이 새로운 귀족 소설은 지난 15년 동안 최고의 소설들을 읽어 온 모든 이의 눈길을 끌었던 게 분명하다. 그 집단을 세련된 옷차림만이 아니라 세련된 말씨로도 구별되는 뛰어난 집단으로 재현하는 건 『스마트 세트』[6]의 진정한 문학 혹은 그냥 문학으로 회

---

5   『패밀리 헤럴드 서플먼트』*Family Herald Supplement*는 19세기 중반에서 20세기 중반까지 출간된 여성 주간지로, 주로 짧은 통속 소설들을 실어서 인기를 끌었다.

6   『스마트 세트』*The Smart Set*는 1900년에서 1930년까지 미국에서 발행된 영향력 있는 문학잡지다. '스마트 세트'란 말은 유행의 첨단을 걷는 세련된 최상류층을 일컫는 표현으로, 체스터턴은 이 책 제15장의 제목("On Smart Novelists and the Smart Set")에 이 표현을 썼다.

자된다. 이들 유파는 나쁜 준남작과 좋은 준남작, 나쁜 준남작인
가 했지만 실은 좋은 준남작이었던 낭만적인 준남작에 더하여 이
전에는 꿈에도 생각하지 못했던 '즐거운 준남작'에 대한 구상을
추가했다. 귀족은 단지 죽을 운명을 가진 인간들보다 키만 더 큰
것이 아니라 더 튼튼하고 잘생겼으며 더 재치 있기까지 하다. 귀
족은 짧은 경구警句를 지닌 긴 사람이다. 그리고 다수의 저명한, 저
명해 마땅한 현대 소설가들은 이 최악의 속물성 곧 지적인 속물
성을 지지한 데 대하여 책임을 통감해야 할 것이다.『도도』의 재
능 있는 저자[7]는 어떤 의미에서 패션으로서의 패션을 창조했다
는 데 대해 책임이 있다. 로버트 히친스는『녹색 카네이션』[8]에서
젊은 귀족들이 이야기를 잘한다는 생소한 생각을 재차 확인시켜
주었다. 그 작품은 모호한 전기적 사실에 바탕을 두는데, 결과적
으로는 그러한 점이 작품에 변명거리가 되어 주었다. 크레이기 부
인[9]은 귀족적인 어조를 어떤 도덕적이고 종교적이기까지 한 신실

이단 Heretics

7   영국의 소설가 에드워드 프레드릭 벤슨Edward Frederic Benson, 1867-1940은 첫 장편
    소설『도도』Dodo, 1893를 출간하여 논쟁을 불러일으키며 큰 성공을 거두었다. 당
    시 상류층 여성들을 주요 인물로 내세운 이 낭만적 멜로드라마는 풍자적이면서
    도 인물과 사회를 치밀하게 묘사해서 큰 인기를 얻었고 이후 여러 편의 속편까지
    출간되었다.

8   로버트 히친스Robert Hichens, 1864-1950는 영국의 저널리스트, 소설가다. 익명으로
    발표한『녹색 카네이션』Green Carnation, 1894은 오스카 와일드를 모델로 한 주인공
    의 동성애 관계를 다루어 출간 당시부터 크게 논란을 불러일으켰으며 와일드가
    동성애 혐의로 재판을 받는 계기가 되었다.

9   펄 크레이기Pearl Craigie, 1867-1906는 미국 태생의 영국인 소설가, 극작가로서 존 올
    리버 홉스John Oliver Hobbes라는 남성 필명으로 작품을 발표했다. 불행한 결혼생활
    과 부부 간의 부정을 다룬 첫 작품『어떤 감정들과 하나의 교훈』Some Emotions and a
    Moral, 1891이 대중적으로 크게 성공한 이후 여러 편의 소설과 희곡을 저술했다.

208

한 어조와 결합했음에도 혹은 오히려 그렇게 결합했기에 이 문제에 있어 잘못이 크다. 소설 속에서라도 한 사람의 영혼을 구할 때, 그가 신사[10]임을 언급하는 것은 적절치 못하다. 이 문제에서는 훨씬 더 능력 있는 사람이나 최고의 인간적 본능 곧 낭만적 본능을 지녔음을 입증한 사람이나 비난을 피할 길이 없다. 이건 앤서니 호프[11]를 두고서 하는 말이다. 『젠다성의 포로』처럼 급속히 전개되는 현실성 없는 멜로드라마에선 왕가의 혈통이란 요소가 탁월한 환상의 맥락이나 주제를 부채질한다. 하지만 왕가의 혈통은 심각하게 여길 만한 게 아니다. 예를 들어 호프는 타오르는 소년 시절 내내 오로지 한심한 옛 신분에 대해서만 골몰하는 블렌트의 트리스트람[12]이란 인물을 진지하고도 동정적으로 그리는 데 전념했지만, 그런 호프에게서조차 과두정치 관념을 향한 과도한 관심의 기미가 느껴진다. 여느 젊은이들이 모두 별을 품었을 시절에

10   신사gentleman라는 말은 단순히 점잖고 예의 바른 남자를 의미하는 것이 아니라 좁게는 영국 사회에서 상류층에 해당하지만 귀족보다 낮아서 작위가 없는 젠트리gentry 계층에 속하는 사람을 가리키며, 넓게는 젠트리 계층부터 그 이상의 영국 귀족 전체를 이른다.

11   앤서니 호프Anthony Hope, 1863-1933는 영국의 소설가, 극작가다. 상당히 많은 작품을 남겼는데 특히 『젠다성의 포로』The Prisoner of Zenda, 1894가 유명하다. '루리타니아'라는 가상의 나라에서 왕위 계승 하루 전날 왕자가 악당에게 납치되어 '젠다'라는 도시의 감옥에 갇혔다가 사건과 모험을 거친 끝에 왕위에 복귀하는 내용을 담고 있다. 이 소설은 당시에 큰 인기를 얻어 연극과 영화로 각색되었으며, 이후 가상의 나라를 배경으로 한 모험 소설이라는 하나의 장르가 만들어지기도 했다.

12   블렌트의 트리스트람Tristram of Blent은 앤서니 호프의 1901년작 소설 제목이자 그 작품 주인공의 이름이다. 어머니가 첫 남편이 죽기 하루 전날 그의 아버지와 결혼했다는 사실이 밝혀지면서, 트리스트람은 유산 상속권을 박탈당하고 예상치 못한 우여곡절을 겪는다.

블렌트의 저택을 소유하려는 목적에 얽매인 젊은이에게 평범한 사람이 흥미를 느끼기란 쉽지 않은 일이다.

그래도 호프는 매우 온건한 경우다. 그에게는 낭만의 요소는 물론, 이 모든 우아함을 너무 진지하게 여기지 않도록 경고하는 훌륭한 반어의 요소도 있으니 말이다. 무엇보다도 그는 자신의 귀족 인물들에게 믿기지 않을 만큼 뛰어난 즉흥적인 재담 능력을 부여하지 않은 점에서 그 자신의 양식良識을 보여 준다. 부유한 계층의 사람이 더 재치 있다고 주장하는 이러한 관습은 노예근성 중에서도 최고의 그리고 궁극의 노예근성이다. 이미 말했듯이, 그런 수법은 귀족을 아폴론처럼 미소 짓거나 성난 코끼리를 탄 모습으로 묘사하는 통속 소설의 속물근성과는 비교할 수 없을 만큼 경멸스럽다. 아폴론처럼 미소 짓는다거나 성난 코끼리를 탄다는 건 아름다움과 용기를 과장한 것이겠지만, 아름다움과 용기는 멍청한 귀족들조차 추구하는 귀족의 무의식적인 이상理想이다.

통속 소설에서 귀족 인물을 그려 내면서 실제 귀족의 일상 습관에 주의해 면밀히 묘사하지는 않을 것이다. 그러나 그 귀족 인물은 현실의 귀족보다 더욱 중요한 무언가다. 그는 실제적 이상이기 때문이다. 허구의 신사가 현실의 신사를 그대로 따라 하지는 않을 것이다. 하지만 현실의 신사는 허구의 신사를 그대로 따라 한다. 허구의 신사는 특별히 잘생기지 않았을지 몰라도, 다른 무엇보다는 잘생겼을 것이다. 성난 코끼리를 타 본 적이 없을지라도, 마치 타 보았다는 듯이 할 수 있는 한 점잔을 빼며 조랑말을 탄다. 전반적으로 상류층 사람들은 아름다움과 용기의 이러한 자질들을 특별히 갈망할뿐더러 어느 정도는 이미 가지고 있다. 그러므로 대중 문학에 야비하거나 아첨하는 요소라고는 전혀 없다. 대중 문학은 후작侯爵들을 죄다 2미터가 넘는 꺽다리로 그려 내는데, 속물적이기는 해도 비굴하지는 않다. 대중 문학의 과장성은 솔직하고 열렬한 동경에 기초한다. 그리고 그 솔직한 동경은 어쨌든 어느 정도 실재하는 무언가에 기초한다. 잉글랜드의 하류층은 상류층을 조금도 두려워하지 않는다. 누구도 그럴 수는 없을 것이다. 하류층 사람들은 단순하고 자유롭고 감상적으로 상류층 사람들을 숭배한다. 귀족들의 힘은 귀족층에 있는 것이 아니라 빈민가에 있다. 상원 의회에 있는 것도 아니고, 행정부에 있는 것도 아니고, 관청에 있는 것도 아니고, 잉글랜드 토지의 거대하고 불균형한 독점 상황에 있는 것도 아니다. 그 힘은 어떤 정신 속에 있다. 이를테면 한 해군 장병이 어떤 사람을 칭찬하려 할 때, 그가 신사처럼 행동했노라고 선뜻 말한다는 사실에 있다.[13] 민주주의의 관점에서는 그가 자작子爵처럼 행동했노라고 말하는 편이 더 나을지 모르겠다. 현대 영연방의 과두정치성은 많은 과두정 정부들과 마찬가지로 가난한 이들에 대한 부유한 이들의 학대로 유지되지 않는다. 오히려 부유한 이들에 대한 가난한 이들의 오래도록 한결같이 지속되는 온정으로 유지된다.

그렇다면 나쁜 문학의 속물근성은 굴종적인 것이 아니다. 하지만 좋은 문학의 속물근성은 굴종적인 것이다. 다이아몬드로 치장한 공작부인이 번쩍번쩍 빛을 발하는 반 페니짜리 구식 낭만 소

13 당시 잉글랜드에서 해군에 지원한 이들은 주로 가난한 노동 계층의 젊은이들이었다. 체스터턴은 그런 젊은이조차 신사 곧 귀족처럼 행동하는 것을 칭찬받을 만한 일로 여긴다면서 이 사실이 귀족들의 힘을 뒷받침하는 사례라고 한다.

설은 굴종적이지 않았다. 그러나 짧은 경구들로 치장하고 번쩍번쩍 빛을 발하는 새로운 낭만 소설은 굴종적이다. 우리는 깜짝 놀랄 만한 특별한 수준의 지성이라든가 대화 능력 또는 논쟁 능력을 상류층의 몫으로 돌리는데, 실은 상류층의 덕목이나 목적이 아닌 무언가를 그들 몫으로 돌리는 것이니 말이다. (천재이지만 신사는 아니며, 젠트리 계층에게 아첨하는 이러한 방법을 도입한 데 대해 우선적으로 책임이 있는 인물인) 디즈레일리[14]의 말을 빌리자면, 우리는 아첨의 핵심 기능을 수행하고 있는데, 그건 바로 사람들이 지니지도 않은 자질들을 찬양한다는 것이다. 찬양은 뚜렷이 실재하는 무언가에 대한 찬양인 한, 아첨의 성격이 전혀 없더라도 거창하고 무모해질 수 있다. 우리는 기린의 머리가 별에 닿는다거나 고래의 몸이 북해 바다를 가득 채운다고 말하면서도 여전히 자신이 좋아하는 동물에 대해 그저 신이 난 상태로 머물 수 있다. 하지만 기린에게 그 깃털을 칭찬하고 고래에게 그 우아한 다리를 칭찬하기 시작하면, 아첨이라는 사회적 요소와 대면하게 된다. 런던의 중류층이나 하류층은 어쩌면 안전하게는 아닐지라도 신실하게 잉글랜드 귀족의 건강과 기품을 동경할 수 있다. 이는 귀족들이 전반적으로 가난한 이들보다 더 건강하고 더 기품 있다는 매우 단순한 이유 때문이다. 그러나 그들이 귀족들의 재치를 솔직하게 동경할

14   벤저민 디즈레일리Benjamin Disraeli, 1804-1881는 성공회로 개종한 유대인 출신의 정
      치가, 작가다. 영국 보수당 소속의 하원 의원으로 보호주의 무역 정책을 주창했으
      며 선거법 개정을 주도하여 노동자와 농민에게도 선거권을 확대했다. 1868년부
      터 1880년까지 총리로 재임하면서 수에즈 운하를 확보하고 1876년 한 해 동안
      빅토리아 여왕의 대리청정을 수행하며 대영제국의 세력을 확장하는 데 기여했다.

수는 없다. 이는 귀족들이 가난한 이들보다 더 재치 있는 법이 없으며 오히려 재치가 훨씬 떨어진다는 단순한 이유 때문이다. 세련된 소설에서처럼 저녁식사를 하는 외교관들 사이에서 떨어지는 보석같이 절묘한 말들을 듣는 일은 일어나지 않는다. 현실에서 그런 보석 같은 말들은 홀본[15]의 어느 블럭에 정차한 두 버스 기사 사이에서나 들을 수 있다. 크레이기나 파울러[16]의 책들을 즉흥적인 재담으로 채우는 재치 있는 귀족조차도 재수가 없어 처음으로 입씨름을 벌이게 된 구두닦이의 말재주에는 산산조각날 것이다. 손을 내밀고 돈을 내놓을 준비가 되어 있다면서 가난한 이들이 신사를 찬양한다면, 그들은 그저 감상적일 뿐이며, 충분히 용납될 수 있을 만큼 감상적이다. 하지만 혀를 놀릴 준비가 되어 있다는 점을 내세워 가난한 이들이 신사를 찬양한다면, 그들은 순전히 노예이며 아첨꾼이다. 가난한 이들이야말로 신사들보다 언제든 혀를 놀릴 준비가 훨씬 더 잘 되어 있기 때문이다.

　　다만 이 소설들의 과두정 감성oligarchical sentiment이라는 요소에는 더 미묘한 또 다른 측면이 있다고 생각하는데, 이해하기는 더 어렵지만 이해할 만한 가치는 더 높다. 현대의 신사, 특별히 현대 잉글랜드의 신사는 이러한 책들에서도 그렇거니와 이 책들을 통해 오늘날 우리의 문학과 우리의 사고방식을 통틀어 더없이 중심적이고 중요해진 나머지 본래의 것이든 새로 생긴 것이든, 본질적인 것이든 우연적인 것이든 간에 신사의 어떤 속성들이 우리 잉글랜

15　　홀본Holborn은 런던에서 가장 번화한 웨스트앤드West End의 한 구역이다.

16　　엘렌 파울러Ellen Fowler, 1860-1929는 대중적인 낭만 소설을 쓴 영국의 작가로 여러 편의 아동용 동화를 쓰기도 했다.

드 희극의 성질을 바꾸어 놓았다. 특히나 터무니없게도 잉글랜드의 이상으로 여겨지는 금욕주의의 이상은 우리를 뻣뻣하고 차갑게 마비시켰다. 그건 잉글랜드의 이상이 아니지만, 어느 정도 귀족의 이상이기는 하다. 아니면 가을에 접어든, 다시 말해 몰락하는 귀족의 이상이라고 해야 할까 보다. 신사는 일종의 야만인이기에 금욕주의자이며, 어떤 낯선 이가 말을 걸지도 모른다는 기본적인 커다란 공포로 가득 차 있기에 금욕주의자다. 이것이 바로 삼등석 객차는 하나의 공동체인 반면에 일등석 객차는 야성적인 은둔자들의 장소인 까닭이다. 하지만 이 문제는 좀 어려우니, 에둘러 가는 방식으로 접근해도 괜찮겠다.

지난 8년에서 10년 동안을 풍미했던 재치 있고 풍자적인 소설들, 이를테면 『도도』나 『이저벨 카너비에 대하여』[17], 『몇 가지 감정과 하나의 교훈』[18]과 같이 제각기 다르면서도 진정한 창의력을 지닌 작품들을 관통하면서 계속되는 무無효과라는 요소는 다양한 방식으로 표현할 수 있겠다. 하지만 내 생각에, 우리 중 대다수에게는 궁극적으로 동일하게 전해지리라고 본다. 이 새로운 경박함은 그 안에 말로 표현하지 않은 기쁨에 대한 강렬한 감각이 전혀 없기에 적절치가 않다. 서로 재담을 나누는 남녀 인물들은 단지 서로를 증오할 뿐 아니라 자기 자신까지 증오하는 것 같

이단 Heretics

---

17 『이저벨 카너비에 대하여』Concerning Isabel Carnaby, 1898는 평론가와 독자로부터 좋은 반응을 얻어 출간 당시 베스트셀러가 되었던 엘렌 파울러의 첫 소설이다. 인도에서 돌아온 고아 출신의 이저벨 카너비가 상류 사회에 진입하여 사람들을 놀라게 하는 이야기를 담고 있다.

18 필 크레이기의 첫 작품이다.

다. 그들 가운데 누군가는 바로 그날 파산하거나 다음 날 총살형을 선고받을지도 모른다. 그들이 농담을 던지는 이유는 즐거워서가 아니라 즐겁지 않아서다. 마음에 텅 빈 것을 입으로 말하는 법이다.[19] 게다가 그들이 하는 순전한 허튼소리조차도 실은 정성을 들인 허튼소리이며, 아주 실속 있게 계산된 허튼소리로서 W. S. 길버트의 「인내」[20]에 나오는 완벽한 표현대로 '값진 허튼소리'이다. 그들의 머리가 가벼워진다 해도 그 가슴은 가벼워질 줄 모른다. 현대인들의 합리주의에 대해 무엇이라도 읽어 본 사람이라면 그들의 합리란 애석한 것임을 안다. 그러나 그들의 불합리조차도 애석하다.

이러한 무능력의 원인들을 짚어 내는 일도 그리 어렵지 않다. 물론 모든 원인 가운데 가장 주된 원인은 감성적이라는 것에 대한 비참한 공포다. 이런 공포는 현대의 모든 공포 가운데 가장 비열한 것이다. 위생법을 낳은 공포보다도 더 비열하다. 세상 어디서나 활기차고 떠들썩한 유머는 단순한 감성주의만이 아니라 참으로 어리석은 감성주의에 빠질 능력이 있는 이들에게서 나왔다. 감성주의자 스틸[21]이나 감성주의자 스턴[22] 혹은 감성주의자 디

---

19 예수가 바리새인들을 꾸짖으며 하시는 말씀을 역설적으로 변용한 문장이다. 예수는 마태복음 12장 34절에서 바리새인들을 향해 다음과 같이 말씀하신다. "이 독사의 족속들아! 그렇게 악하면서 어떻게 선한 말을 할 수 있겠느냐? 결국 마음에 가득 찬 것이 입으로 나오는 법이다."(공동번역)

20 윌리엄 슈벵크 길버트William Schwenck Gilbert, 1836-1911는 영국의 극작가, 시인이다. 작곡가 아서 설리번Arthur Sullivan, 1842-1900과 협력하여 여러 편의 코메디 오페라를 제작한 것으로 유명하다. 1881년에 초연한 「인내」Patience는 당시 '예술을 위한 예술'이란 기치를 내걸고 유행하던 유미주의 운동을 풍자한 코미디 오페라다.

킨스의 유머만큼이나 활기차고 떠들썩한 유머는 이제껏 없었다. 이들은 여자처럼 울었지만 남자처럼 웃기도 했다. 미코버의 해학적인 이야기가 좋은 문학이라는 것도 사실이고, 어린 넬[23]의 가련한 이야기가 나쁜 문학이라는 것도 사실이다. 다만 한 작품에서 글을 아주 못 쓸 용기가 있는 사람이라면 다른 작품에서 아주 잘 쓸 용기도 있을 것이다. 이 희극의 나폴레옹에게 예나의 승리를 안겨 주었던 것과 똑같은 무의식, 똑같은 지독한 순수함, 똑같은 거대한 규모의 행동이 모스크바의 패배를 가져다주었다.[24] 이 대목에서, 특히 우리 시대의 현대식 재사₊₊들의 차갑고 허약한 한계들이 드러난다. 그들은 맹렬히 노력한다. 영웅적일 뿐 아니라 거의 애처롭기까지 안간힘을 쓰지만, 무슨 짓을 해도 정말 나쁘게는 쓰지 못한다. 효과를 낸다 싶을 때가 있기는 하지만, 그들의 소

21 리처드 스틸Richard Steele, 1672-1729은 더블린 출생의 언론인, 정치인, 극작가다. 1722년에 발표한 『의식 있는 연인들』The Conscious Lovers은 이른바 '감성 희극'sentimental comedy의 대표작으로 꼽힌다. 감성 희극은 웃음과 재미를 주된 목적으로 하는 일반 희극과는 달리, 동정이나 연민 같은 감정들을 불러일으키는 인물과 상황에 초점을 맞추어 사랑과 미덕 등의 주제를 구현한다.

22 아일랜드 태생의 성공회 사제이자 소설가였던 로런스 스턴을 가리킨다. 자세한 설명은 제7장 주12 참조.

23 넬 트렌트Nell Trent는 찰스 디킨스의 소설 『옛날 골동품 가게』The Old Curiosity Shop, 1841에 등장하는 주인공 소녀의 이름이다. 부모를 잃고 골동품 가게를 운영하는 할아버지와 함께 살아가던 넬은 할아버지가 도박으로 재산을 탕진하자 새로운 삶의 터전을 찾아 먼 길을 여행하지만 결국 비참하게 죽고 만다.

24 나폴레옹은 예나 전투1806에서 승리하면서 독일 지역은 물론 유럽 대륙 전역에 대한 패권을 확립했지만, 러시아 원정에 올랐다가 모스크바에서 퇴각하면서1812 몰락하기 시작했다. 이런 사실을 바탕으로 체스터턴은 '이 희극의 나폴레옹' 곧 찰스 디킨스가 소설을 써서 큰 성공을 이루었지만, 소설 집필로 인한 피로가 누적되어 쇠약해져서 결국 이른 나이에 숨을 거두었단 사실을 상기시킨다.

소한 실패들을 바이런이나 셰익스피어의 거대한 어리석은 짓들과 비교하는 순간, 우리의 희망은 쪼그라들어 사라지고 만다.

마음으로 웃게 하려면 반드시 마음을 건드려야만 한다. 마음을 건드린다는 게 어째서 연민이나 괴로움을 느끼게 한다는 생각과 늘 연결되는지 나는 모르겠다. 마음을 건드려서 기쁨과 환희를 느끼게 할 수도 있고, 마음을 건드려서 즐겁게 할 수도 있지 않은가. 하지만 우리의 희극 작가들은 심히 비극적이다. 최신 유행을 따르는 이 작가들은 뼛속까지 비관적이어서 마음이 웃음소리와 어떤 관계가 있다는 걸 상상조차 할 수 없나 보다. 그들이 마음에 대해 말할 때면 언제나 감정적인 삶의 고통과 실망만을 읊으려 한다. 그들이 한 사람의 '마음이 제자리에 놓여 있다'라고 말할 때는 그의 '마음이 장화에 있다'라고 말하는 것과 다름없다.[25] 우리의 윤리적인 단체들은 동료애는 이해하지만, 좋은 동료애는 이해하지 못한다. 마찬가지로 우리의 재사들은 대화는 이해하지만, 존슨 박사[26]가 좋은 대화라고 한 것은 이해하지 못한다. 존슨 박사처럼 좋은 대화를 하려면 단연코 존슨 박사처럼 좋은 사람이 되는 게 필수다. 우정과 명예 그리고 심원한 다정함을 갖추어야 하는 것이다. 무엇보다도 열린 자세로 점잖음을 내려놓고서 인간적

---

25 '마음이 제자리에 놓여 있다'heart in the right place라는 표현은 '마음씨가 좋다', '심성이 곱다'라는 뜻인 반면에 '마음이 장화에 있다'heart in one's boots라는 표현은 슬퍼하거나 걱정하거나 실망한 상태임을 나타낸다.

26 흔히 존슨 박사라고 불린 새뮤얼 존슨Samuel Johnson, 1709-1784은 영국의 시인, 평론가다. 최초의 근대 영어사전1755을 만들었으며 말년에는 방대한 『영국시인전』 Lives of the Most Eminent English Poets을 집필했다. 신앙적으로는 성사와 교회의 권위를 중요하게 여기는 독실한 고교회파 성공회 신자였다.

일 필요가 있으니, 아담이 품었던 것과 같은 일차적인 연민과 공포를 완전히 고백해야 한다. 존슨은 명석하고 해학적인 사람이었고, 그래서 종교에 대해 진지하게 이야기하기를 서슴지 않았다. 존슨은 용감한 사람으로, 이제껏 땅 위를 걸어 다닌 사람 중에 가장 용감한 축에 속한다. 그래서 그는 온 마음을 사로잡는 죽음의 공포를 누구 앞에서나 인정하기를 꺼리지 않았다.

감정을 억누르는 것이 무언가 잉글랜드식이란 생각은, 잉글랜드가 스코틀랜드인, 미국인, 유대인의 통치를 받기 전에는 어느 잉글랜드 사람도 들어 본 적이 없었다. 이와 관련해서 최선의 경우를 따져 보아도 기껏해야 웰링턴의 공작[27]에게서 나온 일반론을 꼽을 수 있을 텐데, 사실 공작은 원래 아일랜드 사람이었다. 최악의 경우는 인류학에 대해서 만큼이나 잉글랜드에 대해서도 아는 게 거의 없으며 늘 바이킹 얘기나 떠들어 대는 어리석은 튜턴주의의 일부분이다. 사실 바이킹은 그들의 감정을 조금도 억누르지 않았다. 그들은 어린아이처럼 울었고 여자아이처럼 서로에게 입을 맞추었다. 그 점에서, 그들은 아킬레우스를 비롯해 신들의 후예인 여느 힘센 영웅들처럼 행동했다. 잉글랜드인은 프랑스인이나 아일랜드인만큼이나 바이킹과는 무관하지만, 눈물과 입맞춤에 관해서는 확실히 바이킹의 후예라 할 만하다. 셰익스피어와 디킨스, 리처드슨[28]과 새커리 같은 가장 전형적인 잉글랜드

---

27 웰링턴 공작 아서 웰즐리Arthur Wellesley, 1769-1852는 더블린 태생으로 영국의 군인, 정치가다. 영국군 총독으로서 나폴레옹 전쟁에서 큰 승리를 거두었고 이를 바탕으로 정계에 진출해 총리직에 올랐으며 이후 외무장관과 내무장관 등 요직을 두루 거쳤다.

의 문필가들이 감성주의자였다는 건 사실이다. 그뿐만 아니라 가장 전형적인 잉글랜드의 활동가들이 감성적이었다는 것, 가능하다면 더욱 감성적이었다는 것 또한 사실이다. 잉글랜드 민족이 마침내 이룩해 낸 위대한 엘리자베스 여왕 시대와, 대영제국이 도처에서 건설되고 있던 18세기에, 칙칙한 검은 옷을 입고 제 감정을 억누르는 이 상징적인 금욕적 잉글랜드인은 대체 어디에 있었던가? 엘리자베스 여왕 시대의 전사들과 해적들이 그러했던가? 그들 가운데 어느 누가 그러했던가? 이빨로 술잔을 산산조각 낸 뒤 피가 쏟아져 나올 때까지 씹었다는 그렌빌[29]이 자신의 감정을 감추었던가? 모자를 바다에 집어던진 에섹스[30]가 흥분을 억제했던가? 스티븐슨이 말하는 것처럼 롤리[31]는 스페인의 포성에 모욕적

28 새뮤얼 리처드슨Samuel Richardson, 1689-1761은 18세기 영국의 저명한 소설가, 출판업자다. 도덕적이고 종교적인 교훈을 담은 『파멜라』Pamela, 1740를 비롯하여 여러 편의 서간체 소설을 저술했다.

29 리처드 그렌빌Richard Grenville, 1542-1591은 영국의 뛰어난 항해사로서 북아메리카를 탐험하고 식민지를 개척했으며, 해군 제독으로서 스페인의 무적함대를 대적하여 불리한 전세에도 큰 승리를 거둔 인물이다.

30 에섹스 백작 로버트 데버루Robert Devereux, 1565/66-1601는 엘리자베스 1세의 총신이었던 영국의 정치가, 군인이다. 다혈질의 성격 때문에 다른 궁정 대신들은 물론 여왕과도 충돌하고 전투에 나가서도 말썽을 일으켰다는 일화들이 전해진다. 잉글랜드-스페인 전쟁이 재개된 1596년에는 스페인 남부의 항구 도시 카디스 공격에 참여해 승리했는데, 상륙하여 시내로 진입하라는 명령이 떨어졌을 때 쾌재를 부르며 모자를 바다에 집어던졌다고 한다. 이런 이미지 덕분에 전투에서 승리한 뒤 병사와 대중 사이에서 큰 인기를 얻었다.

31 월터 롤리Walter Raleigh, 1554-1618는 영국의 탐험가, 군인, 정치가다. 리처드 그렌빌의 사촌이며 역시 엘리자베스 1세의 총애를 받아 탐험가로서 신대륙을 탐험하고 식민지 개척에 나섰다. 담배를 대중화한 인물로도 유명하다. 엘리자베스 1세 사망 후 반역 혐의로 투옥되었으며 그 기간에 여러 저술을 남겼다.

인 나팔 소리만 잔뜩 쏟아 내며 응답하는 것이 분별 있는 행동이라고 생각했던가? 시드니[32]는 자신의 삶과 죽음의 전 과정에서 극적으로 자기 소견을 말할 기회를 놓친 적이 있던가? 청교도들은 과연 금욕주의자들이었던가? 잉글랜드의 청교도들이 상당히 많은 것을 억누르긴 했지만, 그들조차 너무나 잉글랜드인다웠기에 자신의 감정을 억누를 수 없었다. 올리버 크롬웰과 침묵만큼이나 화해할 수 없이 대립하는 두 가지를 칼라일이 동시에 동경할 수 있었던 건 엄청난 기적에 의한 일이었던 게 분명하다. 크롬웰은 과묵함과는 정반대인 사람이었다. 크롬웰은 소리치지 않을 때면 늘 떠들고 있었다. 한편 『넘치는 은총』[33]의 저자가 자신의 감정을 부끄러워했다며 비난할 사람은 아무도 없을 것이다. 사실 밀턴은 금욕주의자라고 할 수도 있다. 어떤 면에서 그는 고지식한 도덕군자였고 일부다처론자였으며[34] 그 밖에도 불쾌하고 이교적인 존재인 만큼 금욕주의자이기도 했다. 하지만 우리가 실로 예외적이며 더없이 훌륭하면서도 외로운 그 이름을 스칠 때마다 잉글랜드의 주정주의主情主義가 즉각 되살아나 끊이지 않고 계속되는 것을

이단 Heretics

---

32   필립 시드니Philip Sidney, 1554-1586는 잉글랜드의 군인, 시인, 학자다. 엘리자베스 1세 시대에 궁정에서 가장 두드러지게 활약한 인물 가운데 하나다. 학문과 예술에도 조예가 깊었으며 소네트 시집 『애스트로필과 스텔라』Astrophil and Stella, 1591를 남겼다.

33   "넘치는 은총"Grace Abounding은 『죄인의 괴수에게 넘치는 은혜』Grace Abounding to the Chief of Sinners, 1666의 약칭이다. 이 책은 존 버니언이 12년간 옥중 생활을 하면서 쓴 자서전이다.

34   실제로 밀턴이 일부다처론자였던 것은 아니다. 밀턴은 동시대인들과는 달리 이혼의 자유를 옹호하는 파격적인 글을 발표해 일부다처론자 혹은 난봉꾼이라는 별명을 얻었다.

발견하게 된다. 에더리지와 도싯, 세들리와 버킹엄[35]의 격정이 지닌 도덕적 아름다움이 무엇이었든, 그것을 꼼꼼하게 감춘 잘못에 대해 그들을 비난할 수는 없다. 찰스 2세[36]는 잉글랜드인들에게 매우 인기가 있었는데, 쾌활한 잉글랜드의 모든 왕과 마찬가지로 그 역시 자신의 격정을 드러냈기 때문이다. 반면에 네덜란드 사람 윌리엄[37]은 잉글랜드인들에게 인기가 거의 없었는데, 그는 잉글랜드 사람이 아니어서 자신의 감정을 감추었기 때문이다. 사실 윌리엄은 오늘날 우리의 현대 이론에서 말하는 바로 그런 이상적인 잉글랜드인이었다. 그 까닭에 진짜 잉글랜드 사람들은 그를 나병만큼이나 혐오했다. 18세기에 위대한 잉글랜드가 부상하는 과정에서도 이 개방적이고 감정적인 어조가 여전히 문학과 정치, 예술과 군사 분야에서 유지되었다. 위대한 필딩[38]과 위대한 리처드

35 조지 에더리지George Etherege, 1636-1692, 도싯 백작(찰스 색빌Charles Sackville, 1643-1706), 세들리Charles Sedley, 1639-1701, 버킹엄 공작(조지 빌리어스George Villiers, 1628-1687)은 1660년 이후 왕정복고 시대에 이른바 '명랑한 패거리'Merry Gang로 불렸던 인물들이다. 문학적 재능이 뛰어났으나 외도를 일삼고 도박에 빠지는 등 방탕한 삶을 살았던 것으로 유명하다.

36 찰스 2세Charles II, 재위 1660-1685는 청교도 혁명 당시 프랑스로 망명했다가 1660년 왕정복고가 이루어지면서 잉글랜드의 왕위에 올랐다. 비국교도를 탄압하고 왕권 강화책을 펴서 의회와 대립했다.

37 네덜란드 공화국의 총독이었다가 영국의 명예혁명1688 이후 아내 메리 2세와 함께 잉글랜드의 공동 통치자가 된 윌리엄 3세William III, 재위 1689-1702를 가리킨다.

38 헨리 필딩Henry Fielding, 1707-1754은 영국의 소설가다. 원래는 변호사였지만 새뮤얼 리처드슨의 교훈적인 소설 『파멜라』가 대성공한 것을 보고서 그 안에 담긴 위선을 드러내고자 이를 패러디한 작품을 발표하고 소설가가 되었다. 이후에도 리처드슨과는 대별된, 복잡한 줄거리와 생생한 인물 묘사를 특징으로 하는 작품들을 발표했다. 오늘날에는 소설의 문학적 위상을 정립한 작가로 평가받으며, 그의 작품 『톰 존스』The History of Tom Jones, a Foundling, 1749는 18세기 영국 소설의 걸작으

슨이 공통으로 지녔던 유일한 자질이 있다면 자신의 감정을 전혀 숨기지 않았다는 것이다. 스위프트[39]가 신랄하면서도 논리적이었던 까닭은 그가 아일랜드 사람이었기 때문이다. 군인들과 통치자들로 넘어가 보면, 내가 앞서 말했듯이 18세기의 애국자들과 제국의 건설자들이 낭만 소설가들보다 더욱 낭만적이었고 시인들보다 더욱 시적이었음을 발견하게 된다. 온 세상에 자신의 힘을 모조리 보여 주었던 채텀의 백작[40]은 하원 의회에서는 자신의 약함을 모조리 보여 주었다. 울프[41]는 칼을 뽑아든 채 카이사르와 한니발을 자처하며 방안을 걸어 다녔고 숨을 거둘 때는 시를 읊조렸다. 클라이브[42] 역시 크롬웰이나 버니언과 같은 유형의 사람이었으며 혹은 바로 그러한 연유로 존슨과 같은 유형의 사람이었

로 꼽힌다.

39 풍자 소설 『걸리버 여행기』Gulliver's Travels, 1726의 작가로 잘 알려진 조너선 스위프트Jonathan Swift, 1667-1745를 말한다. 아일랜드 태생의 스위프트는 잉글랜드로 건너가 토리당을 대표하는 정치 평론가로 활동했는데 당시 정치가들은 그의 신랄하고 비판적인 글을 두려워했다고 전해진다. 노년에는 다시 아일랜드로 돌아와 성공회 사제로 봉직하면서 식민지 아일랜드의 비참한 상황을 토로하며 잉글랜드 정부를 강력하게 비난했다.

40 채텀Chatham의 백작 윌리엄 피트William Pitt, 1708-1778는 18세기 영국에서 활동한 최고의 정치인으로 꼽힌다. 국무대신 자리에 올라 프랑스와의 7년 전쟁을 비롯해 유럽 열강의 식민지 쟁탈전을 승리로 이끌었고, 인도와 북아메리카에서 식민지를 확보하여 대영제국의 토대를 놓았다. 식민지 주둔 영국군의 철수에 반대하는 연설을 하던 중 의회에서 쓰러져 숨을 거두었다.

41 제임스 울프James Wolfe, 1727-1759는 영국의 군인으로, 오늘날 캐나다 퀘벡 지역에서 프랑스 군대를 대파하고 그곳에서 전사했다.

42 로버트 클라이브Robert Clive, 1725-1774는 영국의 군인, 정치가다. 1757년 프랑스를 상대로 한 플라시 전투에서 승리하여 영국이 인도에서 패권을 장악하는 계기를 마련했다.

다. 그는 강하고 분별 있는 사람인 동시에 속으로는 흥분과 우울이 샘물처럼 솟아나던 사람이었다. 존슨과 마찬가지로, 그는 병적이기에 훨씬 더 건강하다. 잉글랜드의 모든 제독과 모험가의 이야기는 허풍과 감상과 눈부신 애정으로 가득하다. 다만 본래 낭만적인 잉글랜드인의 사례를 더 얘기할 필요는 없을 텐데, 한 가지 사례가 나머지 사례를 압도하기 때문이다. 러디어드 키플링은 잉글랜드를 두고서 흐뭇하게 말한 바 있다. "우리는 만났을 때 서로의 목에 대고 입 맞추지 않는다." 사실 입을 맞추는 이 오래되고 보편적인 관습은 현대에 잉글랜드가 약해지면서 사라졌다.[43] 시드니는 스펜서[44]에게 입 맞추는 일을 아무렇지 않게 여겼을 터이다. 브로드릭[45]이 아널드포스터[46]에게 입 맞추려 하지 않으리라는 건 기꺼이 인정한다. 그것이 잉글랜드의 남자다움과 군사적 위

---

43 여기서 '입을 맞춘다'라는 건 볼을 맞대거나 가볍게 볼에 입을 맞추는 인사를 가리킨다. 프랑스나 이탈리아 같은 남유럽에서는 여전히 이런 방식의 인사를 남녀 모두 즐겨하지만, 19세기 이후 영국 사회에서는 여자와 아이들의 인사법에 한정되었다.

44 에드먼드 스펜서Edmund Spenser, 1552-1599는 엘리자베스 1세 시대를 대표하는 시인이다. 튜더 왕조와 엘리자베스 1세 여왕을 찬미하는 서사 시집 『요정 여왕』 Faerie Queene, 1590이 가장 유명하다. 필립 시드니와 가까이 교류했고 첫 출세작인 『목동의 달력』The Shepheardes Calender, 1579을 그에게 헌정했다.

45 세인트 존 브로드릭St. John Brodrick, 1856-1942은 영국 보수당의 정치인이다. 제2차 보어 전쟁1899-1902 기간에 오늘날 국방부장관에 해당하는 전쟁대신으로 일했으며, 당시 게릴라전에 대한 준비가 부족해 대패한 일을 계기로 삼고 영국 육군을 개조했다.

46 휴 오클리 아널드포스터Hugh Oakeley Arnold-Forster, 1855-1909는 영국 보수당의 정치인, 작가다. 1903년 브로드릭에 이어서 전쟁대신을 역임했으며 그 기간에 전쟁성 War Office을 재조직했다.

대함의 증대를 입증하는 증거가 되기만 한다면야 말이다. 그러나 자신의 감정을 내보이지 않는 잉글랜드인이 나폴레옹 전쟁에 참전했던 저 위대한 바다 영웅에게서 무언가 잉글랜드적인 것을 볼 능력을 완전히 포기해 버린 것은 아니다. 넬슨의 전설은 절대 무너질 수 없다. "내게 입 맞춰 주게, 하디"[47]라는, 위대한 잉글랜드의 감성은 영광의 일몰을 가로질러 타오르는 글씨로 새겨졌다.

그렇다면 자기억압이라는 이상理想은 절대 잉글랜드적인 것이 아니다. 얼마간 동양적이거나 살짝 프로이센적인 것일 수도 있겠지만, 내가 생각하기에 어떤 인종이나 민족이라는 근원에서 나온 것은 아니다. 이미 말했듯이 자기억압은 어떤 의미에서 귀족적이다. 그건 한 국민에게서 나오는 것이 아니라 한 계층에서 나온다. 내 생각에, 귀족이 정말로 강했던 시절에는 귀족조차 그다지 금욕적이지 않았다. 하지만 감정을 드러내지 않아야 한다는 이상이 신사의 고유한 전통이건 아니면 (퇴락한 신사라고 불릴 법한) 현대 신사의 발명품들 가운데 하나이건 간에 분명한 점은 그것이 이 사회 소설들[48]이 담아내는, 감정을 드러내지 않으려는 성향과 관계가 있다는 사실이다. 이 소설들은 자신의 감정을 억누른 사람으로 귀족을 재현하는 데서 쉽게 한 걸음을 내딛어, 아예 억누를 감정조차 없는 인물로 재현하는 지경에 이르렀다. 현대의 과두정

47   "내게 입 맞춰 주게, 하디"Kiss me, Hardy는 영국 해군의 영웅인 넬슨 제독이 트라팔가르 해전1805에서 전사하던 순간, 곁에 있던 부제독 토마스 하디Thomas Hardy, 1769-1839를 향해 마지막으로 건넸다고 하는 말이다. 하디가 뺨에 입을 맞추자 넬슨은 자신의 의무를 다한 데 대해 신께 감사드리며 숨을 거두었다고 한다.

48   여기는 말하는 사회 소설은 사회 일반의 문제를 다루는 'social novel'이 아니라 특정 사회 계층이나 집단의 풍속과 세태를 주로 다루는 'society novel'이다.

지지자는 다이아몬드의 광휘는 물론이고 강도剛度까지 갖춘 과두정의 덕목을 만들어 냈다. 마치 17세기에 자신의 여인에게 말을 건네던 소네트 시인처럼, 그는 '차갑다'라는 말을 거의 찬사처럼 쓰고 '비정하다'라는 말을 칭찬으로 쓴다. 물론 잉글랜드의 젠트리 계층처럼 치유할 수 없을 만큼 친절한 마음씨를 지닌 아기 같은 사람들에게서는 긍정적 잔인성이라 할 만한 것을 창안해 내기가 불가능할 것이다. 그래서 이 책들에서 상류층 인물들은 일종의 부정적 잔인성을 내보인다. 그들은 행동으로 잔인해질 수 없지만 말로는 잔인해질 수 있다. 이 모든 것이 의미하는 바는 단 하나다. 생기가 있고 또 생기를 주는 잉글랜드의 이상은 대중에게서 찾아야 한다는 것이다. 바로 디킨스가 찾아냈던 곳에서 찾아야 한다. 디킨스가 누렸던 갖가지 영예에는 그가 유머 넘치는 사람이었다는 것, 감성주의자였다는 것, 낙관주의자였다는 것, 가난한 사람이었다는 것, 그리고 잉글랜드 사람이었다는 것 등이 있지만, 그 가운데 가장 큰 영예는 그가 열대의 정글처럼 놀랍도록 무성하고 풍성한 인류 전체를 보았고, 귀족에게는 전혀 관심을 기울이지 않았다는 것이다. 신사를 묘사할 수 없었다는 것, 그것이 바로 디킨스가 누렸던 가장 큰 영예였다.

16

맥케이브와
신적인 경망

한번은 한 평론가가 자신은 지금 온당하게 분개한다는 어조로 나에게 이렇게 항의했다. "당신이 꼭 농담을 해야 한대도, 그렇게 심각한 주제들에 대해서까지 농담을 할 필요는 없겠지요." 나는 자연스러운 단순함과 놀라움으로 대꾸했다. "심각한 주제들이 아니라면 도대체 어떤 주제들에 대해 농담을 할 수 있단 말입니까?" 불경한 해학에 대해 이야기하는 것은 퍽 쓸모없는 일이다. 본래 해학이란 엄숙하게 생각되지만 사실은 그렇게 엄숙하지 않은 무언가를 갑작스레 드러내 보여야 하는 것이란 의미에서 불경하다. 농담이란 종교나 도덕에 관한 것 아니면 치안판사라든가 과학자 교수, 또는 빅토리아 여왕처럼 차려입은 대학 학부생들을 그 대상으로 삼는다. 그리고 사람들은 교황보다는 치안판사를 두고서 농담을 더 많이 하는데, 그건 치안판사가 교황보다 더 경망스러운 주제여서가 아니라 오히려 반대로 더 심각한 주제이기 때문이다. 로마의 주교는 이 잉글랜드라는 영역에서는 아무런 사법적 지배권이 없는 반면에 치안판사는 자신의 엄숙한 권한을 갑작스레 나에게 행사할 수가 있다. 사람들은 주교보다는 나이 든 과학자에 대한 농담을 더 많이 하는데, 그건 과학이 종교보다 경박하기 때문이 아니라 과학은 본래 종교보다 늘 엄숙하고 엄격한 것이기 때문이다. 그러니 끔찍이 중요한 문제들을 두고서 농담을 하는 사람은 내가 아니며, 어떤 특정한 부류의 저널리스트나 익살꾼도 아니다. 바로 인류 전체가 그러고 있다. 세상에 대한 가장 작은 지식이라도 있는 이가 누구라도 인정할 만한 사실이 하나 더 있다면, 그건 사람들은 늘 중요하지 않은 것들에 대해서는 할 수 있는 한 최고의 관심을 기울이며 진심으로 진중하게 말하지만, 정말 중요한 것들에 대해서는 늘 경망스럽게 말한다는 점이다. 사람들은 한 무리의 추기경 같은 얼굴을 하고서 골프나 담배, 양복 조끼나 정당 정치에 대해 몇 시간이고 떠들어 댄다. 하지만 세상에서 가장 무겁고 무서운 것들은 모두 세상에서 가장 오래된 농담들에 들어 있다. 결혼하는 것이나 목 매달리는 일 말이다.

맥케이브[1]라는 신사는 이 문제에서 내게 거의 개인적으로 호소를 했다. 나는 그의 신실함과 지적 능력을 높이 존중하므로 나

---

[1] 조지프 맥케이브Joseph McCabe, 1867-1955는 영국의 작가이자 당대의 대표적인 자유사상 주창자 중 하나였다. 이른 나이에 프란치스코회 수사가 되어 사제로 서품 받고 루뱅 대학에 유학까지 하였으나 이후 수도회를 떠나 합리주의 관점에서 그리스도교와 교회를 강력히 비판했다. 오늘날에는 세속적 휴머니즘의 선구자로 평가받고 있다.

의 비판자를 만족시키려는 어떤 시도도 하지 않은 채 그냥 지나쳐 버릴 마음은 들지 않는다. 맥케이브는 『그리스도교와 합리주의 심리審理』*Christianity and Rationalism on Trial* 라는 책에 실린 마지막 글의 상당 부분을 할애하여, 나의 논지가 아니라 나의 방법에 이의를 제기하고는 그 방법을 바꿀 것을 무척 친근하고도 위엄 있게 호소했다. 이 문제와 관련하여 내게 스스로 방어하고 싶은 마음이 드는 건 다만 맥케이브를 존경하는 마음에서 그런 것이며, 더욱이 이 문제만이 아니라 다른 문제들에서도 그가 저지른 오류로 인해 위험에 처했다고 생각되는 진리를 존중하는 마음에서 그런 것이다. 공정을 기하고자 맥케이브의 말을 직접 인용하겠다.

> 그러나 체스터턴을 자세히 살피기 전에, 나는 그의 방법을 개괄할 것이다. 그는 자신의 궁극적인 목적에 있어서는 나만큼이나 진지하며, 나는 그 점에 대해 그를 존중한다. 그는 인류가 엄숙한 갈림길에 서 있음을 나만큼이나 잘 안다. 인류는 어느 시대에나 행복을 바라는 압도적인 갈망에 추동되어 미지의 목적을 향해 나아갔다. 오늘날에는 무척 가벼운 마음으로 잠시 멈추어 망설이고 있는데, 진지하게 생각할 줄 아는 모든 사람은 그 결정이 얼마나 중대한지를 안다. 그 결정이란 종교의 길을 버리고 세속주의의 길로 들어서는 것이다. 인류는 이 새 길을 따라 내려가다 관능의 진창에 빠져 여러 해 동안 도시와 산업의 무정부 상태에서 헐떡이며 고생하다 길을 잃고, 결국 종교를 향해 되돌아가야 한다고 깨닫게 될까? 아니면, 이제야 안개와 진창을 벗어나고 있으며 그토록 오랫동안 희미하게만 보였던 언덕의 오르막길을 올라 오래 찾아 헤매던 유토피아를 향해

곧장 나아가고 있다고 깨닫게 될까? 이것이 바로 우리 시대의 드라마이니, 남녀 모두가 이를 이해해야 한다.

...

　　체스터턴은 이를 이해한다. 더욱이 그는 우리에게 이에 대한 믿음을 준다. 우리를 맹목적인 성상파괴자들이나 도덕적 무정부주의자들로 폄하하는 수많은 그의 동료들은 하찮은 비열함이나 기이한 우둔함을 지녔지만, 체스터턴에게는 그런 것이 전혀 없다. 그는 우리가 진리와 진보라고 여기는 것을 위해 아무런 보상도 없는 전쟁을 치르고 있음을 인정한다. 그 역시 똑같은 일을 하고 있다. 하지만 왜 합리적인 모든 것의 이름으로, 사안의 중대함에 동의하면서도 진지한 논쟁 수행 방식들은 버려야 하는가? 남녀 모두를 설득하여 때때로 그들의 생각을 정리하도록 하고 그들 자신이 인류의 운명을 무릎 위에 쥐고 있는 진짜 신⬚임을 기억하게 하는 것이야말로 우리 시대의 절박한 요구인데, 어째서 만화경같이 언어를 구사하는 것은 시의적절하지 않다고 생각해야 하는가? 알함브라의 발레와 수정궁의 불꽃놀이, 그리고 『데일리 뉴스』*The Daily News*에 실리는 체스터턴의 논설들은 삶 속에 저마다 자기 자리가 있다. 그러나 진지한 사회 연구자라는 사람이 억지로 꾸민 역설들을 가지고서 사려 깊은 우리 세대를 치유할 생각을 어떻게 할 수 있는지, 문학적인 날랜 속임수를 통해 사람들에게 사회 문제를 제대로 파악하게 할 생각을 어떻게 할 수 있는지, 로켓 같은 은유와 부정확한 '사실'을 생각 없이 마구 뿌려 대고 판단을 상상으로 대체함으로써 중요한 문제들을 해결할 생각을 어떻게 할 수 있는지, 나는 이해할 수 없다.

이 부분을 인용하면서 특히나 기쁜 마음이 든다. 맥케이브와 그 동료들이 지닌 철학적 태도의 온전한 신실함과 책임감을 내가 어느 정도로 인정하는지, 그가 아무리 힘주어 강조해도 지나치지 않다는 게 확실하기 때문이다. 나는 그들이 하는 말이 모두 진심이라고 확신한다. 내가 하는 말도 모두 진심이다. 그런데 맥케이브는 왜 내가 하는 말이 진심이라는 사실을 인정하는 데 어떤 불가해한 망설임을 내비치는 걸까? 나는 그의 정신적 책임감을 확신하는데, 그는 왜 나의 정신적 책임감을 확신하지 못하는 걸까? 이 질문에 직접적이고도 만족스럽게 답하려면, 가장 짧은 지름길을 통해 문제의 뿌리에 도달해야 할 것이다.

맥케이브는 내가 진지하지 않고 단지 웃길 뿐이라고 생각한다. 맥케이브는 웃긴 것을 진지한 것의 반대라고 생각하기 때문이다. 하지만 웃긴 것은 웃기지 않는 것의 반대일 뿐 다른 어떤 것의 반대도 아니다. 사람이 자신을 괴상하거나 우스운 어법으로 표현하는가 아니면 장중하거나 절제된 어법으로 표현하는가 하는 문제는 동기나 도덕의 문제가 아니라 본능적인 언어와 자기표현에 관한 문제다. 사람이 진리를 말하되 긴 문장으로 말하는가 아니면 짧은 농담으로 말하는가 하는 문제는 진리를 말하되 프랑스어로 말하는가 아니면 독일어로 말하는가 하는 문제와 비슷하다. 한 사람이 복음을 설교하는데 괴상하게 하는가 아니면 진중하게 하는가 하는 문제는 복음을 설교하되 산문으로 하는가 아니면 운문으로 하는가 하는 문제와 다르지 않다. 스위프트가 반어적 표현을 재미나게 사용했는가 하는 문제는 그가 자신의 비관주의를 진지하게 다루었는가 하는 문제와는 전혀 다른 사안이다. 단언하건대 맥케이브도 '걸리버'가 그 방법에서 더 웃겨질수록 그 목적에서 덜 신실해진다고는 주장하지는 못할 것이다. 이미 말했듯이, 웃기는 것과 진지한 것 사이에는 아무 관련도 없다. 그 둘을 서로 비교하는 건 검은색과 삼각형을 서로 비교할 수 없는 것만큼이나 불가능하다. 버나드 쇼는 웃기고 신실하다. 조지 로비[2]는 웃기고 신실하지 않다. 맥케이브는 신실하고 웃기지 않다. 보통의 정부 각료는 신실하지도 웃기지도 않다.

요컨대 맥케이브는 성직자 유형의 사람들에게서 흔히 보이는 일차적인 오류의 영향 아래 있다. 내가 종교에 대해 농담하는 것을 두고 많은 성직자가 때때로 나를 책망하곤 했는데, 그들은 거의 언제나 '하나님의 이름을 함부로 부르지 말라'는 온당하고 권위 있는 계명을 들먹였다. 물론 나는 상상 가능한 어떤 의미에서도 하나님의 이름을 함부로 부르지 않았다는 점을 콕 짚어주었다. 무언가를 취하여 그에 대해 농담을 한다고 해서 그를 함부로 취한 것은 아니다. 오히려 그를 취하여 흔치 않게 좋은 목적을 위해 사용한 것이다. 무언가를 헛되이 쓰는 건 쓸모없이 사용하는 것이다. 하지만 농담은 극도로 유용한 것일 수 있다. 농담은 어떤 상황에 담긴 천상의 의미는 말할 것도 없고 지상의 의미까지 모두 담을 수 있다. 그리고 성경에서 계명을 찾아내는 사람들은 농담도 얼마든지 찾아낼 수 있다. 하나님의 이름을 헛되이 부르지 못하도록 막아 놓은 바로 그 책에서, 하나님 자신은 끔찍스러울 만큼 가볍게 끊임없이 변덕을 부리며 욥을 압도한다. 하나님

2 　조지 로비George Robey라는 이름으로 더 잘 알려진 조지 에드워드 웨이드George Edward Wade, 1869-1954는 당대 최고로 평가받던 영국의 코미디언이다.

의 이름을 헛되이 불러서는 안 된다고 말하는 바로 그 책에서, 웃고 있는 하나님과 윙크하는 하나님을 무심코 편안하게 이야기한다. 물론 우리가 바로 이 자리에서 그 이름을 헛되이 부른다는 것의 의미를 보여 주는 진짜 사례들을 찾아봐야 하는 건 아니다. 그런 사례를 정말로 어디서 찾아봐야 하는지를 알기도 그리 어렵지 않다. 정말로 주님의 이름을 헛되이 부르는 사람들은 (내가 요령 있게 지적했듯이) 성직자들 자신이다. 근본적이고 실제적으로 경망스러운 것은 경솔한 농담이 아니다. 근본적이고 실제적으로 경망스러운 것은 경솔한 엄숙함이다. '진지하게 이야기하기'라는 행동을 통해 현실성과 견고성에 대한 어떠한 보증을 전할 수 있는지를 맥케이브가 정말로 알고자 한다면, 설교대 주변을 돌아다니며 행복한 일요일을 보내게 해주면 된다. 아니면, 상원 의회나 하원 의회에 들르게 해주는 편이 더 낫다. 맥케이브도 그곳 사람들이 엄숙하다는 것을, 나보다 더 엄숙하다는 것을 인정할 것이다. 그리고 내 생각엔 맥케이브도 그곳 사람들이 경망스럽다는 것을, 나보다 더 경망스럽다는 것을 인정할 터이다. 그런데 맥케이브는 왜 공상적이고 역설적인 작가들에게서 비롯되는 위험에 대해 그토록 유려하게 말해야 할까? 그는 왜 진중하고 장황한 작가들을 그토록 열렬히 원하는 걸까? 공상적이고 역설적인 작가들은 그리 많지도 않다. 하지만 진중하고 장황한 작가들은 엄청나게 많다. 게다가 맥케이브가 몹시도 싫어하는 모든 것이 (그리고 바로 그 점 때문에 내가 몹시도 싫어하는 모든 것이) 명맥을 유지하며 활기를 띠는 까닭은 진중하고 장황한 작가들의 활동 덕분이다. 맥케이브처럼 똑똑한 사람이 어째서 역설과 희롱이 길을 가로막는다고 생각하게 되었을까? 현대적인 활동의 모든 분야에서 길을 가로막는 것은 바로 엄숙함이다. 그가 그토록 좋아하는 '진지한 방법'이, 그 토록 좋아하는 '중대함'이, 그토록 좋아하는 '판단'이 사방에서 길을 가로막는다. 정부 각료에게 대표단을 이끌고 가 본 사람은 모두 이 사실을 안다. 『타임스』*The Times* 신문에 편지를 보내 본 사람은 모두 이 사실을 안다. 가난한 이들의 입을 틀어막고 싶어 하는 부유한 사람은 모두 '중대함'을 이야기한다. 해답을 찾지 못한 정부 각료는 모두 갑작스레 '판단'을 전개한다. 악독한 방법을 사용해 노동을 착취하는 사람은 모두 '진지한 방법들'을 권한다. 좀 전에 나는 신실함이 엄숙함과는 아무런 관련이 없다고 말했지만, 고백하건대 내 말이 옳다고 확신하지는 않는다. 어쨌든 현대 세계에서 엄숙함은 신실함의 직접적인 적이다. 현대 세계에서는 거의 언제나 한쪽에 신실함이 있고, 엄숙함은 거의 언제나 그 반대쪽에 있다. 신실함의 맹렬하고도 유쾌한 공격에 대응할 수 있는 유일한 해답은 엄숙함의 비참한 해답이다. 맥케이브가 아닌 다른 누구라도 신실하려면 진중해야 한다고 생각하는 사람이 있다면, 버나드 쇼가 사회주의자 대표단을 이끌고 오스틴 체임벌린[3]에게 가는 상황, 그 가운데 정부 사무실에서 벌어질 장면을 상상하게 해보라. 과연 엄숙함은 어느 쪽에 있으며, 신실함은 어느 쪽에 있을까?

맥케이브가 경망스러움을 비난하는 그의 체계 속에서 버나드 쇼와 나를 한데 묶어 생각한다는 점을 알게 되니 정말 기분이

---

3   오스틴 체임벌린Austen Chamberlain, 1863-1937은 영국의 정치인이다. 조지프 체임벌린의 큰아들로 보수당 의원으로 활동했고, 외무장관으로 재직하던 중에 로카르노 조약1925의 체결을 중재하여 전쟁을 방지한 공로로 노벨평화상을 받았다.

좋다. 맥케이브는, 버나드 쇼가 글의 단락마다 '진지하다' 아니면 '웃기다'라는 꼬리표를 달아 두길 바란다고 말하기도 했다. 나는 버나드 쇼의 글에서 어떤 단락에 '진지하다'라는 꼬리표가 붙어야 하는지 알지 못한다. 다만 맥케이브가 이 말을 한 단락에는 의심의 여지 없이 '웃기다'라는 꼬리표가 붙어야 한다는 게 확실하다. 내가 지금 논하는 그 글에서, 맥케이브는 버나드 쇼의 평판에 대해 언급한다. 쇼는 청중이 예상하지 못하는 모든 걸 의도적으로 말한다는 것이다. 이 이야기가 얼마나 요령부득하며 설득력이 없는지를 애써 설명할 필요는 없겠다. 이미 내가 버나드 쇼에 대해 언급하면서 충분히 다루었기 때문이다. 여기서는 내가 생각하기에 한 사람으로 하여금 다른 한 사람에게 귀 기울이게 하는 단 하나의 진지한 이유를 언급하는 것으로 충분하다. 그 이유란, 듣는 이가 말하는 이에게서 기대치 못한 것을 듣게 되리라 기대하며 열렬한 믿음과 변함없는 관심을 품고서 그를 바라본다는 것이다. 이는 역설일 수도 있으나, 그것이 역설인 까닭은 역설이란 참이기 때문이다. 이는 이성적이지 않을 수도 있으나, 그것이 이성적이지 않은 까닭은 이성주의란 그릇되었기 때문이다. 우리가 예언자나 스승의 말씀을 들으러 갈 때, 우리는 재치를 기대할 수도 있고 안 할 수도 있으며, 능변을 기대할 수도 있고 안 할 수도 있다. 하지만 우리가 기대치 못한 것을 기대한다는 것만은 참이다. 우리는 참된 것을 기대하지 않을 수 있고, 지혜로운 것을 기대하지 않을 수도 있지만, 기대치 못한 것을 기대한다는 것만은 참이다. 기대치 못한 일을 기대하지 않는다면, 왜 예언자나 스승의 말을 들으러 가겠는가? 기대할 만한 것을 기대할 뿐이라면, 왜 그저 집에

이단 Heretics

234

앉아 스스로 기대되는 바를 기대하지 않겠는가? 맥케이브가 단지 버나드 쇼를 두고 이런 이야기를 하는 것이라면, 그러니까 쇼가 그에게 귀 기울이는 사람들에게 기대치 못하게 적용할 만한 교의를 늘 지니고 있다는 말을 하는 것이라면, 맥케이브의 말은 참이다. 그리고 그 말이 참이라고 말하는 건 버나드 쇼가 독창적인 사람이라고 말하는 것과 같다. 하지만 맥케이브의 말이 혹여 버나드 쇼는 절대 자기 자신의 교의를 주장하거나 설파한 적이 없다는 뜻이라면, 그 말은 참이 아니다. 버나드 쇼를 옹호하는 일이 내 할 일은 아니다. 이미 밝혔듯이, 나는 전적으로 그와 생각이 다르니까. 다만 이 문제에 있어서는 쇼를 위하여 맥케이브 같은 그의 모든 변변찮은 적에게 단호히 도전하는 일도 마다하지 않겠다. 나는 맥케이브가 아니라 다른 누구에게라도 도전하겠다. 재치 있게 말하기 위해서였든 참신하게 말하기 위해서였든, 버나드 쇼가 단 한 번이라도 다른 곳에서 표명했던 제 교의의 본체로부터 직접 추론할 수 없는 입장을 취한 적이 있다면 한번 말해 보라. 나는 나 자신이 버나드 쇼의 언사를 어지간히도 가까이 따르던 학생이었음을 기쁘게 밝히는 바다. 내가 다른 무엇을 의도하는 게 아님을 믿지 못하겠어도, 이렇게 도전하려 한다는 것만은 맥케이브가 부디 믿어 주길 바란다.

어쨌든 이 모든 이야기는 여담에 불과하다. 내가 지금 이러는 까닭은 맥케이브가 나에게 그토록 경망스럽게 굴지 말라고 호소한 것과 즉각적으로 관련되어 있다. 그러니 그 호소의 글로 돌아가 보자. 물론 그 글에는 내가 자세하게 말할 만한 것들이 아주 많다. 일단 맥케이브가 오류를 저지른 부분부터 시작해 보겠다. 그는 종교의 소멸과 관련하여 내가 예상하는 위험이 관능의 증대라고 생각한다. 하지만 오히려 나는 관능의 감소 쪽으로 기운다. 생명이 감소하리라 예상하기 때문이다. 나는 현대 서구의 물질주의 아래에서 우리가 무정부 상태에 빠지는 일은 없으리라고 생각한다. 우리가 자유를 누리기에 충분한 개인적 용맹과 정신을 갖게 될지도 의심스럽다. 회의주의에 반대하면 삶에서 규율이 제거되리라고 생각하는 것은 낡아빠진 오류에 불과하다. 회의주의에 반대하면 원동력이 제거될 뿐이다. 물질주의는 단지 규제를 파괴하는 것만은 아니다. 물질주의 그 자체가 커다란 규제다. 맥케이브와 그 무리는 정치의 자유를 옹호하면서도 정신의 자유는 부인한다. 다시 말해 그들은 위반 가능한 법을 폐지하고 위반 불가능한 법으로 그 자리를 대체한다. 그런데 이것이야말로 진짜 노예제다.

사실 맥케이브가 믿는 과학 문명에는 한 가지 다소 특이한 결함이 있다. 과학 문명에는 민주주의, 그러니까 맥케이브 또한 믿고 있는 '보통 사람의 힘'을 파괴하는 영구적인 경향이 있다는 말이다. 과학은 전문 분야를 의미하며 전문 분야는 곧 과두정을 의미한다. 물리학이나 천문학에서 특수한 사람들이 특수한 성과를 산출해 내리라고 믿는 습성이 한번 자리를 잡으면, 사람을 강제하고 통치하는 데서도 특수한 사람들이 특수한 일들을 해내리라고 믿어야 한다는 똑같이 자연스러운 요구에 대해 문을 열어 두게 된다. 어느 한 딱정벌레가 어느 한 사람의 유일한 연구 대상이 되어야 하고 어느 한 사람이 어느 한 딱정벌레의 유일한 연구자가 되어야 한다는 생각을 합리적이라고 느낀다면, 정치가 어느 한 사람의 유일한 연구 대상이 되어야 하고 어느 한 사람만이 정

이단 Heretics

치의 유일한 연구자가 되어야 한다고 말하는 것도 아주 무해한 결과로 받아들인다. 내가 이 책의 다른 부분에서 지적했듯이 전문가는 귀족보다 더 귀족적이다. 귀족은 그저 잘 사는 사람일 뿐이지만, 전문가는 더 잘 아는 사람이기 때문이다. 그러나 과학 문명의 진보 과정을 들여다보면, 도처에서 전문가의 기능이 점차 커지다가 마침내 대중의 기능을 능가하게 되었음을 볼 수 있다. 한때는 사람들이 식탁 주위에 모여 함께 노래를 불렀지만, 이제는 한 사람이 혼자 노래한다. 단지 그가 노래를 더 잘 부를 수 있다는 어이없는 이유 때문이다. 과학 문명이 이대로 계속된다면 (그럴 개연성은 적지만) 오직 한 사람만이 웃을 것이다. 단지 그가 나머지 사람들보다 더 잘 웃을 수 있다는 이유에서 말이다.

이를 더 간단히 표현하는 데서 다음과 같은 맥케이브의 문장 하나를 취하는 것 말고 다른 방법이 있을지 모르겠다. "알함브라의 발레와 수정궁의 불꽃놀이, 그리고 『데일리 뉴스』에 실리는 체스터턴의 논설들은 삶 속에 저마다 자기 자리가 있다." 내 논설들이 함께 언급된 다른 두 가지만큼 고귀한 자리를 차지한다면 좋겠다. 그러나 한번 자문해 보자. (채드밴드[4]가 말하듯이 사랑의 정신으로 물어보자.) 알함브라의 발레란 무엇인가? 알함브라의 발레란 특별히 선택된 한 무리의 사람들이 붉은색 옷을 입고 무용이라고 하는 조직적인 활동을 펼쳐 보이는 것으로서 알함브라의 명물이다. 단일한 종교에 지배되는 모든 연방국가에서는, 이를테면 중세

---

4   채드밴드Chadband는 찰스 디킨스의 소설 『황폐한 집』Bleak House, 1853에 등장하는 복음주의 교회 성직자다. 디킨스는 느끼하고 과장되게 설교하는 채드밴드의 모습을 통해 자기만족적인 그릇된 신앙을 풍자한다.

그리스도교 연방국가와 그 밖에 많은 미개한 사회에서는 이렇게 춤을 추는 습관이 모두가 함께 하는 공동의 관습이었고 어떤 전문 계층에만 한정되는 법이 없었다. 굳이 무용수가 아니어도 누구나 춤을 출 수 있었다. 전문가가 아니어도 춤을 출 수 있었다. 붉은색 옷을 입지 않아도 춤을 출 수 있었다. 그런데 맥케이브의 과학 문명이 발전하면서, 다시 말해 종교 문명이 (혹은 진짜 문명이) 쇠퇴하면서 그에 비례하여 더더욱 '잘 훈련된' 사람들이 더더욱 붉은색 옷을 입고 춤을 추게 되었다. 그리고 더더욱 많은 사람이 춤을 추지 않게 되었다. 이렇게 유럽의 옛 왈츠같이 파트너와 함께 추는 춤이 사회 안에서 점점 그 지위를 잃고 스커트 댄스[5]라고 하는 끔찍하고 모멸적인 막간극으로 대체되는 상황을 두고서 내가 무슨 말을 하려는지는 맥케이브도 인지하고 있을 것이다. 그야말로 완전한 퇴폐의 정수다. 돈을 벌려고 하는 한 사람으로 인해 재미 삼아 하는 다섯 사람이 소멸되는 것이다. 그러니 알함브라의 발레와 나의 논설들을 두고서 '삶 속에 저마다 자기 자리가 있다'라고 평하는 맥케이브에게는, 그가 최선을 다해 창조하려는 세상이란 춤이 삶에서 아무런 자리도 창조하지 못하는 세상이라는 점을 짚어 주어야겠다. 정말로 그는, 춤이 한 자리를 차지하는 그런 삶이 전혀 존재하지 않는 세상을 창조하려고 기를 쓰고 있다. 맥케이브는 춤이란 알함브라에 고용된 여인들에게 속한 것이라고 생각한다. 그리고 이 사실은 종교 역시 목에 하얀 타이를 두른 고

이단 Heretics

---

5   스커트 댄스skirt-dancing란 19세기 말 런던의 대중 공연 극장에서 크게 인기를 끌었던 춤이다. 과도할 정도로 폭이 넓은 치마를 입은 여성 무용수들이 양손으로 치맛단을 잡고 이러저러한 모양을 만들며 춤을 추었다.

용된 남자들에게 속한 것이라고 생각하게끔 하는, 그가 지닌 동일한 원칙을 그대로 예시한다. 춤과 종교는 둘 다 우리를 위해 행해져야 하는 것이 아니라 우리에 의해서 행해져야 한다. 만일 맥케이브에게 정말 신앙이 있더라면, 그는 행복할 것이다. 그리고 정말 행복하다면, 그는 춤을 출 것이다.

요컨대 우리는 이 문제를 이렇게 정리할 수 있다. 현대 생활의 요점은 알함브라의 발레가 삶에서 자기 자리를 갖고 있다는 게 아니다. 현대 생활의 요점은, 즉 현대 생활의 주요하고도 거대한 비극은 맥케이브가 알함브라의 발레에서 자기 자리를 갖지 못한다는 것이다. 달라지는 우아한 자세를 취하는 기쁨, 음악의 곡조에 몸을 맞추는 기쁨, 옷자락을 휘날리는 기쁨, 한쪽 다리로만 서는 기쁨 등 이 모든 기쁨은 당연히 맥케이브와 나에게, 다시 말해 건강한 보통 시민들에게 속한 것이어야 한다. 어쩌면 우리는 이러한 변화의 과정을 겪는 데 동조해서는 안 될 것이다. 우리는 비참한 현대인이며 합리주의자들이기 때문이다. 우리는 단지 의무를 사랑하기보다 우리 자신을 더 사랑하는 것이 아니다. 우리는 실제로 기쁨을 사랑하기보다 우리 자신을 더 사랑한다.

그러므로 맥케이브가 자신은 알함브라의 춤에 (그리고 나의 논설에) 삶의 한 자리를 내준다고 말한다면, 그의 철학과 그가 좋아하는 문명의 본성상 그가 내주는 자리가 매우 부적절한 자리임을 지적함으로써 우리가 정당화된다고 나는 생각한다. (내가 너무 아첨하는 듯한 평행적 대비를 이어가도 된다면) 맥케이브는 알함브라의 춤과 나의 논설들을, 어떤 특별한 사람들이 (아마도 돈 때문에) 그를 즐겁게 해주려는 목적에서 행하는 매우 이상하고 어리석은 두 가지 일이라고 생각하기 때문이다. 하지만 그가 춤추고 싶어 하는 오래되고 숭고한 인간의 기본적 본능을 단 한 번이라도 느꼈더라면, 춤이라는 게 절대 경망스럽지 않고 오히려 매우 진지한 것임을 깨달았을 터이다. 춤이란 어떤 종류의 감정들을 표현하는 매우 진중하고 순결하며 품위 있는 방법임을 발견했을 것이다. 마찬가지로 버나드 쇼와 내가 그랬듯이 맥케이브가 역설이라 불리는 어떤 것에 대한 충동을 한 번이라도 느꼈더라면, 역설이라는 게 경망스럽지 않고 오히려 매우 진지한 것임을 깨달았을 터이다. 역설이란 단순히 믿음에 속하는 어떤 반항적인 기쁨을 의미한다는 점을 발견했을 것이다. 시끌벅적 신나게 춤추는 보편적인 관습이 없는 문명이란 순전히 인간적인 관점에서 볼 때 결함이 있는 문명으로 간주할 수밖에 없다. 그리고 이런 방식이든 저런 방식이든, 하여간 시끌벅적 재미나게 생각하는 습관이 없는 정신이란 순전히 인간적인 관점에서 볼 때 결함이 있는 정신으로 간주할 수밖에 없다. 발레가 자신의 일부라고 하는 맥케이브의 말은 공허하다. 그가 발레의 일부여야 한다. 그렇지 않다면 그는 온전한 한 사람이 아니라 그 일부일 뿐이다. "논쟁 속에 유머를 들여오는 데 이의를 달지 않는다"라고 하는 맥케이브의 말은 공허하다. 그는 온갖 논쟁 속에 유머를 들여와야 한다. 부분적으로 유머 작가가 되지 않는 사람은 그저 부분적으로만 인간이기 때문이다. 이 모두를 간단히 정리하자면 이렇다. 만약 맥케이브가 나에게 왜 인간의 본성을 논하는 데 경망스러움을 들여와야 하는지 묻는다면, 나는 이렇게 답하겠다. 그건 경망스러움이 인간 본성의 일부이기 때문이라고. 만약 맥케이브가 나에게 왜 역설이란 것을 철학

문제에 들여와야 하는지 묻는다면, 나는 이렇게 답하겠다. 그건 모든 철학 문제에 역설의 경향이 있기 때문이라고. 만일 맥케이브가 내가 삶을 가지고 난리를 떠는 데 반대한다면, 나는 삶이란 원래 한바탕 난리라고 답할 것이다. 그리고 내가 바라보는 우주는 그의 철학과 비슷하기보다는 오히려 수정궁의 불꽃놀이와 훨씬 더 비슷하다고 말해 주겠다. 전 우주에는 마치 가이 포크스의 날[6]을 준비할 때와 같은 어떤 팽팽히 긴장된 비밀 축제의 기운이 감돈다. 영원이란 어떤 날의 전야前夜다. 하늘의 별들을 올려다볼 때마다 내겐 저 별들이 소년들의 폭죽에서 뿜어져 나와 영원한 낙하 속에 고정된 불꽃이라는 느낌이 든다.

---

6 1605년 11월 5일 가이 포크스Guy Fawkes가 이끄는 로마가톨릭 신자 일당이 국교 이외의 종파를 탄압하는 제임스 1세의 정책에 반발하여 웨스트민스터궁을 폭파하고자 했으나 발각되는 사건이 있었다. 이후 영국 사람들은 이날을 가이 포크스 데이Guy Fawkes Day로 이르고, 밤이 되면 모닥불을 피우고 화약을 터뜨리거나 불꽃놀이를 하며 즐긴다.

I7

휘슬러의
재치

능력 있고 독창적인 작가 아서 시먼스는 최근 출간한 평론집에 자신의 시집 『런던 나이츠』에 관한 변명의 글을 실었다.[1] 이 글에서 그는 도덕이란 예술에 전적으로 종속되어야 한다고 말한다. 그리고 예술이나 아름다움에 대한 숭배는 어느 시대에나 한결같지만, 도덕은 모든 시대에 모든 측면에서 달라진다고 하는 다소 독특한 논거를 이용한다. 그는 윤리에 어떤 영구적인 특성이나 속성이 있다고 말하는 비평가들이나 독자들에게 도전하려는 것 같다. 그리

---

[1]   아서 시먼스Arthur Symons, 1865-1945는 웨일즈 출신의 시인, 작가, 평론가로서 버나드 쇼 등이 기고한 것으로 유명한 문예지 『사보이』*The Savoy*의 편집자이기도 했다. 그는 보들레르나 베를렌 같은 프랑스 시인들의 영향이 뚜렷한 작품들을 많이 남겼다. 『런던 나이츠』*London Nights*, 1895는 춤과 노래와 무대를 소재로 한 관능적인 작품들이 많이 담긴 시집이다.

고 이는 초현대적인 유미주의자들을 동방의 은수자만큼이나 병적이고 광신적으로 만들어 놓는, 도덕에 관한 과장된 편견의 무척 흥미로운 사례임에 틀림없다. 한 시대의 도덕이 다른 시대의 도덕과 완전히 다를 수 있다는 말은 현대 주지주의主知主義의 매우 흔한 관용구가 되었다. 그리고 현대 주지주의의 수많은 여타 구절과 마찬가지로 이 구절 역시 말 그대로 아무런 의미가 없다. 두 개의 도덕이 서로 완전히 다르다면, 왜 둘을 아울러 도덕이라 부르겠는가? 그건 마치 이렇게 말하는 것과 같다. "여러 다양한 지역의 낙타들은 완전히 다르다. 어떤 낙타는 다리가 여섯이고 어떤 낙타는 다리가 아예 없다. 어떤 낙타는 비늘이 있고 어떤 낙타는 깃털이 있다. 어떤 낙타는 뿔이 났고 어떤 낙타는 날개가 달렸다. 어떤 낙타는 초록색이고 어떤 낙타는 삼각형이다. 그들에게 공통점이라곤 하나도 없다." 분별 있는 보통 사람이라면 이 말을 듣고서 이렇게 대꾸할 것이다. "그렇다면 어째서 그것들을 모두 낙타라고 부르지요? 낙타라는 말의 뜻은 무엇입니까? 그리고 낙타를 보았을 때 어떻게 낙타인지 알아보나요?" 물론 예술에 영구적인 실체가 있듯이 도덕에도 영구적인 실체가 있다. 하지만 그렇게 말하는 건, 단지 도덕은 도덕일 뿐이고 예술은 예술일 뿐이라고 하는 것이나 다름없다. 이상적인 예술 비평가에게는 분명히 모든 유파 아래에서 유유히 지속되는 아름다움이 보일 것이다. 마찬가지로 이상적인 도덕가에게는 모든 규율 아래에서 유유히 지속되는 윤리가 보일 것이다. 그러나 현실에서는, 이제껏 살았던 잉글랜드인들 가운데 가장 훌륭한 이들조차 브라만의 별처럼 반짝이는 경건함에서 타락과 우상 숭배밖에는 보지 못했다. 그리고 마찬가지로 이

제껏 세상에 존재했던 예술가들 가운데 가장 훌륭한 르네상스의
거장들조차 고딕의 영묘한 에너지에서 야만밖에는 보지 못했다.

　　현대 유미주의자들 사이에 퍼진 도덕에 대한 편견이 그렇게
노골적으로 눈에 띄게 드러나지는 않았다. 하지만 이러한 편견은
실은 도덕 자체에 대한 편견이 아니라 다른 사람들의 도덕에 대
한 편견이다. 일반적으로 이 편견은 이교적이고 인간적인, 그럴
듯한 어떤 종류의 삶을 도덕적으로 선호하는 데서 비롯한다. 현
대 유미주의자는 자신이 행위보다는 아름다움에 더 많은 가치를
둔다는 점을 우리가 믿어 주기를 바라면서 말라르메[2]를 읽고, 술
집에 가서 압생트[3]를 마신다. 이것은 현대 유미주의자가 가장 좋
아하는 종류의 아름다움일 뿐 아니라 그가 가장 좋아하는 종류의
행위이기도 하다. 하지만 자신이 오로지 아름다움만을 추구한다
는 점을 우리가 믿어 주길 정말로 바란다면, 그는 다른 어디에 갈
것이 아니라 웨슬리 교파[4]의 학교 소풍에 가서 웨슬리 교파 아기
들의 머리카락에 반짝이는 햇살을 그려야 할 것이다. 그리고 다른

2　　스테판 말라르메Stéphane Mallarmé, 1842-1898는 19세기 후반 프랑스를 대표하는 시
　　인이다. 상징주의의 창시자로 칭송되며, 프랑스는 물론 당대 서구 문단과 화단에
　　큰 영향을 주었다.

3　　압생트absinthe는 19세기 말부터 유행했던 값싼 초록색 증류주다. 헤밍웨이나 반
　　고흐 등 가난한 예술가들이 즐겨 마신 것으로 유명하며 그들의 작품에도 자주 등
　　장했다. 정신질환을 초래한다는 의혹 때문에 20세기 들어 유럽 전역에서 금지되
　　기도 했다.

4　　존 웨슬리John Wesley, 1703-1791가 일으킨 감리교 운동을 말한다. 웨슬리는 영국 국
　　교회의 사제였으나 개인적인 복음적 회심을 경험한 뒤 이곳저곳에서 열린 소모
　　임을 중심으로 자유의지를 강조하고 종교적 의례와 개인의 종교 체험을 조화시
　　키려는 새로운 신앙 운동을 전개했다.

무엇을 읽을 게 아니라 케케묵은 장로교 성직자들의 웅변적인 신학 설교나 읽어야 할 것이다. 여기에는 도덕적 연민이란 연민은 모두 결여되어 있으니 그의 관심이 순수한 언어나 회화에 있다는 사실이 입증될 것이다. 그러나 현대 유미주의자는 그가 읽고 쓰는 모든 책에서 자신의 도덕과 부도덕의 치맛자락에만 매달려 있다. '예술을 위한 예술'의 대변자는 도덕적 설교를 한다는 이유로 늘 러스킨[5]에게 호된 비난을 퍼붓는다. 하지만 그가 정말로 '예술을 위한 예술'의 대변자라면, 늘 러스킨의 문체를 강조했을 것이다.

예술과 도덕을 구분하는 교의가 거둔 성공은, 그 주창자들 가운데 가장 뛰어난 인물들의 인격과 실제 행동에서 예술과 도덕이 절망적으로 뒤섞여 있다는 데서 상당 부분 기인한다. 이 행운의 모순이 육화한 존재가 바로 휘슬러[6]다. 일찍이 휘슬러만큼 예술의 비인격성을 그토록 잘 설파한 사람은 없었다. 그에게 그림이란 성격의 문제와는 아무런 관련도 없는 것이었다. 그를 열렬히 흠모하는 이들에게는 그의 성격이 그의 그림보다 훨씬 더 흥미로운 문제였지만 말이다. 휘슬러는 옳고 그림과는 상관없이 예술가로

5　　존 러스킨John Ruskin, 1819-1900은 19세기 후반을 대표하는 영국의 저명한 예술 평론가, 사회 비평가다. 원래는 미술 평론으로 시작하여 명성을 쌓았으나 차츰 사회적 모순에 눈을 돌려 인간의 정신 개조에 의한 사회 발전을 주장했다.

6　　제임스 휘슬러James Abbott McNeill Whistler, 1834-1903는 19세기 후반 영국 화단을 대표하는 미국인 화가다. 웨스트포인트 군사학교를 졸업한 뒤 화가가 되기로 결심하고 몇 년간 프랑스에서 활동하며 당대의 유명한 예술가들과 교류했다. 이후에는 주로 런던에 거주하면서 활동했고, '예술을 위한 예술'l'art pour l'art이라는 유미주의 사조를 주장한 대표적 예술가로서 다른 예술가들에게 많은 영향을 끼쳤다. 당대 최고의 평론가였던 러스킨의 비판을 받고 법적 소송까지 벌이며 논쟁한 것으로도 유명하다.

서 오롯이 서는 것 자체를 대단히 기뻐했다. 그는 아침부터 저녁까지 자신의 옳고 그른 점을 계속 이야기함으로써 성공을 거두었다. 그에게 재능은 많았으나 미덕은 별로 많지 않았다는 건 확실히 인정해야만 한다. 그의 전기傳記를 쓴 많은 작가는 휘슬러가 시련에 빠진 친구들에게 온정을 베풀었다고 썼지만, 그 정도 온정은 정신이 제대로 된 사람이라면 누구나, 심지어 해적들과 소매치기들에게도 있는 게 확실하다. 그것 말고 그에게서 눈에 띄는 미덕을 꼽자면 감탄을 자아내는 두 가지 뛰어난 미덕 곧 좋은 일에 대한 추상적 사랑과 용기뿐이다. 그가 모든 재능을 통해 얻은 것보다 이 두 가지 미덕으로 인해 얻은 것이 더 많다고, 나는 믿는다. 무언가를 설파하고자 하는 사람은 어느 정도 도덕가가 되어야 한다. 부도덕을 설파하고자 할 때조차도 그렇다. 월터 롤리 교수[7]는 저서 『제임스 맥닐 휘슬러를 기리며』*In Memoriam: James McNeill Whistler*에서, 순전히 그림에 관한 사안에서는 괴벽스러울 만큼 강력한 정직의 물줄기가 휘슬러의 복잡하고도 혼란스러운 성격을 관통해 흐른다고 주장했는데, 사실이 그러하다. "그는 그림틀 안쪽에 부주의하거나 무표정한 붓 터치를 그냥 남겨 두느니 작품을 부숴 버릴 것이다. 그는 더 나아 보이게 하려고 작품을 조금씩 고치기보다는 백 번이고 새로 그리려 할 것이다."

휘슬러 추모전의 개막식에서 일종의 추도사를 낭독해야 했던 롤리 교수를 비난할 사람은 아무도 없을 것이다. 롤리 교수는

---

7   월터 알렉산더 롤리Walter Alexander Raleigh, 1861-1922는 영국의 시인, 영문학자다. 케임브리지 대학에서 수학하고 글래스고 대학에서 교수로 재임했다가 1904년 옥스퍼드 대학의 첫 영문학 학과장이 되었다.

그 자리에서 대상의 공로와 강점만을 이야기했다. 휘슬러의 약점을 적절히 다룬 내용을 찾으려면 당연히 다른 유형의 글을 살펴야 할 터이다. 그러나 휘슬러에 대한 롤리의 견해에서, 휘슬러의 약점들이 누락되어선 안 된다. 그건 단순히 약점이기보다는 휘슬러의 고유하고 근본적인 약점에 관한 문제였다. 그는 감정적 수입에 합당하게 살아가는, 늘 허영으로 팽팽하고 얼얼한 그런 사람들 가운데 하나였다. 그래서 그에게는 여분의 힘이 없었다. 친절도 온정도 전혀 없었다. 온정이란 여분의 힘이라고 정의할 수 있기 때문이다. 그에게는 신과 같은 태평스러움도 없었다. 그는 절대로 자기 자신을 잊지 않았다. 그 자신의 표현을 빌리자면, 휘슬러의 온 생애는 잘 정돈된 삶이었다. 그는 '삶의 예술'이라는 말을 즐겨 했지만, 이건 그야말로 비참한 속임수였다. 한마디로 그는 훌륭한 예술가였으나 단연코 훌륭한 사람은 아니었다. 이런 연결 고리를 살피면서 피상적인 문학의 관점에서 볼 때, 나는 롤리 교수의 유력한 요점들 중 하나에 대해 의견을 달리한다. 롤리 교수는 휘슬러의 웃음을, 훌륭한 예술가일 뿐 아니라 훌륭한 사람이기도 했던 또 다른 인물의 웃음에 비유하고 있다. "대중에 대한 휘슬러의 태도는 그만큼이나 오랫동안 무시와 오해의 시간을 견뎌야 했던 로버트 브라우닝[8]이 『반지와 책』의 시행들에서 취했던 바로 그 태도다."

---

8   로버트 브라우닝Robert Browning, 1812-1889은 빅토리아 시대를 대표하는 영국의 시인, 극작가다. 강렬한 정열과 사랑을 아름답게 노래한 것으로 유명하다. 아내와의 사랑을 소재로 쓴 장시 『반지와 책』*The Ring and the Book*, 1868은 그의 대표작이다.

그래, 영국의 대중이여, 그대들은 나를 좋아하지 않으니,

(하나님이 그대들을 사랑하시기를!)

그 어두운 질문을 두고

그대들 나름으로 웃을 것이다. 웃어라! 내가 먼저 웃을 테니.

롤리 교수는 이렇게 덧붙였다. "휘슬러는 늘 먼저 웃었다." 하지만 내가 알기로, 휘슬러는 전혀 웃지 않았다. 그의 본성에는 웃음이라는 게 없었다. 그에게는 무심함이라든가 자포자기라든가 겸손 같은 것이 전혀 없었다. 『적을 만드는 점잖은 기술』[9]을 읽고 그 안에 재치 있는 웃음이 있다고 생각하는 사람을 나는 도저히 이해하지 못하겠다. 그의 재치란 그 자신에 대한 고문이다. 휘슬러는 자신을 이리저리 비꼬아 언어로 이루어진 지복의 아라베스크 무늬를 자아낸다. 그는 지극히 맹렬한 조심성으로 가득 차 있다. 그는 신실한 악의의 더없는 진지함으로 고무되어 있다. 그는 상대를 해하려고 자신을 해한다. 반면에 브라우닝은 정말로 웃었다. 그는 개의치 않았기 때문이다. 브라우닝은 진정으로 개의치 않았다. 그는 훌륭한 사람이었기 때문이다. 브라우닝은 그의 책을 싫어하는 단순하고 분별 있는 사람들을 향해 "하나님이 그대들을 사랑하시기를!"이라고 말했는데, 이건 조금도 비꼬는 말이 아니었다. 그는 정말로 웃었다. 다시 말해 그는 자신이 말하려는 바를

이단 Heretics

---

9 『적을 만드는 점잖은 기술』*The Gentle Art of Making Enemies*은 제임스 휘슬러가 1890년에 출간한 책이다. 휘슬러는 자신의 그림을 혹평한 러스킨을 명예훼손 혐의로 고소하여 법정 다툼까지 벌였는데, 이 책 역시 그 논쟁의 일환으로 집필하여 출간한 것이었다.

있는 그대로 전했다.

훌륭한 사람이기도 한 훌륭한 풍자가에는 서로 다른 세 부류
가 있다. 그러니까 제 영혼을 잃지 않고도 무언가를 비웃을 수 있
는 인물들은 세 부류로 나뉜다. 첫 번째 유형의 풍자가는 무엇보
다 먼저 자신을 즐기고, 그런 다음에 자신의 적들을 즐기는 사람
이다. 이런 의미에서 그는 자신의 적을 사랑한다. 그리고 일종의
과장된 그리스도교를 좇아 그가 자신의 적을 더욱 사랑할수록,
그는 더욱더 적이 되어 간다. 분노에 찬 그의 주장에는 압도적이
고 공격적인 일종의 행복이 담겨 있다. 그의 저주는 축복만큼이
나 인간적이다. 이런 유형의 풍자를 보여 주는 훌륭한 예가 라블
레[10]다. 이것이 바로 첫 번째 유형의 풍자, 즉 외설스럽고 난폭하
며 입심 좋게 열변을 토하되 사악함과는 거리가 먼 풍자다. 휘슬
러의 풍자는 이 첫 번째 유형이 아니다. 그는 논쟁을 벌이면서 순
수하게 행복해한 적이 없다. 그가 순전히 허튼소리를 한 적이 없
다는 사실이 그 증거다. 한편 두 번째 유형의 정신은 위대함의 자
질을 지닌 풍자를 내놓는다. 그릇된 것을 참을 수 없어 하는 감각
을 통해 자신의 열정을 풀어놓는 풍자가에게는 그러한 정신이 체
화되어 있다. 이런 풍자가는 사람들이 미쳐 간다는 감각으로 미
쳐 버린다. 그의 혀는 구르면서 온 인류에 맞서 증언한다. 조너선
스위프트가 바로 그러한 인물이다. 스위프트의 '사이와 인디그나
티오'[11]가 다른 이들에게 혹독했던 까닭은 그가 바로 그 자신에게

---

10   프랑수아 라블레François Rabelais, 1494-1553는 르네상스 시기의 프랑스를 대표하는
      인문주의 작가다. 거인 가르강튀아와 그 아들 팡타그뤼엘의 모험을 외설스럽고
      과장되게 묘사한 풍자 소설을 써서 유명해졌다.

혹독했기 때문이었다. 휘슬러는 그런 풍자가가 아니었다. 그는 라블레처럼 행복해서 웃지도 않았지만, 스위프트처럼 불행해서 웃지도 않았다.

세 번째 유형의 훌륭한 풍자란, 우월성이 유일하게 지닐 수 있는 진지한 의미에서만 풍자가가 자신의 희생자보다 우월해질 수 있는 풍자다. 이러한 유형의 풍자가는 죄인과 인간을 모두 풍자하면서도 죄인은 가엾이 여기고 인간은 존중한다. 이러한 성취는 알렉산더 포프의「아티쿠스」같은 작품[12] 곧 풍자가가 특별히 문학적 천재에 속하는 약점을 풍자하고 있다고 느끼는 시에서 찾아볼 수 있다. 그 결과, 그는 자신의 약점을 짚어 내기 전에 적의 강점을 짚어 내는 데서 즐거움을 얻는다. 이것이야말로 가장 수준 높고 가장 명예로운 풍자의 형태일 것이다. 휘슬러의 풍자는 이런 풍자가 아니다. 그는 인간 본성에 행해진 잘못 때문에 슬픔에 빠진 것이 아니다. 그에게 잘못이란 전적으로 자기 자신에게 행해진

11   사이와 인디그나티오*saeva indignatio*는 '맹렬한 분노'라는 뜻의 라틴어 표현이다. 일반적으로 인간의 어리석음에 대한 분노를 나타내는 표현으로 사용된다. 더블린의 성 파트리치오 대성당에 묻힌 조너선 스위프트의 묘비에 새겨진 짧은 비문 가운데 "그곳에서는 맹렬한 분노도 그의 가슴을 상하게 할 수 없다"라는 구절에서 따온 것이다. 아일랜드의 시인 예이츠가 최고의 비문이라고 칭송하며 이 비문을 번역하여 시로 남기기도 했다.

12   알렉산더 포프Alexander Pope, 1688-1744는 영국 고전주의의 대표적 시인이다. 재치와 기지 넘치는 작품들로 유명하며 풍자적인 작품들과 서간체 작품들을 많이 남겼다. 대표작이라 할 수 있는 『의사 아버스놋에게 보내는 편지』*Epistle to Dr. Arbuthnot*, 1735에서 포프는, 선배 시인이자 극작가였으며 영향력 있는 출판인이기도 한 조지프 애디슨Joseph Addison, 1672-1719을 로마 시대의 문장가 키케로의 친구이자 후원자였던 '아티쿠스'Atticus에 비유하며 공포와 질투 때문에 타고난 재능을 제대로 발휘하지 못한 인물로 풍자하고 있다.

것이기 때문이다.

휘슬러는 훌륭한 인물이 아니었다. 자기 자신에 대해 너무 많이 생각했기 때문이다. 실상은 훨씬 더 심하다. 때때로 그는 훌륭한 예술가조차 되지 못했다. 예술 자체에 대해 너무 많이 생각했기 때문이다. 인간 심리에 대한 필수 지식을 갖춘 사람이라면, 예술가로 자칭하며 예술에 대해 엄청나게 떠들어 대는 사람을 깊이 의심해 보아야 한다. 예술은 사람이 걷거나 기도하는 것처럼 올바르고 인간적인 것이다. 엄숙하기 그지없게 언급되는 순간, 예술은 꽉 막힌 길로 들어서 난관에 봉착하고 말 것이다.

예술가적 기질이란 아마추어를 괴롭히는 질병이다. 이 질병은 자신의 존재 안에서 예술이라는 요소를 표명한 다음에 이를 제거할 능력이 충분하지 않은 인물들에게서 발병한다. 자기 안에서 예술을 표명하는 일이란 분별 있는 사람이면 누구에게나 건강에 도움이 된다. 또 자기 안에서 어떻게 해서든 예술을 제거하는 일이란 분별 있는 사람이면 누구에게나 필수적이다. 크고 온전한 생명력을 지닌 예술가들은 마치 쉽게 숨을 들이쉬고 내쉬듯이 그들의 예술을 쉽게 제거한다. 하지만 그럴 힘이 없는 예술가들에게는 그 일이 압박하여 예술가적 기질이라고 하는 뚜렷한 고통을 낳는다. 그러므로 뛰어난 예술가는 평범한 사람이 될 능력이 있다. 셰익스피어나 브라우닝 같은 그런 사람 말이다. 이런 예술가적 기질로부터 수없이 많은 진짜 비극이 생겨난다. 허영과 폭력, 공포의 비극이 바로 그런 비극들이다. 이 예술가적 기질에서 비롯되는 가장 큰 비극이란 예술가적 기질로는 어떠한 예술도 산출할 수 없다는 것이다.

휘슬러는 예술을 산출할 수 있었고, 그 점에서 훌륭한 사람이었다. 하지만 그는 예술을 잊을 수가 없었고, 그 점에서 그저 예술적 기질을 지닌 사람에 지나지 않았다. 한 사람이 예술이라는 주제를 떨칠 수 있다는 사실보다 그가 훌륭한 예술가임을 더 확고히 입증해 주는 것은 없다. 그러한 사람은 때가 이르면 바다 밑바닥에서라도 예술을 희구할 것이다. 마찬가지로 우리는 부동산 양도법에 대해 이야기하면서 와인과 땅콩을 집어먹지 않는 변호사를 선호하기 마련이다. 어떤 일에서건 우리가 한 사람에게서 정말로 원하는 것은 보통 사람의 힘이 특별한 업무에 온전히 부어지는 것이지, 특별한 업무의 힘이 보통 사람에게 온전히 부어지는 것은 아니다. 우리는 변호인이 우리의 소송 사건에서 나오는 에너지를 자녀들과의 놀이나 자전거 타기나 샛별 감상에 쏟아붓길 조금도 바라지 않는다. 우리는 그 변호인이 자녀들과의 놀이와 자전거 타기, 샛별 감상에서 얻은 에너지를 우리의 소송 사건에 쏟아붓기를 바란다. 그 변호인이 자전거를 타면서 폐의 활력을 얻었거나 샛별을 감상하면서 밝고 유쾌한 비유를 얻었다면, 우리는 이러한 것들이 우리의 법정 공방에 쓰이기를 내심 원한다. 한마디로 우리는 우리의 변호인이 평범한 사람이라는 사실에 기뻐한다. 그러한 사실이 그가 예외적으로 훌륭한 법률가가 되는 데 도움이 되기 때문이다.

휘슬러는 예술가이기를 멈춘 적이 없다. 맥스 비어봄[13]이 분별 있고 신실한 평론들 가운데 한 편에서 지적했듯이, 휘슬러는

---

13   맥스 비어봄Max Beerbohm, 1872-1956은 영국의 작가이자 풍자만화가다.

정말로 자기 자신을 예술가 휘슬러의 가장 훌륭한 작품으로 여겼다. 그 자신이 떨쳐 냈던 어느 야상곡들이나 준비된 계획들보다 흘러내린 하얀 머리카락, 단안경, 눈에 띄는 모자가 그에게는 훨씬 더 소중했다. 그는 야상곡들을 떨쳐 낼 수 있었지만, 어떤 신비로운 이유로 인해 모자를 떨쳐 낼 수는 없었다. 그는 불균형하게 축적된 유미주의라는 아마추어의 짐을 절대 자기 자신에게서 떨쳐내지 않았다.

이것이 바로 예술 애호가이자 비평가인 수많은 사람을 혼란스럽게 한 것에 관한 실체적 설명이지만 이 사실을 굳이 언급할 필요가 있을까 싶다. 역사상 그토록 많은 위대한 천재들의 행동이 지닌 지극한 평범성의 문제 말이다. 그들의 행동은 너무나 평범해서 기록되지도 않았다. 그들의 행동은 너무나 평범해서 신비로워 보였다. 그래서 베이컨이 셰익스피어의 작품을 썼다고들 떠드는 것이다. 현대의 예술가적 기질이란 셰익스피어처럼 시를 쓰는 사람이 어떻게 셰익스피어처럼 워윅셔의 작은 도시에서 벌어지는 사업 거래들에 그렇게나 관심이 많을 수 있었던가를 이해하지 못한다. 이건 간단히 설명할 수 있다. 셰익스피어는 진짜 시적詩的 충동을 지니고 있었고, 그래서 진짜 시를 썼으며, 그럼으로써 시적인 충동을 제거하고 자신의 일을 해냈다고 말이다. 밤이면 자고 저녁이면 저녁밥을 먹었다는 것과 마찬가지로, 예술가가 되었다는 점은 셰익스피어가 평범한 사람으로 살아가는 것을 막지 않았다.

예나 지금이나 훌륭한 스승들과 지도자들은 모두 그들의 관점이 인간적이고 예사로운 견해라고, 지나가는 사람들도 모두 쉽게 납득할 만한 견해라고 생각하는 습관이 있다. 자기 동료들보다 우월한 사람이 첫째로 믿는 것이 바로 인간의 평등이다. 잡다하게 뒤섞인 군중이 자기 곁에 선 모습을 보고서 그리스도가 그 낯설고도 순수한 합리성을 발휘하여 말씀하셨던 데서 이러한 예를 볼 수 있다. "어떤 사람이 양 백 마리가 있는데 그중의 하나가 길을 잃었으면 그 아흔아홉 마리를 산에 두고 가서 길 잃은 양을 찾지 않겠느냐."[14] "너희 중에 누가 아들이 떡을 달라 하는데 돌을 주며 생선을 달라 하는데 뱀을 줄 사람이 있겠느냐."[15] 이런 밋밋함, 거의 따분하기까지 한 친구 같은 느낌이야말로 모든 위대한 정신이 품고 있는 특징이다.

위대한 정신을 지닌 인물에게는 사람들의 의견이 갈리는 일들보다 사람들의 의견이 일치하는 일들이 헤아릴 수 없이 중요했다. 그러하기에 모든 실제적인 목적을 위해 사람들의 의견이 갈리는 일들은 사라진다. 그들에게는 오래된 웃음이 넘쳐나기에, 한 여자에게서 난 두 남자가 쓴 모자 사이의 차이라든가 죽어야만 하는 두 남자에게서 발견되는 미묘하게 다른 두 문화 간의 차이를 논하는 일 같은 건 견딜 수조차 없다. 셰익스피어 같은 일류 위인은 다른 사람들과 동등하다. 휘트먼 같은 이류 위인은 다른 사람들에게 무릎을 꿇는다. 그리고 휘슬러 같은 삼류 위인은 다른 사람들 위에 있다.

---

14   마태복음 18장 12절.
15   마태복음 7장 9-10절.

18

'젊은 나라'라는
오류

어떤 사람이 이상주의자라는 말은 그가 사람이라는 말과 같다. 그렇대도 한 부류의 이상주의자와 또 다른 부류의 이상주의자를 서로 구분할 수는 있겠다. 이를테면 인류는 의식意識 있는 이상주의자와 의식 없는 이상주의자로 나눌 수 있다. 비슷한 방식으로, 인류는 의식 있는 의례주의자와 의식 없는 의례주의자로 나눌 수 있다. 흥미로운 것은 다른 예들에서와 마찬가지로 이번 사례에서도, 비교적 간단한 것은 의식 있는 의례주의儀禮主義[1]이고, 무겁고 복잡

---

1   의례주의ritualism는 일반적으로 그리스도교에서 성체성사를 비롯한 의례를 중시하는 경향이나 사조, 운동 등을 뜻하며 보다 구체적으로는 19세기 영국 성공회 안에서 로마가톨릭교회의 전례들을 재도입하려 했던 움직임을 가리킨다. 의례주의를 둘러싼 논쟁은 성공회의 고교회파와 저교회파가 갈등하는 주요 계기가 되었다.

한 것은 의식 없는 의례주의라는 점이다. 비교적 조야하고 간단한 의례는 사람들이 '의례주의적'이라 부르는 의례다. 이런 의례는 빵과 포도주와 불, 그리고 얼굴을 땅에 대고 엎드린 사람들같이 평범한 것들로 구성된다. 여러 색이 뒤섞인 데다 복잡하고 정교하며 쓸데없이 형식적인 의례는 사람들이 알지도 못하면서 제정한 의례다. 이런 의례는 포도주와 불같이 평범한 것들로 구성되지 않는다. 문 앞에 놓아두는 깔개라든가 문을 두드리는 데 쓰는 쇠고리, 전기초인종, 높다란 실크해트, 흰색 나비넥타이, 반짝이는 카드, 색종이 조각 등등 정말 특이하고 지역적이고 예외적이고 기발한 것들로 구성된다. 실로 어떤 종교적 허례를 치를 때를 제외하고 현대인이 오래되고 단순한 것들로 돌아가는 일은 거의 없다. 현대인은 의례주의적인 교회로 들어설 때를 빼고는 의례에서 멀리 벗어날 수 없다. 이 오래되고 신비로운 격식들을 두고서 우리는 적어도 의례가 단지 의례만은 아니라고 말할 수 있다. 대부분의 의례에서 사용되는 상징들은 인류의 원초적 시가詩歌에 속한다. 그리스도교 예식을 가장 맹렬히 반대하는 사람조차 가톨릭이 빵과 포도주의 성찬례를 제정하지 않았더라도 다른 누군가가 그리했으리라는 점을 인정해야 한다. 시적詩的 본능을 지닌 사람이라면 누구나 고개를 끄덕일 것이다. 평범한 인간적 본능에서 빵은 다른 방식으로는 쉽게 상징될 수 없는 무언가를 상징한다. 평범한 인간적 본능에서 포도주는 다른 방식으로는 쉽게 상징될 수 없는 무언가를 상징한다. 다만 공식 저녁 만찬에서 흰색 나비넥타이[2]

2　서양에서 격식을 갖춘 저녁 만찬 모임에 나갈 때 남자는 보통 검은 연미복에 흰 셔츠를 입고 화이트 타이white tie라고 부르는 흰색 나비넥타이를 맨다. 가장 격식

를 매는 것은 의례이며, 다른 무엇도 아닌 의례일 뿐이다. 어느 누구도 흰색 나비넥타이를 원초적이며 시적인 그 무엇으로 가장하지는 못할 것이다. 어느 누구도 어느 시대, 어느 나라에서든 흰색 나비넥타이를 통해 공식 저녁 만찬이라는 관념을 상징하려는 경향이 평범한 인간적 본능이라고는 주장하지 못할 것이다. 오히려 내가 보기에는 저녁 만찬을 상징하려면 일몰 빛깔의 넥타이, 그러니까 흰 넥타이가 아니라 황갈색이나 진홍색 넥타이, 보라색이나 올리브색, 아니면 어두운 금색 넥타이로 상징하는 것이 평범한 인간적 본능일 것이다. 한 예로 J. A. 켄싯[3]은 자신이 의례주의자가 아니라고 철썩같이 믿고 있지만, 그의 일상생활은 여느 평범한 현대인의 생활과 다름없이 신비적 허례와 공치사로 점철된 압축적 카탈로그에 불과하다. 불가피한 백 가지 사례 가운데 하나만 예로 들어 보자. 켄싯이 한 숙녀를 보고서 모자를 벗는 모습은 어떨까. 얼핏 생각해도, 자기 복장의 일부를 벗어서 공중에 흔드는 행동을 통해 이성異性의 존재를 상징하는 것보다 더 엄숙하면서도 더 어리석은 짓이 있을까? 다시 말하지만, 이것은 불이나 음식처럼 자연스럽고 원초적인 상징이 아니다. 차라리 남성이 숙녀를 보고 양복 조끼를 벗어야 하는 편이 더 낫다. 남성이 숙녀를 보면 양복 조끼를 벗는 것이 그가 속한 문명의 사회적 의례라면, 분별 있고 정

있게 차려입은 남성 야회복을 가리켜 일반적으로 간단하게 화이트 타이라고 부른다.

3   존 앨프리드 켄싯John Alfred Kensit, 1881-1957은 교회의 의례주의 요소에 반감을 품고 1889년 프로테스탄트진리협회Protestant Truth Society를 설립했던 아버지 존 켄싯의 뒤를 이어 의례주의를 배격하고 로마가톨릭교회를 비판하는 활동을 벌였으며 여러 권의 관련 저술을 남겼다.

중한 남자는 모름지기 숙녀를 보면 양복 조끼를 벗을 것이다. 한 마디로 켄싯과 그에게 동의하는 사람들은 내세를 흠숭하는 데 지나치게 많은 분향焚香과 예식을 치른다고 더없이 진지하게 생각할 것이다. 하지만 그가 현세를 흠숭하는 데 아무리 많은 분향과 예식을 치른다 해도, 지나치다고 생각하는 사람은 아무도 없다. 그렇다면 사람들은 모두 의례주의자들이며, 의식이 있건 없건 모두 의례주의자들이다. 의식 있는 의례주의자들은 대체로 매우 단순하고 기본적인 몇 가지 표지들에 만족한다. 의식 없는 의례주의자들은 거의 제정신이 아닐 정도로 의례주의적이기에 인간의 삶 전부가 아니면 어떤 것에도 만족하지 않는다. 의식 있는 의례주의자가 의례주의자라 불리는 까닭은 한 가지 의례를 발명하고 기억하기 때문이다. 의식 없는 의례주의자가 반反의례주의자라 불리는 까닭은 천 가지 의례를 따르고 잊어버리기 때문이다. 내가 어쩔 수 없이 장황하게 이끌어낸 의식 있는 의례주의자와 의식 없는 의례주의자 사이의 구분과 비슷한 것이 의식 있는 이상주의자와 의식 없는 이상주의자 사이에도 존재한다. 냉소주의자와 물질주의자를 욕하는 것은 나태한 노릇이다. 실은 냉소주의자도, 물질주의자도 없다. 모든 사람은 이상주의자다. 다만 이상주의자가 잘못된 이상을 지닌 경우가 많을 뿐이다. 모든 사람은 치유 불가능할 만큼 감상적이다. 다만 불행히도 그 감상이 잘못된 감상인 경우가 많을 뿐이다. 예를 들어 우리가 어떤 파렴치한 상인을 이야기하면서 그가 돈을 위해서라면 무슨 짓이든 하리라고 말한다면, 우리는 무척이나 부정확한 표현을 사용하는 것이며 심하게 그를 비방하는 것이다. 그가 돈을 위해서 무슨 짓이든 하는 것은 아니다. 그는 돈을 위해서 어떤 일들을 하려고 한다. 이를테면 돈을 위해 영혼을 팔려 하고, 미라보가 재미나게 표현했듯 너무나 똑똑해서 "진창에도 돈을 받으려"[4] 한다. 돈을 위해 인간성을 억압하려한다. 그렇다면 공교롭게도 인간성이나 영혼은 그가 믿는 것들이아니다. 그런 것들은 그의 이상理想이 아니다. 그에게는 자기만의흐릿하고 연약한 이상들이 있다. 그가 돈 때문에 그 이상들을 훼손하지는 않을 것이다. 돈 때문에 냄비째로 수프를 마시지는 않을것이다. 돈 때문에 코트 뒷자락이 배 쪽으로 오도록 입지는 않을것이다. 돈 때문에 자신이 치매에 걸렸다는 소식을 퍼뜨리지는 않을 것이다. 살아가면서 우리는 의례에 관하여 이미 발견했던 것들을 이상에 관하여 다시금 발견하게 된다. 천상의 이상을 품은 이들에게 더없이 순수한 광신의 위험이 있다면, 지상의 이상을 품은이들에게는 영구적이고도 시급한 위험이 있다.

이상이란 위험한 것이라고, 이상은 사람을 속이고 홀리는 것이라고 말하는 사람들은 완벽하게 옳다. 그러나 사람을 아주 많이홀리는 이상은 가장 이상적이지 않은 부류의 이상이다. 사람을 아주 적게 홀리는 이상은 매우 이상적인 이상이다. 그런 이상은 우리에게 갑자기 정신이 들게 한다. 모든 고지와 벼랑과 머나먼 거리가 그러하듯 말이다. 어떤 구름을 보고서 망토로 오해하는 것이 커다란 악이라 해도, 가장 쉽게 망토로 오해할 만한 구름은 땅

4   '진창에도 돈을 받는다'Prendre de l'argent pour de la boue는 프랑스 혁명에서 활약했던
     미라보 백작Comte de Mirabeau, 1749-1791이 프랑스 구체제의 재정 관리 상황을 비판
     하며 사용한 구절이다. 본래는 왕실의 낭비로 인한 재정 결핍을 국민에 대한 지나
     친 과세로 해결하려는 행태를 비판하는 표현이다.

에 가장 가까이 있는 구름이다. 마찬가지로 우리는 이상을 무언가 실제적인 것으로 오해하는 일도 매우 위험하다고 인정할 수 있을 터이다. 하지만 여전히 이런 측면에서 가장 위험한 이상이란 조금은 실제적으로 보이는 이상이라는 점을 지적해야겠다. 높은 이상을 이루기는 어렵다. 그리고 우리가 그 높은 이상을 이루었다고 확신하기도 어렵다. 하지만 낮은 이상을 이루기는 쉽다. 그리고 우리가 그와 관련된 일은 아무것도 하지 않았으면서 그 낮은 이상을 이루었다고 확신하기도 너무나 쉽다. 되는 대로 한 가지 예를 들어 보자. '대천사 되기'는 높은 포부라고 할 수 있다. 그런 이상을 품은 사람은 금욕주의나 광기를 드러낼 가능성이 상당히 높지만, 내 생각에 망상을 드러내지는 않을 것이다. 그가 자신을 대천사로 생각해서 날개인 양 두 팔을 펄럭이며 돌아다니지는 않을 것이다. 그런데 정신이 온전한 사람이 낮은 이상을 품는다면 어떨까. 이를테면 신사가 되기를 바란다면 말이다. 세상을 아는 사람이라면 누구라도 9주가 지나면 그가 자신을 신사라고 확신하리라는 걸 안다. 하지만 그건 명백히 사실이 아니기에 사회생활에서 현실적이고 실제적인 혼란과 재난이 일어날 것이다. 실제 세계를 좌초시키는 것은 야생의 거친 이상들이 아니다. 길들인 이상이야말로 세계를 좌초시킨다.

이 문제는 어쩌면 현대 정치에서 상응하는 사례를 들어 설명할 수 있겠다. 사람들은 글래드스턴[5] 같은 유형의 옛 자유당 정치인들이 오직 이상에만 관심을 쏟았다고 말하는데, 물론 터무니없

5   빅토리아 시대 영국 자유당의 정치인이었던 윌리엄 글래드스턴을 가리킨다. 자세한 설명은 제3장 주10 참조.

는 소리다. 그들은 유권자들의 표를 포함해서 다른 여러 가지 것들에 신경 썼다. 체임벌린이나 로즈버리 경[6] 같은 정치인들이 오직 유권자의 표나 물질적 이익을 얻는 데만 신경 썼다는 말도 터무니없는 소리다. 이 정치인들은 여느 사람들처럼 이상에 관심을 쏟는다. 여기서 이끌어낼 수 있는 진짜 차이점이란 옛 정치인들에게는 이상이 그저 이상일 뿐 다른 무엇이 아니었지만, 새 정치인들에게는 꿈이 그저 꿈이 아니라 현실이라는 것이다. 옛 정치인은 이렇게 말했을 터이다. "전 세계를 지배하는 공화국 연방이 있다면 좋겠다." 하지만 현대 정치인은 "전 세계를 지배하는 대영제국이 있다면 좋겠다"라고 말하는 대신에 "전 세계를 지배하는 대영제국이 있다는 건 좋은 일이다"라고 말한다. 그런 것은 전혀 없는데도 말이다. 옛 자유당 정치인은 "아일랜드에는 훌륭한 아일랜드 정부가 있어야 한다"라고 말할 것이다. 하지만 오늘날의 평범한 연합당[7] 정치인은 "아일랜드에는 훌륭한 잉글랜드 정부가 있어야 한다"라고 말하지 않고 "아일랜드에는 훌륭한 영국 정부가 있다"라고 말한다. 이건 정말 터무니없는 소리다. 한마디로 현대 정치인들은 전적으로 현실적인 것들에 대해 확신에 찬 주장들

6   로즈버리 백작, 아치볼드 프림로즈는 다방면에 다재다능했던 자유당 정치인이
     다. 자세한 설명은 제1장 주20 참조.
7   19세기 말부터 20세기 초 영국에서는 보수당을 가리켜 연합당이라고도 불렀다.
     당시에 아일랜드 자치안을 둘러싸고 아일랜드는 물론 영국의 정치계도 크게 분
     열되었는데, 아일랜드의 자치나 독립을 반대하는 이들은 연합론자Unionist라 불렸
     다. 보수당 의원들은 대체로 연합론을 지지한 반면에 자유당 의원들은 이를 두고
     분열을 겪었고, 결국 자유당의 연합론자들은 따로 분리되어 나와 체임벌린을 중
     심으로 자유연합당을 결성했다가 보수당과 통합했다. 보수당의 정식 이름이 보
     수연합당Conservative and Unionist Party일 만큼 연합론은 보수당의 핵심 강령이었다.

을 만들어 내기만 하면 현실적인 사람이 된다고 생각하는 듯하다. 물론 망상은 그것이 물질주의적 망상인 이상 아무런 문제도 되지 않는다. 그런데 본능적으로 우리 대부분은 현실적인 문제로서 그 반대 또한 사실이라고 느낀다. 확실히 나는 자신을 메뚜기라고 생각하는 신사보다는 자신을 신이라고 생각하는 신사와 아파트를 나누어 쓰려고 할 것이다. 현실적 이미지들과 현실적 문제들에 사로잡혀 있다는 점이라든가 항상 사물을 실제인 것 혹은 절박한 것으로, 완성 과정에 있는 것으로 생각한다는 점, 이런 것들은 한 사람이 현실적임을 입증하지 못한다. 오히려 이런 것들은 광기를 드러내는 가장 흔한 표지일 뿐이다. 오늘날 정치인들이 물질주의적이라는 사실은 그들이 병적이라는 사실에 비하면 별것 아니다. 환시 속에서 천사를 보는 사람은 그 덕분에 초자연주의자가 되고도 남을 것이다. 하지만 섬망 속에서 뱀을 본다고 해서 자연주의자가 되는 것은 아니다.

우리가 현실적인 현대 정치인들의 상투적인 주요 개념들을 검토하다 보면, 그것들이 주로 망상임을 발견하게 된다. 이런 사례들은 수없이 많다. 이를테면 '연합'이라는 말 아래 깔려 있는 이상한 개념들과 그 위로 쌓인 찬사들이 그러하다. 물론 분리가 그 자체로 좋은 것이 아니듯이 연합이란 것도 그 자체로 좋지는 않다. 연합을 찬성하는 정당과 분리를 찬성하는 정당이 있다는 것은 계단을 올라가는 데 찬성하는 정당과 계단을 내려가는 데 찬성하는 정당이 있다는 것만큼이나 터무니없다. 문제는 우리가 계단을 올라가느냐 내려가느냐 하는 것이 아니라 우리가 어디로 가고 있는가, 그리고 무엇을 위해 가고 있는가다. 연합은 강점이다. 하지만 연합은 약점이기도 하다. 말 두 마리에 굴레를 씌워 마차 한 대를 끌게 하는 것은 좋은 일이다. 하지만 멋진 이륜마차 두 대를 합쳐서 사륜마차를 만들려고 하는 것은 좋은 일이 아니다. 열 개의 나라를 하나의 제국으로 합하는 것은 10실링을 합하여 반 파운드 짜리 금화로 바꾸는 것만큼이나 실행 가능한 일이다. 하지만 테리어 열 마리를 합하여 마스티프 한 마리로 만드는 것만큼 말도 안 되는 일일 수도 있다.[8] 이 모든 경우에 있어 문제는 연합이나 연합의 부재에 관한 것이 아니라 일치나 일치의 부재에 관한 것이다. 어떤 역사적이고 도덕적인 대의에 따라 두 나라가 연합하여 전반적으로 서로에게 도움이 될 수도 있다. 그래서 잉글랜드와 스코틀랜드는 서로에게 찬사를 보내며 시간을 보내는 것이다. 다만 그들의 기력과 대기는 명확히 구분되어 평행하게 흘러가기에 충돌하지 않는다. 스코틀랜드인들은 계속해서 학식이 있고 칼뱅 교파에 속한다. 잉글랜드인들은 계속해서 학식이 없고 행복하다. 하지만 어떤 다른 도덕률과 정치적 대의로 인해 두 나라가 연합하여 결국엔 서로에게 방해만 될 수도 있다. 두 나라의 노선이 충돌하고, 평행하게 흘러가지 못하는 것이다. 그래서 이를테면 잉글랜드와 아일랜드가 연합하여 아일랜드인들이 때때로 잉글랜드를 통치했으나 아일랜드는 절대 통치할 수 없게 된 것이다. 지난번 교육 법안[9]을 포함해서 교육 체계는 스코틀랜드의 경우처럼

8   테리어terrier와 마스티프mastiff는 견종으로, 테리어는 10킬로그램이 안 되는 소형 견인 반면에 마스티프는 100킬로그램이 넘기도 하는 대형견이다.

9   보수당 벨푸어 총리의 1902년 교육 법안Education Act(잉글랜드와 웨일스)을 가리킨다. 국가 효율성을 높이려는 사회 운동에서 비롯한 것으로, 제각각 운영되던 학

여기서도 문제를 가늠하는 데 매우 적합한 시험대가 된다. 아일랜드인들 가운데 압도적 다수가 엄격한 가톨릭 신자다. 그리고 잉글랜드인들 가운데 압도적 다수가 모호한 프로테스탄트 신자다. 연합 왕국의 의회the Parliament of Union에서 아일랜드 정당 세력은 잉글랜드의 교육이 막연한 프로테스탄트 교육이 되지 못하게 할 만큼은 크지만, 아일랜드의 교육이 확실한 가톨릭 교육이 되지 못하게 할 정도로 미약하다. 바로 여기에서 우리는, 한낱 '연합'이라는 단어가 주는 감상에 홀리지 않은 분별 있는 사람이라면 절대 계속되길 바라는 꿈조차 꾸지 않을 상태에 이른다.

연합을 예로 들기는 했지만, 현실적인 현대 정치인의 온갖 가정 아래 깊이 뿌리 내린 허무와 기만에 대해 내가 들고자 하는 사례는 연합이 아니다. 내가 특별히 말하려는 것은 훨씬 더 일반적인 또 다른 망상이다. 이 망상은 모든 정당에 있는 현실적인 모든 사람의 말과 정신에 만연해 있다. 이 망상은 한 가지 그릇된 비유를 기초로 형성된 유치한 실책이다. 나는 지금, 젊은 나라들과 새로운 나라들에 관한 오늘날의 보편적 논의에 관해 이야기하려는 것이다. 미국은 젊은 나라, 뉴질랜드는 새로운 나라라고들 한다. 하지만 이는 말장난에 지나지 않는다. 미국은 젊지 않고, 뉴질랜

교들을 국가 차원에서 통일된 체계로 관리하고자 하는 시도였다. 하지만 초등학교에서 시행되는 종파별 종교교육에도 국가에서 자금을 지원하도록 하는 내용이 있었던 탓에 큰 반발이 일었다. 당시 초등학교는 대부분 잉글랜드 국교회와 로마가톨릭교회의 소유여서 다른 프로테스탄트 종파들이 법안에 크게 반대한 것이다. 또한 보수적 종교교육의 강화 등을 우려한 자유당과 노동운동 쪽에서는 이 법안을 1906년 총선의 최대 정치 이슈로 삼았다. 그 결과 보수당은 선거에서 참패하고 노동당이 약진하는 계기가 마련되었다.

드는 새롭지 않다. 이 두 나라가 잉글랜드나 아일랜드보다 훨씬 더 젊은가 하는 문제는 논의할 여지가 많다.

물론 젊다는 비유를 미국이나 식민지들에 적용할 수도 있다. 최근에 생겨난 것이라는 의미에 한정해서 쓴다면 말이다. 하지만 활력이나 생기, 미숙함이나 경험 부족, 희망, 창창한 앞날 같은 젊음의 낭만적 속성을 암시하려 한다면, 케케묵은 비유적 표현에 속을 게 불을 보듯 빤하다. 독립 국가라는 제도에 상응하는 다른 어떤 제도에라도 이 비유를 적용하면 문제가 쉽고 선명하게 보일 것이다. 만약 '우유와 소다 동맹'이라는 클럽이 어제 결성되었다면, 내가 그 사실을 전혀 의심하지 않듯이 당연히도 '우유와 소다 동맹'은 다른 의미가 아니라 오로지 어제 결성되었다는 의미에서 젊은 클럽이다. 이 클럽은 죽기 직전의 늙은 신사들로만 구성되었을 수도 있고, 클럽 자체가 망하기 직전의 상황에 처했을 수도 있다. 그렇대도 바로 어제 결성되었다는 사실을 고려하면 젊은 클럽이라고 할 수 있다. 하지만 바로 다음 날 파산할지도 모른다는 사실을 고려하면 매우 늙은 클럽이라고 부를 수도 있다. 다음 경우에 대입해 보면 모든 게 분명해질 테다. 은행이나 정육점에 대해서 젊은 공동체라는 망상을 적용한 사람이 있다면 그게 누구든 정신병원으로 보내질 것이다. 그런데 미국과 식민지들이 단지 새롭다는 이유만으로 활기 넘치는 곳이라고 생각하는 오늘날의 정치적 견해에는 그 밖에 더 나은 근거가 하나도 없다. 미국이 잉글랜드보다 훨씬 나중에 세워졌다는 사실은 미국이 잉글랜드보다 훨씬 앞서 무너지지 않으리라는 예측의 개연성을 조금도 높이지 못한다. 잉글랜드가 그 식민지들보다 먼저 존재했다는 사실은 식민지들이 사라진 뒤에도 잉글랜드가 계속 존재하리라는 예측의 개연성을 조금도 낮추지 못한다. 세계의 실제 역사를 들여다보면 유럽의 위대한 나라들이 거의 예외 없이 그 식민지들보다 더 오래 살아남았음을 알게 된다. 세계의 실제 역사를 들여다보면 늙은 모습으로 태어나 젊은 모습으로 죽은 것이 있으니, 그건 바로 식민지다. 그리스의 식민지들은 그리스 문명이 무너지기 훨씬 이전에 무너졌다. 스페인의 식민지들은 스페인이 무너지기 훨씬 이전에 무너졌다. 잉글랜드에서 기원한 식민지 문명이 잉글랜드 문명보다 훨씬 더 수명이 짧고 훨씬 더 활력이 없다고 결론짓는다고 해도 그 가능성이나 심지어는 그 개연성을 의심할 이유는 전혀 없어 보인다. 잉글랜드는 앵글로색슨이라는 인종이 모든 일시적 유행의 길을 다 간 다음에도 여전히 모든 유럽 나라들이 가는 길을 가고 있을 것이다. 그리고 미국과 식민지들이 단지 시간상 더 나중에 생겼다는 하찮은 의미에서 젊을 뿐 아니라 도덕적으로나 지적으로도 젊다는 진짜 증거가 우리에게 있는가 하는 것은 흥미로운 질문이다. 의식적으로든 무의식적으로든, 우리는 그러한 증거가 없다는 걸 알고 있다. 그래서 의식적으로든 무의식적으로든, 그러한 증거를 지어내기 시작했다. 이렇게 순수하게 자기만족적으로 꾸며 낸 증거의 한 가지 적당한 사례를 러디어드 키플링의 최근작에서 볼 수 있다. 남아프리카 전쟁과 잉글랜드 사람들에 대해 이야기하면서, 키플링은 이렇게 쓴다. "우리는 총을 쏘고 말을 탈 수 있는 사람들을 얻고자 더 젊은 나라들에 알랑거렸다." 어떤 이들은 이 문장을 모욕적이라고 여겼다. 내가 지금 관심을 두고 이야기하려는 것은 이 말이 명백히 사실이 아니라는 점뿐이다. 식민지들은 매우 유용한 지원병 부대를 제공했지만, 가장 훌륭한 부대를 제공한 것도 아니었고 가장 뛰어난 공훈을 쌓은 것도 아니었다. 잉글랜드의 입장에서 볼 때, 전쟁에서 가장 크게 활약한 것은 예상대로 최고의 잉글랜드 부대였다. 제대로 총을 쏘고 말을 탈 줄 알았던 이들은 칩사이드에서 온 열정적인 사무원들이나 멜버른에서 온 열정적인 옥수수 상인들이 아니었다. 제대로 총을 쏘고 말을 탈 줄 알았던 사람들은 한 유럽 강국 상비군의 규율을 따라 총을 쏘고 말 타는 법을 배운 이들이었다. 물론 식민지 사람들은 여느 백인만큼이나 용감하고 강건하다. 물론 그들은 훌륭하게 능력을 발휘했다. 내가 여기서 지적하려는 것은, 이 '새로운 나라' 이론의 목적을 성취하려면 식민지 병력이 콜렌소의 포병들[10]이나 제5연대 총병들[11]보다 더 유용하거나 더 영웅적이었다는 주장이 필수적이라는 점이다. 그런데 이런 주장에 대해서는 지푸라기 같은 증거조차 있었던 적이 없었고 지금도 없다.

식민지의 문학을 무언가 신선하고 활기차고 중요한 것으로 제시하려는 비슷한 시도가 있었지만, 이는 훨씬 덜 성공적이었다. 제국주의 잡지들은 줄기차게 퀸즐랜드[12]나 캐나다의 작품들을

---

10 콜렌소Colenso는 제2차 보어 전쟁 당시 영국군이 보어군에게 참패했던 전투가 벌어진 장소다. 당시 탄약을 보급받지 못한 채 보어군의 사격 거리 안에 있는 개방지에 배치되었던 영국군 포병들은 수많은 사상자를 내면서도 마른 강바닥으로 이동해 진지를 구축하고 끝까지 맞서 싸웠다.

11 영국군 제5연대 총병대는 인도, 아프가니스탄, 남아프리카 등의 식민지에서 현지 식민지 세력과 싸운 대표적인 주력부대였다.

12 퀸즐랜드Queensland는 오스트레일리아의 북동부 지역으로 1859년 영국의 개별 식민지로 편성되었다. 주도는 '브리즈번Brisbane이다.

들이밀면서 우리가 미개지 혹은 대초원의 냄새를 맡기를 기대한다. 사실 조금이라도 그러한 문학에 관심이 있는 사람이라면 (고백하건대 나는 아주 조금밖에 관심이 없긴 하지만) 이 작품들에서는 인쇄기의 잉크 냄새밖에 나지 않을 뿐 아니라 그나마도 최상급 잉크의 냄새가 아니라는 점을 기꺼이 인정할 것이다. 너그러운 잉글랜드 사람들은 제국의 상상력을 열렬히 발휘해서 이 작품들에서 강렬함과 참신함을 읽어 낸다. 그러나 그 정도 강렬함과 참신함은 잉글랜드인들의 오래된 심장 속에도 있다. 문학 작품을 공정하게 연구하는 사람이라면, 식민지의 일류 작가라고 해서 그 어조나 분위기가 특별히 새롭지 않고 그가 새로운 종류의 좋은 문학을 내놓지도 않을뿐더러, 어떤 특정한 의미에서 새로운 종류의 나쁜 문학을 내놓지도 않는다는 사실을 알게 될 것이다. 물론 그들이 황무지의 신비, 미개지의 신비를 느끼기는 한다. 멜버른에서나 마게이트에서나 혹은 사우스 세인트 팽크러스[13]에서나 소박하고 정직한 사람들은 모두 이 신비를 느끼기 때문이다. 그러나 그들이 너무나 신실하게 성공적으로 글을 쓸 때는, 명백히 드러내든 슬며시 가장하든 간에 미개지의 신비라는 배경을 가지고 쓰는 것이 아니라 낭만적인 런던 토박이의 문명을 배경으로 쓴다. 다정한 공포를 가지고 그들의 영혼을 정말로 움직이는 것은 황무지의 신비가 아니라 '핸섬 캡의 미스터리'[14]다.

13   사우스 세인트 팽크러스South St. Pancras는 런던 북부에 있는 작은 자치구의 이름이다.

14   『핸섬 캡의 미스터리』The Mystery of a Hansom Cab, 1886는 오스트레일리아의 작가 퍼거스 흄Fergus Hume, 1859-1932이 쓴 추리 소설이다. 멜버른의 핸섬 캡(이륜마차)에서 발견된 시체로부터 살인 사건의 전모를 파헤치는 이 소설은 당시 오스트레일

물론 이렇게 일반화할 수 없는 예외들도 있다. 정말로 사람들의 이목을 끄는 예외는 올리브 슈라이너[15]라는 작가다. 확실히 슈라이너는 법칙을 증명하는 예외 사례라 할 수 있다. 슈라이너는 맹렬하고 명철하며 현실적인 소설가다. 하지만 슈라이너가 그런 소설가인 까닭은 잉글랜드인이 아니기 때문이다. 슈라이너의 민족적 혈통은 오히려 테니르스와 마르텐스의 나라[16], 즉 현실주의자들의 나라와 관련이 있다. 그녀의 문학적 혈통은 대륙의 비관적 소설 그리고 잔혹한 연민을 지닌 소설가들에게 연결되어 있다. 올리브 슈라이너는 인습적이지 않은, 영국 식민지 출신의 작가다. 남아프리카는 영국의 식민지이지만 영국적이지 않으며 필시 앞으로도 절대 영국적이지 않을 식민지라는 단순한 이유에서 그러하다. 물론 부차적인 방식에서 예외적인 개별 사례들도 있다. 내가 특별히 기억하기로는 매킬웨인[17]의 특별한 오스트레일리아 이야기들이 딱 그러하다. 정말로 재기발랄하고 효과적인 이 이야기들은 아마도 그러한 이유에서 요란한 나팔 소리와 함께 대중에게 전달되지 않는 것 같다. 어쨌거나 문학을 사랑하는 사람이라

리아뿐 아니라 미국과 영국에서도 엄청난 성공을 거두었다.

15 올리브 슈라이너Olive Schreiner, 1855-1920는 남아프리카의 여성 소설가다. 전쟁, 제국주의, 인종차별, 여성 문제 등 당대의 뜨거운 사회적 이슈들을 식민지에서의 삶 속에 녹여 낸 『아프리카 농장 이야기』The Story of an African Farm, 1883로 유명하다.

16 테니르스Teniers와 마르텐스Maartens는 모두 네덜란드 사람들의 성姓이다. 올리브 슈라이너가 남아프리카에 살았던 네덜란드인들의 후손인 보어인이라는 점을 지적하고 있다.

17 로버트 매킬웨인Robert McIlwain이라는 아일랜드 사람이 1857년에 오스트레일리아로 이주해서 열 명의 자녀를 낳고 일가를 이루었다고 하는데, 체스터턴이 언급한 사람은 로버트 매킬웨인 본인이나 그 자녀 중 한 사람으로 생각된다.

면, 나의 전반적 견해를 듣고 이해하기만 하면 반박하지는 않을 것이다. 식민지 문명 전체가 우리의 문학을 자극하고 혁신할 새로운 문학을 선사한다거나 선사할 기미를 보인다는 건 사실이 아니다. 우리가 이 문제에서 애정 어린 환상을 품는 것이 무척 좋은 일일 수는 있다. 하지만 그건 별개의 문제. 식민지들은 잉글랜드에 새로운 감정을 선사했을 것이다. 나는 다만 식민지들이 세계에 새로운 책 한 권을 선사한 적은 없다고 말할 따름이다.

잉글랜드의 식민지들을 다루면서 내가 한 말들을 사람들이 오해하지 않기를 바란다. 나는 잉글랜드의 식민지들이나 미국에 대해 미래가 없다거나 위대한 나라가 되지 못하리라고 말한 게 아니다. 다만 그들에 관하여 확고히 굳어진 오늘날의 표현 전부를 부정하려는 것이다. 나는 그들이 미래를 향해 '운명지어졌다'는 말을 부정한다. 나는 그들이 위대한 나라가 되기로 '운명지어졌다'는 말을 부정한다. 나는 인간의 일이라면 어떤 것이든 무언가를 향해 운명지어졌다는 말을 (당연히도) 부정한다. 젊음과 늙음, 삶과 죽음 등 나라들에 적용되는 터무니없는 육체적 비유들은 인간에게서 그 외로운 영혼의 끔찍한 자유를 숨기기 위한 유사 과학적 시도에 지나지 않는다.

미국의 경우, 이런 표현이 미치는 영향에 대한 경고는 필수적이며 절박하다. 물론 인간의 다른 모든 일이 그러하듯, 미국은 정신적인 의미에서 그것이 선택하는 만큼 살 수도 죽을 수도 있다. 다만 현재 미국이 심각하게 고려해야 할 문제는 탄생과 시초에 얼마나 가까이 있느냐가 아니라 종말에 얼마나 가까이 있느냐 하는 것이다. 미국 문명이 과연 젊은가 하는 물음은 언어적 표현에

270

지나지 않는다. 미국이 죽어 가는가 하는 물음이야말로 현실적이고 시급하다. 우리가 잠깐이라도 생각한 뒤에는 피할 수 없이 그리되겠지만, 만약 '젊음'이라는 말에 관련된 공상적인 육체적 비유를 한번 없애 본다면, 미국이 한물간 세력이 아니라 신선한 세력이라는 데 대한 어떤 진지한 증거가 우리에게 남을까? 미국은 인구가 많지만, 중국도 마찬가지다. 미국은 돈이 많지만, 패망한 카르타고나 죽어 가던 베네치아도 마찬가지였다. 미국은 요란하고 떠들썩하지만, 멸망한 뒤의 아테네도 쇠퇴기의 그리스 도시국가들도 모두 그러했다. 미국은 새로운 것들을 좋아한다. 하지만 늙은이들은 새로운 것을 좋아하는 법이다. 젊은이들은 연대기를 읽지만, 늙은이들은 신문을 읽는다. 미국은 힘과 보기 좋은 외모를 동경한다. 이를테면 미국은 미국 여성들에게 있는 크고 야만적인 아름다움에 찬탄한다. 하지만 고트족[18]이 성문 앞에 이르렀을 때 로마도 그러했다. 이 모두는 근원적인 권태나 퇴락과도 양립할 수 있는 것들이다. 한 나라가 본질적으로 즐겁고 훌륭하다는 점을 보여 주는 형태 또는 상징에는 세 가지가 있으니 영웅적인 정부, 영웅적인 군대, 영웅적인 예술이다. 정부란 말하자면 나라의 형태이자 몸통인데, 정부를 넘어서서 어느 시민에게나 가장 중요한 의미가 있는 것이란 축제에 대한 예술적 태도와 싸움에 대한 도덕적 태도다. 다시 말해 삶을 받아들이는 방식과 죽음을 받아들이는 방식이야말로 가장 중요하다.

18   고트족 Goths은 원래 스칸디나비아 지방에 살던 게르만족의 일족이었으나 2세기
     경부터 중부 유럽으로 남하해 로마제국과 접촉하기 시작했고 3세기 후반부터는
     침략 활동을 지속하여 결국 로마제국의 몰락을 가져왔다.

이 시험을 다 거치고 나면, 미국은 절대 특별히 신선해 보이거나 아무의 손도 닿지 않은 듯 보이지 않는다. 현대 잉글랜드나 여느 서구 열강의 온갖 약점과 피로를 지닌 듯 보일 뿐이다. 미국 정치는 잉글랜드 정치가 그러하듯 기회주의와 불성실로 무너졌다. 전쟁과 전쟁에 대한 태도의 문제에서 미국이 잉글랜드를 닮았다는 사실은 분명하며, 그래서 더 우울하다. 강한 나라의 생애에는 대략 세 단계가 있다고 할 수 있다. 첫 단계에서는 약한 힘을 갖고 약한 나라들과 싸운다. 둘째 단계에서는 큰 힘을 갖고 강한 나라들과 싸운다. 그리고 마침내 마지막 단계에서는 최고로 강한 힘을 갖고 약한 나라들과 싸운다. 다만 옛 감정과 허영의 타고 남은 재에 다시 불을 붙이기 위해, 그 약한 나라들이 최고로 강한 힘을 가진 나라인 듯 가장한다. 그렇게 해서 종국에는 힘이 약한 나라가 되고 마는 것이다. 잉글랜드는 이런 퇴락의 징후를 트란스발[19]과의 전쟁에서 여실히 드러냈다. 그리고 미국은 스페인과의 전쟁[20]에서 이보다 더 심하게 퇴락의 징후를 드러냈다. 무심코 고른 강경 노선과 신중하게 고른 허약한 적 사이의 역설적 대비가 그 전쟁보다 더 날카롭고 더 부조리하게 드러났던 경우는 없었다. 미국

---

19   트란스발Transvaal은 오늘날 남아프리카 공화국의 북동부에 있는 하나의 주이지만, 1870년대까지는 보어인들의 식민지 가운데 하나였다. 1877년 영국은 보어인과 줄루인 사이의 국경 분쟁을 해결하는 방법으로 트란스발을 공격하여 영국의 식민지로 삼았다.

20   미국-스페인 전쟁1898은 쿠바의 독립 문제에 미국이 개입하면서 시작되었으나, 결국 쿠바는 물론 필리핀을 포함한 스페인의 잔존 해외 영토 대부분을 미국이 병합하면서 종결되었다. 미국이 본격적으로 제국주의 정책을 펴는 시발점이 된 전쟁이다.

은 말기의 로마제국이나 비잔틴제국에서 발견되는 요소들 위에
카라칼라 황제의 승리[21]라는 요소, 즉 어느 누구도 이긴 적이 없
는 승리의 요소를 더해 놓았다.

우리가 나라에 대한 마지막 시험의 단계, 즉 예술과 문학에
관한 시험대에 이르면 현실은 거의 끔찍할 정도다. 잉글랜드의 식
민지들은 훌륭한 예술가를 전혀 배출하지 못했다. 이 사실은 역으
로 그 식민지들이 여전히 가능성과 비축된 힘으로 가득 차 있음
을 증명하는지도 모른다. 다만 미국은 훌륭한 예술가들을 배출했
다. 그리고 이 사실은 미국이 대단한 공허와 온갖 것의 종말로 가
득 차 있음을 여실히 증명한다. 재능 있는 미국인들이 어떤 사람
들이든, 젊은 세상을 만드는 젊은 신들은 아니다. 휘슬러의 예술
은 용감하고 야만적이고 행복하고 저돌적일까? 헨리 제임스[22]는
학생의 정신으로 우리를 물들일까? 아니, 그렇지 않다. 식민지들
은 이제껏 입을 연 적이 없고, 그래서 안전하다. 식민지의 침묵은
아직 태어나지 않은 아기의 침묵과 같다. 다만 미국에서는 달콤하
고도 놀라운 울음소리가 들렸다. 그것은 죽어 가는 이의 울음소리
만큼 오해의 여지가 없는, 틀림없는 울음소리였다.

---

21 카라칼라 황제Caracalla, 재위 198-217는 로마제국의 제21대 황제다. 제20대 황제였
    던 아버지의 뜻에 따라 동생과 함께 공동 황제 자리에 올랐으나 동생을 살해하고
    단독 황제가 되었다. 죄의식과 불안 속에서 많은 이들을 학살했고 결국 자신도 암
    살당했다. 그 뒤로 로마제국은 정치적 혼돈 속에서 빠르게 쇠퇴하기 시작했다.

22 헨리 제임스Henry James, 1843-1916는 미국에서 태어나 영국으로 귀화한1915 소설가
    로 사실주의와 모더니즘 계열의 소설들을 발표하여 명성을 얻었다. 인물의 의식
    과 심리를 세밀하게 묘사한 것으로 유명하며 현대 소설에 큰 영향을 끼쳤다.

19

빈민가 소설가와
빈민가

우리 시대에는 인간적 박애라는 교의의 진짜 본질에 관한 기묘한
생각이 대접을 받는다. 진짜 교의란 현대 인본주의를 전부 동원
해도 우리가 분명하게 이해할 수 없을 뿐 아니라 면밀하게 실천
하지도 못하는 어떤 것이다. 예를 들어 자기 집사를 발로 차서 아
래층으로 떨어뜨리는 행동에는 특별히 비민주적이랄 게 전혀 없
다. 그런 행동은 잘못이지만, 박애에 어긋나는 것은 아니다. 어떤
의미에서 때리거나 차는 행위는 평등을 인정하는 몸짓으로 여겨
질 수 있다. 말하자면 자신의 집사와 몸 대 몸으로 맞붙거나 집사
에게 일대일 결투의 특권을 부여하는 것이다. 집사에게 많은 것을
기대하거나 집사가 신적神的인 위상에 못 미친다고 해서 깜짝 놀랄
광기가 가득 차오르는 데는 뭔가 불합리한 점이 있긴 하지만, 비
민주적인 것은 전혀 없다. 정말로 비민주적이고 박애에 어긋나는

것은 집사가 다소 신적이길 바라는 것이 아니다. 정말로 비민주적이고 박애에 어긋나는 것은 그토록 많은 현대 인본주의자가 떠드는 "물론 하층민은 관대하게 봐줘야 한다"라는 말이다. 이 모든 것을 고려해서 과장 없이 말하건대 정말로 비민주적이고 박애에 어긋나는 행동은 집사를 발로 차서 아래로 떨어뜨리지 않는 흔한 관행이다.

현대 세계의 그토록 광대한 한 부분이 진지한 민주적 정서를 지닌 동정심에서 나오는 탓에 이러한 언명이 많은 이들에게는 진지함이 부족한 것으로 보일 터이다. 하지만 민주정은 인류애가 아니다. 민주정은 이타주의가 아니며 사회 개혁조차 아니다. 민주정은 보통 사람에 대한 연민 위에 세워지지 않았다. 민주정은 보통 사람에 대한 경외 위에 세워졌다. 말하자면 보통 사람에 대한 두려움 위에 세워졌다. 민주정이 사람을 옹호하는 까닭은 사람이 너무도 비참하기 때문이 아니라 사람이 너무나 숭고하기 때문이다. 민주정은 평범한 사람이 왕이 되는 데 반대하는 만큼이나 평범한 사람이 노예가 되는 데에도 반대한다. 민주정은 늘 최초의 로마 공화국, 왕들의 나라를 꿈꾼다.

진정한 공화국 다음으로 세상에서 가장 민주적인 것은 세습 전제정이다. 내가 말하는 전제정이란 직위에 합당한 지성이나 특별한 적합성에 관한 허튼소리가 흔적조차 없는 정부다. 합리적 전제정 곧 선별적인 전제정은 언제나 인류에 대한 저주와 다름없다. 전제정에서는 평범한 사람을 형제같이 존중하려는 마음이 전혀 없는 젠체하는 사람이 평범한 사람을 잘못 이해하고 잘못 통치하기 때문이다. 하지만 비합리적 전제정은 언제나 민주적이다. 비합리적 전제정에서는 평범한 사람이 왕좌에 앉기 때문이다. 가장 나쁜 형태의 노예제는 제왕주의라 하는 것인데, 그저 적당한 인물이라는 이유로 어떤 대담하거나 명석한 사람을 전제 군주로 뽑아 앉힌다. 대표를 뽑되 그가 사람들을 대표하기 때문이 아니라 그가 사람들을 대표하지 않기 때문에 뽑는다는 식이다. 사람들은 조지 3세나 윌리엄 4세[1]같이 평범한 인물을 신뢰한다. 그들 자신이 평범한 사람이고, 그래서 평범한 인물을 이해하기 때문이다. 사람들이 평범한 인물을 신뢰하는 것은 스스로 신뢰하기 때문이다. 사람들이 위대한 인물을 신뢰하는 것은 스스로 신뢰하지 못하기 때문이다. 그러므로 위대한 인물들에 대한 숭배는 늘 약하고 비겁한 시대에 나타난다. 우리는 다른 모든 사람이 작아지고 나서야 위대한 인물에 대해 듣게 된다.

세습 전제정은 본질적으로나 정서적으로나 민주적이다. 통치자를 인류 전체에서 무작위로 선택하기 때문이다. 전제정은 모두가 통치할 수 있다고 선언하지는 않더라도 그다음으로 가장 민주적인 것을 선언한다. 즉, 누구나 통치할 수 있다고 선언한다. 이에 비하면 세습 귀족정은 훨씬 더 나쁘고 훨씬 더 위험하다. 한 귀족정의 숫자들과 다수성은 때로 그 귀족정이 지성知性의 귀족정으로 보이게 하기 때문이다. 귀족정의 구성원들 가운데 어떤 이들

---

1   조지 3세재위 1760-1820는 오늘날 영국 왕조인 하노버 왕가의 세 번째 국왕이다. 앞선 두 왕과 달리 영국에서 태어나 영어를 모국어로 구사했다고 한다. 조지 3세의 아들인 윌리엄 4세재위 1830-1837는 늦은 나이에 왕위에 올랐으나 본래대로 검소하고 격식 없는 생활 양식을 유지하며 일반 시민들과 잘 어울렸던 것으로 유명하다.

은 아마도 머리가 좋을 테고, 그러니 적어도 그들은 사회적 귀족정 내에서 지성적 귀족정을 구성할 것이다. 그들은 지성의 힘으로 귀족정을 다스릴 테고, 그러니 이중의 허위가 유발될 것이다. 그리고 그들의 부인이나 가족에게는 다행스럽게도, 신사도 아니고 영리한 남자도 아닌 신神의 수백만 가지 이미지들이 밸푸어[2]나 윈덤[3] 같은 인물을 통해 제시될 것이다. 그는 너무나 신사다워서 그저 영리하다고만은 할 수 없으며, 너무나 영리해서 그저 신사라고 불릴 수만은 없기 때문이다. 그런데 이런 세습 귀족정조차 때로는 일종의 우연으로 인해 세습 전제정이 지닌 근본적으로 민주적인 속성을 드러내기도 할 것이다. 상원 의회가 총명한 사람들로 구성되어 있음을 증명하고자 필사적으로 노력했던 사람들이 상원 의회를 옹호하면서 얼마나 많은 보수적 재간을 낭비했는지 생각해 보면 흥미롭다. 상원 의회를 제대로 옹호할 수 있는 논거가 있기는 하다. 귀족을 동경하는 이들은 이 논거를 사용하는 것에 대해 이상하게도 부끄러워하기는 하지만 말이다. 즉, 상원 의회는 전원 어리석은 이들로 구성되어 있다는 것이다. 총명 덕분에 권력을 잡은 하원 의회의 총명한 사람들이 우연 덕분에 권력을 잡은 상원 의회의 보통 사람들에게서 최후 방책으로 견제받아야 한다고 지

---

2   아서 밸푸어Arthur Balfour, 1848-1930는 영국 보수당의 정치인으로 오늘날에는 제1차 세계대전이 끝날 무렵1917 외무장관으로서 유대인의 팔레스타인 정착을 사실상 승인한 밸푸어 선언으로 유명하다. 다만 1902년부터 체스터턴이 이 책을 출간했던 1905년까지는 총리로 재임했다.

3   조지 윈덤George Wyndham, 1863-1913은 영국 보수당의 정치인으로서 아서 밸푸어의 개인 비서로 정치 경력을 시작했으며 하원 의원으로 당선된 이후 정부 내각에서 일했다.

적하는 것은[4] 정말로 그리하지 않으면 옹호할 수 없는 기관을 옹
호하는 그럴듯한 방법일 것이다. 물론 이러한 주장에는 수많은 반
응이 뒤따를 터이다. 이를테면 이제 상원 의회는 대체로 귀족만의
의회가 아니라 상인과 금융업자들의 의회라고 한다든가, 보통의
귀족 상원 의원들은 대부분 표결에 참여하지 않고, 젠체하는 사람
들과 전문가들과 미치광이 늙은 신사들에게 취미와 함께 상원 의
회를 넘겨 버렸다고 하는 식이다. 하지만 이 모든 단점에도, 어떤
경우에는 상원 의회가 어떤 의미에서 국민을 대표하기도 한다. 예
를 들어 귀족 상원 의원 전원이 모여 글래드스턴의 두 번째 아일
랜드 자치 법안에 반대표를 던졌을 때는[5] 귀족 상원 의원들이 잉

4   영국 의회는 상원과 하원의 양원으로 구성된다. 서민원House of Commons이라 불리
    는 하원 의원들은 각 선거구에서 선거를 통해 선출된다. 영국은 의원내각제 국
    가이므로 영국 정부는 하원에서 다수당의 지지를 받아야만 한다. 귀족원House of
    Lords이라 불리는 상원 의원들은 선거를 통해 선출되지 않고, 귀족 가운데 총리나
    상원지명위원회의 조언을 받아 국왕이 임명한다. 법안 발의는 상원과 하원에서
    모두 이루어질 수 있지만 대체로 하원에서 법안을 발의하고 의결하면 상원에서
    다시 검토하고 수정한다. 1911년까지는 하원에서 통과한 법안에 대한 상원의 거
    부권이 존재했다.

5   19세기 말부터 20세기 초까지 아일랜드 자치 운동Irish Home Rule Movement은 영국
    정계는 물론 사회 전체를 갈라놓은 뜨거운 이슈였다. 첫 번째 아일랜드 자치 법안
    은 1886년 글래드스턴에 의해 상정되었으나, 이를 둘러싸고 자유당이 분열하는
    가운데 하원에서 부결되었다. 1893년 글래드스턴은 두 번째 아일랜드 자치 법안
    을 상정했는데, 이번에는 하원에서 통과되었으나 상원에서 부결되었다. 이후 상
    원의 거부권에 대한 논쟁이 이어졌으며 결국 1911년에 상원의 거부권이 폐지되
    었고 이듬해인 1912년에 세 번째 아일랜드 자치 법안이 상정되어 양원에서 모두
    통과되었다. 하지만 제1차 세계대전 발발과 더불어 자치 법안 실행이 연기되었
    고, 종전 이후 1919년에 아일랜드 독립전쟁까지 발발하자 1920년 네 번째 아일
    랜드 자치 법안이 통과되어 마침내 1921년, 북아일랜드를 제외한 남아일랜드가
    대영제국의 자치령인 아일랜드 자유국Irish Free State이 되었다.

글랜드 국민을 대표한다고 말했던 이들이 전적으로 옳았다. 그 순간 그 문제에서, 우연히도 귀족으로 태어난 저 친애하는 모든 늙은이는 우연히 극빈층이나 중산층 신사로 태어난 저 친애하는 모든 늙은이의 맞수가 되었다. 그 귀족 무리는 정말로 영국 국민을 대표했다. 말하자면 그들은 정직하고, 무식하고, 희미하게 흥분해 있고, 거의 모두 의견이 일치하고, 명백히 그릇되었다. 물론 이성적 민주정은 우연에 따른 세습적 수단보다는 대중의 의지를 더 잘 표현한다. 우리가 어떤 종류의 민주정이든 민주정을 하는 동안에는 이성적인 민주정을 해야 한다. 그러나 우리가 어떤 종류의 과두정이든 과두정을 하고 있다면 비이성적인 과두정을 해야 한다. 그러면 적어도 사람들의 통치를 받게 될 것이다.

하지만 민주정이 제대로 작동하는 데 정말로 필요한 것은 단지 민주적 체제나 민주적 철학이 아니라 민주적 감정이다. 민주적 감정이란 아주 기초적이고 필요불가결한 것들이 그러하듯 언제라도 묘사하기가 어려운 것이다. 계몽된 우리 시대에는 특히나 어렵다. 이유는 간단하다. 그러한 감정을 찾아보기가 특히나 어렵기 때문이다. 민주적 감정이란 모든 사람의 의견이 일치하는 것들을 말할 수 없이 중요하다고 느끼고, (순전히 두뇌들이 그러하듯) 모든 사람의 의견이 갈라지는 것들을 거의 말할 수 없이 하찮다고 느끼는 어떤 본능적 태도다. 우리의 평범한 삶 속에서 이러한 태도에 가장 근접한 것을 찾자면 충격이나 죽음에 관련된 상황에서도 순전히 인간을 생각하게 되는 그 기민성일 것이다. 우리는 무언가 심란한 것을 발견하고서 "소파 밑에 사람이 죽어 있어"라는 식으로 말하지, "소파 밑에 상당히 세련된 사람이 죽어 있어"라고 말하지는 않는다. "여자가 물에 빠졌어"라고 말하지, "교육 수준이 높은 어떤 여자가 물에 빠졌어"라고 말하지는 않는다. "댁의 뒷마당에 아주 명확한 사고를 했던 인물의 유해가 남아 있습니다"라고 말할 사람은 아무도 없다. 어느 누구도 "서둘러 가서 말리지 않으면, 음악에 조예가 깊은 한 남성이 절벽에서 뛰어내릴 겁니다"라고 말하지 않는다. 나고 죽는 것과 같은 일들과 관련해서 우리 모두가 지닌 이 감정이 어떤 사람들에겐 태생적이며 모든 평범한 시간과 모든 평범한 장소에서 한결같다. 아시시의 성 프란치스코[6]는 이 감정을 타고났다. 월트 휘트먼도 그러했다. 이 감정이 이렇게 낯설고도 뛰어난 경지에 이를 만큼 한 국민 전체나 문명 전체에 스며들기를 기대할 수는 없을 것이다. 다만 한 나라의 국민이 다른 나라의 국민보다 이 감정을 훨씬 더 많이 가지고 있을 수는 있다. 한 문명이 다른 문명보다 이 감정을 훨씬 더 많이 가지고 있을 수는 있다. 아마도 초기 프란치스코회만큼 이 감정을 많이 지녔던 공동체는 없었을 것이다. 오늘날 우리의 공동체만큼 이 감정을 적게 지녔던 공동체는 없었을 것이다.

조심스레 들여다보면 우리 시대의 모든 곳에 근본적으로 비

---

6   아시시의 성 프란치스코Francis of Assisi, 1181-1226는 이탈리아의 부유한 상인 집안에서 태어났으나 젊은 시절 군대에 지원하러 가던 길에 그리스도의 환시를 체험한 뒤 세속적 삶을 버리고 가난한 수도자의 삶을 살고자 했다. 1209년에 동반자들을 모아 '작은형제회'라는 이름으로 수도회를 만들고 청빈과 복음 선포의 삶을 살았는데, 이 수도회가 오늘날의 프란치스코회다. 성 프란치스코는 특별히 가난하고 경건한 삶을 살았다는 사실뿐 아니라 평화와 박애를 강조하여 십자군 전쟁 시대에 이슬람과 화해하고자 했으며 자연과도 교감했다는 점에서 오늘날까지 큰 사랑과 존경을 받고 있다.

민주적인 속성이 깔려 있다. 종교와 도덕에 있어 추상적으로는, 학식 있는 계층의 죄가 가난하고 무지한 계층의 죄만큼 크거나 어쩌면 그보다 더 크다는 사실을 우리는 인정해야 한다. 그러나 실제로는, 우리의 윤리가 중세의 윤리와 크게 다른 점이란 무지한 자들의 죄가 되는 죄들에 더 집중하고, 학식 있는 자들의 죄가 죄라는 사실은 부정한다는 것이다. 우리는 무절제한 음주의 죄에 대해 늘 이야기하는데, 부유한 이들보다는 가난한 이들에게 그런 죄가 더 많다는 게 분명하기 때문이다. 그러나 우리는 늘 교만의 죄 같은 것이 있다는 점은 부정하는데, 가난한 이들보다는 부유한 이들에게 그런 죄가 더 많다는 게 분명하기 때문이다. 우리는 작은 오두막집에 가서 배우지 못한 이들에게 친절한 조언을 건네는 학식 있는 사람들을 성인이나 예언자로 만들 준비가 늘 되어 있다. 하지만 성인이나 예언자에 대한 중세의 관념이 지금과는 사뭇 달랐다. 중세의 성인이나 예언자는 대저택에 들어가서 많이 배운 이들에게 친절한 조언을 건네는 무지한 사람이었다. 옛 폭군들은 오만불손하여 가난한 이들까지도 약탈했지만, 가난한 이들에게 설교를 늘어놓을 만큼 오만불손하지는 않았다. 빈민을 압박하는 쪽은 신사였지만, 신사를 꾸짖는 쪽은 빈민이었다. 우리는 신앙과 도덕에서 민주적이지 않듯이, 그러한 문제들에서 우리가 지닌 태도의 본성 그대로 우리의 현실 정치 풍조에서도 비민주적이다. 우리가 가난한 이들을 어떻게 해야 할지 늘 고민한다는 사실은, 우리의 나라가 본질적으로 민주국가가 아니라는 사실을 입증하는 충분한 증거가 된다. 우리가 민주주의자라면, 가난한 이들이 우리를 어떻게 해야 할지 고민해야 한다. 우리와 함께 있으면 지배층은 늘 "우리가 무슨 법을 만들어야 하나?"라고 혼잣말한다. 순수하게 민주적인 국가에서라면 늘 "우리가 어떤 법에 복종할 수 있나?"라고 할 텐데 말이다. 어쩌면 순수하게 민주적인 국가란 존재한 적이 없을지도 모른다. 봉건 시대조차 실제로는 훨씬 더 민주적이었다. 봉건 군주는 어떤 법을 만들든지 그 법이 자신에게도 적용되리라는 걸 알았다. 사치 규제법을 어기면 그의 깃털들[7]이 잘려 나갈 것이었다. 반역을 저지르면 그의 목이 잘려 나갈 것이었다. 하지만 현대의 법은 거의 언제나 통치하는 계층이 아니라 통치받는 계층에 영향을 주려고 만들어진 것들이다. 우리에게 공공주택 인허가법은 있지만 사치 규제법은 없다. 말하자면 가난한 이들의 축제와 환대를 막는 법만 있고, 부유한 이들의 축제와 환대를 막는 법은 없다. 우리에겐 신성모독을 막는 법이 있다. 거칠고 미천한 사람이 상스럽고 모욕적인 말을 마음껏 떠들어 대지 못하게 하는 법 말이다. 하지만 이단을 막는 법, 즉 온 국민을 지적으로 중독시키는 일을 막는 법은 없다. 그런 일은 오직 탁월하고 걸출한 사람만이 성공할 수 있는 일이다. 귀족정의 해악은 그것이 필연적으로 나쁜 일들을 떠안기고 슬픈 일들을 겪게 한다는 데 있는 것이 아니다. 귀족정의 해악은 자신이 절대 겪지 않을 일을 언제고 다른 계층에 떠안길 수 있는 어느 한 계층의 손아귀에 모든 것을 쥐어 준다는 데 있다. 그들의 의도대로 떠안기는 일들이 좋은 것이든 나쁜 것이든, 그들은 언제나 똑같이 경망스럽다. 사실 잉글랜드의 지배층을 비판하는 주장의 논거는 그들이 이기

---

7   상류층의 옷이나 모자 등을 장식하는 데 쓰인 화려한 깃털들은 20세기 후반 인조 깃털이 나오기 전까지는 값비싼 사치품이었다.

적이라는 게 절대 아니다. 잉글랜드 과두정의 구성원들은 환상적으로 이타적이라고도 일컬을 수도 있다. 그들을 비판하는 주장의 논거는 그들이 모두를 위한 법을 제정하면서 언제나 그들 자신을 쏙 빼놓는다는 사실이다.

우리는 우리의 종교에서도 비민주적이다. 가난한 이들을 '일으켜 세우려는' 우리의 노력이 이를 입증한다. 정부에서도 우리는 비민주적이다. 가난한 이들을 잘 다스리려는 우리의 순수한 시도가 이를 입증한다. 하지만 무엇보다도 문학에서 우리는 비민주적이다. 매달 봇물 터지듯 쏟아져 나오는 가난한 이들에 관한 소설과 그들에 대한 진지한 연구가 이를 입증한다. 그리고 '현대적'인 책일수록 그 속에 민주적 정서가 없다는 점은 더욱 확실하다.

가난한 사람은 돈이 별로 없는 사람이다. 이런 말은 단순하고 꼭 필요하지도 않은 말로 들릴지 모른다. 하지만 현대의 수많은 사실과 허구 앞에서는 정말 무척이나 필요한 말이다. 대부분의 현실주의자들과 사회학자들은 가난한 이들이 마치 문어나 악어라도 되는 양 이야기한다. 나쁜 성미의 심리라든가 허영의 심리 혹은 동물의 심리에 대한 연구만큼이나 가난의 심리에 대한 연구도 더 이상 필요하지 않다. 사람은 모욕당한 사람의 감정들에 대해 무언가를 알아야 하지만, 모욕을 당함으로써가 아니라 그저 사람이 됨으로써 알아야 한다. 또 가난한 사람의 감정들에 대해 무언가를 알아야 하지만, 가난해짐으로써가 아니라 그저 사람이 됨으로써 알아야 한다. 그러므로 가난을 묘사하는 작가라면 어느 작가에게나 내가 반대하는 첫 번째 이유는, 그가 자신의 대상을 연구했다는 것이다. 민주주의자라면 가난을 상상했을 테니 말이다.

종교적인 이유로 빈민가를 탐방하거나 정치적 또는 사회적인 이유로 빈민가를 탐방하는 일에 대해서는 곤란한 이야기들이 많이 나왔다. 다만 분명한 사실은, 예술적인 이유로 빈민가를 탐방하는 일이 가장 야비하다는 것이다. 종교 교사는 적어도 과일 행상을 보면서 그가 인간이라는 이유로 그에게 관심을 보였을 것이다. 정치인은 어떤 흐릿하고 왜곡된 의미에서이긴 하지만, 그가 시민이라는 이유로 그에게 관심을 보였을 것이다. 단지 과일 행상이라는 이유에서 그에게 관심을 보이는 쪽은 형편없는 작가밖에 없다. 그렇기는 하지만 작가가 단지 어떤 인상들을, 그러니까 그대로 베낄 만한 무언가를 찾는 중이라면, 그의 작업은 따분하기는 해도 정직하다 할 것이다. 하지만 작가가 과일 행상의 정신적 본질을, 그의 어두운 악덕과 연약한 미덕을 묘사한다면서 자기를 변호하려 애쓴다면, 우리는 말도 안 되는 소리라며 일갈해야 한다. 작가란 저널리스트일 뿐 다른 무엇이 전혀 아니라는 사실을 그에게 알려 주어야 한다. 작가는 어리석은 선교사보다도 심리적 권위가 훨씬 떨어진다. 작가는 축자적이고 파생적인 의미에서 저널리스트인 반면에 선교사는 영원주의자이기 때문이다.[8] 선교사는 적

---

8   체스터턴은 저널리스트journalist와 영원주의자eternalist를 대비시키며 일종의 언어
     유희를 구사하고 있다. 저널리스트는 축자적으로 보자면 매일매일 일어나는 일
     을 적는 사람이라는 뜻이다. 그런 의미에서 저널리스트란 존재론적 입장에서 시
     간을 3차원 공간에서의 흐름으로 보고 매 순간의 현재가 있을 뿐이라고 생각하
     는 현재주의자라고 할 수 있다. 따라서 과거와 현재와 미래가 모두 균질하게 존
     재한다고 보고 시·공간을 엮어 4차원적으로 이해하는 영원주의자와는 대비된다.
     시간과 공간을 초월하는 존재로서 신을 믿는 그리스도교 선교사는 영원주의자일
     수밖에 없으며, 그런 의미에서 저널리스트와 대비된다는 말이다.

어도 시간 전체에 대한 인간의 운명을 설명할 수 있다고 가장한다. 저널리스트는 단지 하루하루 인간의 운명을 설명할 수 있다고 가장할 뿐이다. 선교사는 가난한 사람에게 다가가서 그가 모든 사람과 똑같은 처지에 있다고 말한다. 저널리스트는 사람들에게 다가가서 가난한 사람이 다른 모든 사람과 얼마나 다른지를 말한다.

아서 모리슨의 소설이나 서머싯 몸의 재능 넘치는 작품이 그러하듯[9] 빈민가를 다룬 현대의 소설들이 어떤 감동을 주려는 의도에서 쓰였다고 한다면, 나는 그저 그것이 고귀하고 합리적인 목적이며 그 소설들은 그 목적을 달성했다고만 말할 수 있겠다. 마치 찬물에 닿은 듯 상상에 충격을 가하는 그러한 감동은 언제나 신나고 좋기만 하다. 그리고 사람들은 늘 (여러 형태 중에서도) 멀거나 생경한 민족들의 낯설고 색다른 면을 연구하는 형태에서 이런 감동을 찾으려 한다. 12세기 사람들은 아프리카에 있다는 개머리를 한 사람들의 이야기를 읽으면서 이러한 감동을 얻었다. 20세기 사람들은 아프리카에 있다는 돼지 머리를 한 보어인들의 이야기를 읽으면서 이러한 감동을 얻는다. 20세기 사람들이 12세기 사람들보다 어느 정도 더 잘 속아 넘어간다는 점만은 인정해야 한다. 12세기 사람들이 아프리카 사람들의 머리 형태를 바꿔 놓으려는 목적에서 살벌한 십자군을 조직했다는 기록은 없다. 다만 이런 괴물들이 대중적인 신화로부터 모습을 감춘 이후로는 기이

---

9   아서 모리슨Arthur Morrison, 1863-1945과 서머싯 몸William Somerset Maugham, 1874-1965은 당대 영국에서 가장 인기 있던 소설가다. 모리슨의 대표작 『자고의 아이』A Child of the Jago, 1896와 몸의 데뷔작 『램버스의 라이자』Liza of Lambeth, 1897는 모두 런던의 빈민가를 배경으로 인물들의 비참한 삶을 그린다.

한 외부 존재에 대한 무섭고 어린아이 같은 호기심을 내면에 계속 유지하려는 목적에서 털이 숭숭 난 끔찍한 이스트엔드 주민의 이미지를 소설 속에 넣어야 할 필요가 있었던 것 같은데, 그것도 정당하게 그렇게 했던 것 같다. 하지만 중세에는 (오늘날 드러내놓고 인정할 수 있는 것보다 훨씬 더 많은 상식이 있었기에) 자연사自然史를 근본적으로 일종의 농담이라 여겼다. 당시 사람들은 영혼을 매우 중요하게 생각했다. 그래서 개 머리를 한 사람들에 대한 자연사는 있었지만, 개 머리를 한 사람들에 대한 심리학이 있다고는 공언하지 않았다. 개 머리를 한 사람의 마음을 거울처럼 비춰 본다든가, 그의 가장 민감한 비밀들을 나눈다든가, 아니면 그의 가장 천상적인 사색들을 가지고 날아오른다고 공언하지 않았다. 반인반수의 피조물에 가장 오래된 질병과 가장 새로운 유행을 갖다 붙여서 소설을 쓰지도 않았다. 독자를 펄쩍 뛰어오르게 하고 싶다면 사람들을 괴물로 제시하는 일은 허용할 수 있다. 그리고 누구든 펄쩍 뛰어오르게 만드는 일은 늘 그리스도교적인 행동이다. 하지만 사람들을 스스로 괴물이라고 여기거나 자신을 펄쩍 뛰어오르게 만드는 존재로 제시하는 일은 허용될 수 없다. 요컨대 우리의 빈민가 소설은 미학적 허구로서는 옹호될 수 있지만, 정신적 사실로서는 옹호될 수 없다.

더욱이 빈민가 소설에는 사실성을 방해하는 커다란 걸림돌이 하나 있다. 빈민가 소설을 쓰거나 읽는 사람들은 대체로 중류층이나 상류층이다. 적어도 대충 식자층이라 불리는 이들이다. 그러므로 빈민가 소설은 교양 있는 사람이 바라보는 삶이고, 이러한 사실은 빈민가 소설이 교양 없는 사람이 살아가는 삶일 수 없음을 입증한다. 부유한 사람들은 가난한 사람들의 이야기를 쓰면서 가난한 사람들이 탁하거나 무겁거나 거친 말투로 말하는 듯이 묘사한다. 만약 가난한 사람들이 독자 여러분이나 나에 대한 소설을 쓴다면, 마치 서 막짜리 소극笑劇에 나오는 공작부인처럼 우스꽝스럽게 새된 소리를 내거나 꾸민 듯한 목소리로 말한다고 묘사할 것이다. 빈민가 소설의 작가는 어떤 세부 내용이 독자에게 낯설다는 사실을 통해 자신이 의도한 전체적 효과를 발휘하지만, 그 세부 내용이 사안의 본성상 그 자체로 낯선 것일 순 없다. 소설가가 자신의 연구 대상이라고 공언한 그 영혼에게는 그것이 낯선 것일 수 없다. 소설가는 우중충한 공장과 우중충한 술집에 똑같은 회색 안개를 덧씌워 묘사하면서 자신이 의도한 대로 효과를 자아낸다. 하지만 소설가가 연구하고 있다는 그 사람에게는 공장과 술집 사이에 분명한 차이가 있다. 그 차이는 중산층 사람에게 사무실에서 보내는 밤과 파가니스 레스토랑[10]에서 즐기는 만찬 사이에 있는 분명한 차이와 같다. 빈민가 소설의 작가는 자신이 속한 특정 계급의 눈에 곡괭이나 백랍 냄비가 더러워 보인다는 점을 지적하는 데서 만족감을 느낀다. 그러나 그가 연구한다고 하는 그 사람은 사무원이 출납 장부와 호화 장정본 사이의 차이를 보는 것과 똑같이 곡괭이와 백랍 냄비 사이의 차이를 본다. 삶의 명암 대비는 불가피하게 상실되었다. 우리에게는 밝은 빛과 어두운 그림자가 모두 같은 회색이기 때문이다. 그러나 밝은

10　파가니스 레스토랑Pagani's Restaurant은 마리오 파가니Mario Pagani라는 이탈리아인이 19세기 후반 런던에 연 레스토랑으로, 20세기 초반까지 많은 예술인이 드나들던 장소였다.

빛과 어두운 그림자는 다른 어느 삶보다도 바로 그 삶에서 더더욱 같은 회색이 아니다. 가난한 이들의 즐거움을 정말로 표현할 수 있는 사람은 또한 그 즐거움을 나눌 수 있는 사람일 것이다. 간단히 말하자면, 이 책들은 가난의 심리를 기록한 것이 아니다. 가난과 접촉한 부富와 문화의 심리를 기록한 것이다. 이 책들은 그저 빈민가의 상황을 묘사한 것이 아니다. 빈민가 사람들의 상황을 매우 어둡고 끔찍하게 묘사한 것일 뿐이다. 이 현실적 작가들의 근본적으로 동정 없고 인망人望 없는 기질을 보여 주는 예는 수도 없이 댈 수 있을 터이다. 그리고 아마도 우리가 결론지을 수 있는 가장 단순하고 가장 분명한 예는, 이 작가들이 현실적이라는 바로 그 사실이다. 가난한 사람들은 여러 다른 악덕들을 지니고 있다. 하지만 적어도 그들은 절대 현실적이지가 않다. 가난한 사람들은 본래부터 아주 극적이며 낭만적이다. 가난한 사람들은 상투적인 도덕적 교훈들과 습자책에 나오는 격언들을 믿는다. 이것이야말로 '가난한 자들은 복이 있다'[11]라는 위대한 경구의 궁극적 의미다. 가난한 자들은 복이 있다. 그들은 『아델피』 공연[12]처럼 늘 삶을 만들어 내거나 만들어 내려고 노력한다. 어떤 순수한 교육학자들과 자선사업가들은 (자선사업가라 해도 순수할 수는 있을 테니) 대중이 과학 논문보다 싸구려 소설을 더 좋아하고, 문제

11   누가복음 6장 20절 참조.

12   『아델피』Adelphi는 고대 로마의 희극작가 푸블리우스 테렌티우스 아페르Publius Terentius Afer, 195-159 BC가 썼으며 기원전 160년에 초연된 연극이다. 제목은 '형제'라는 뜻이다. 데메아의 두 아들을 데메아 본인과 그의 형제가 하나씩 맡아 대조되는 방식으로 기른 다음, 누가 더 아이를 잘 양육했는지를 여러 사건을 통해 겨루는 것이 연극의 줄거리다.

극보다 신파극을 더 좋아한다는 사실을 알고 놀라움을 금치 못했다. 이유는 간단하다. 현실적인 이야기가 신파극의 이야기보다 확실히 더 예술적이다. 여러분이 재빠른 손놀림, 우아한 비율, 예술적 분위기 일체를 욕망한다 해도 신파극보다는 현실적인 이야기가 훨씬 더 이점이 있다. 가볍고 밝고 장식적인 모든 면에서 신파극보다 현실적인 이야기가 훨씬 더 이점이 있다. 하지만 신파극에는 반박하기 어려운 이점이 있다. 신파극은 실제 삶과 훨씬 더 비슷하다. 신파극은 사람과 훨씬 더 비슷하며 특히 가난한 사람과 비슷하다.『아델피』에서 한 가난한 여인이 "내가 내 자식을 팔 거라고 생각하세요?"라고 말한다면, 그건 매우 시시하고 비예술적이다. 하지만 배터시 대로에 있는 가난한 여인들은 "내가 내 자식을 팔 거라고 생각하세요?"라고 말한다. 그들은 기회가 되는 대로 매번 그렇게 말한다. 거리에 나가 보면 그렇게 중얼거리거나 떠들어 대는 소리를 어디서든 들을 수 있다. 무대에서 일꾼이 주인을 정면으로 응시하면서 "나는 사람입니다"라고 말한다면 (게다가 그게 다라면) 그건 매우 진부하고 빈약한 연극이 된다. 하지만 현실의 일꾼은 "나는 사람입니다"라는 말을 하루에도 두세 번씩 한다. 사실 무대 조명 아래에서 가난한 인물들이 떠들어 대는 신파조의 이야기를 듣는다는 건 지루한 일일지 모른다. 하지만 그건 바깥 거리에 있는 가난한 사람들의 신파조 이야기가 늘 들려오기 때문이다. 요컨대 신파극은 지루하더라도 현실과 정확히 일치하기 때문에 지루하다. 남학생들에 대한 이야기들에서도 똑같은 문제가 어느 정도 존재한다. (재미만 따지자면) 키플링의『스토키와 친구들』[13]은 작고한 파라의『에릭』[14]보다 훨씬 더 재미있다. 하지만 실제 학교생활과는 『에릭』이 헤아릴 수 없을 만큼 더 비슷하다. 진짜 학교생활, 진짜 소년의 삶은 『에릭』을 가득 채우고 있는 젠체하는 까다로움, 노골적인 연민, 어리석은 죄, 영웅심에서 나오는 미약하나 꾸준한 시도, 한마디로 말해 신파극으로 가득하다. 만약 가난한 이들을 돕고자 하는 노력에 든든한 토대를 놓길 바란다면, 우리는 현실적이어서는 안 되며 외부에서 바라보아서도 안 된다. 우리는 신파적이어야 하며 내부에서 바라보아야 한다. 소설가들은 공책을 꺼내들고 "나는 전문가다"라고 말해선 안 된다. 소설가는 『아델피』 공연에 나오는 일꾼을 흉내 내야 한다. 그는 가슴팍을 찰싹 때리며 말해야만 한다. "나는 사람이다."

13 키플링의 『스토키와 친구들』*Stalky and Co.*, 1899은 기숙학교에 다니는 사춘기 소년들이 벌이는 이러저러한 일들을 짤막한 이야기들로 엮은 소설이다. 키플링 자신이 다녔던 학교를 모델로 하며, 등장인물들 역시 키플링 자신과 실존 인물들을 본떴다.

14 프레드릭 윌리엄 파라Frederic William Farrar, 1831-1903는 영국 성공회의 성직자, 교사, 작가다. 『에릭』*Eric, or, Little by Little*, 1858은 에릭이라는 소년이 기숙학교에 다니는 동안 오히려 도덕적으로 타락해 가는 과정을 보여 줌으로써 독자들에게 교훈을 주려는 책이었다. 출간 당시에는 큰 반향을 일으켰으나 종교적인 분위기가 강한 작품이어서 차츰 인기를 잃었다.

20

결론:
정통의 중요성에
관하여

인간의 정신이 앞으로 나아갈 수 있는가 아닌가 하는 물음은 너무나 적게 논의되었다. 토의될 수 있지만 전혀 토의되지 않은 아무 이론에나 토대를 두고 사회철학을 정립하는 것보다 더 위험한 일은 있을 수 없기 때문이다. 그러나 우리가 논쟁을 위해서, 인간 정신의 성장이나 발전 같은 것이 과거에 있었거나 미래에 있으리라고 가정한다 해도, 그러한 발전에 대한 현대적 설명에 맞서 제기될 수 있는 매우 날카로운 반론은 여전히 남아 있다. 정신의 진보라는 현대적 개념의 결함은 그것이 늘 속박을 깨고, 경계를 지우고, 교의를 물리치는 일에 관련된다는 데 있다. 만약 정신의 성장 같은 것이 혹시라도 있다고 한다면 그것은 더욱더 명확한 신념, 더욱더 많은 교의로의 성장을 의미할 수밖에 없다. 인간의 두뇌는 결론에 이르기 위한 기계장치다. 결론에 이르지 못한다면 두

뇌가 녹슨 것이다. 너무 영리해서 아무것도 믿을 수 없는 어떤 인물에 대해 듣는다면, 모순을 그 특성으로 하는 어떤 것에 대해 듣고 있는 것이다. 그건 마치 너무 품질이 좋아서 카펫을 고정할 수 없는 못이라든가, 너무 튼튼해서 문을 닫아 둘 수 없는 빗장이 있다는 이야기를 듣는 것과 마찬가지다. 칼라일의 방식을 좇아 '사람은 도구를 만드는 동물'이라고 정의할 수는 없다. 개미와 비버를 비롯해 그 밖에 많은 동물도 어떤 기구를 만든다는 의미에서 도구를 만든다. 사람은 교의를 만드는 동물이라고 정의할 수 있다. 사람은 철학과 종교라는 어마어마한 체계의 형성 과정에서 교의 위에 교의를 쌓고, 결론 위에 결론을 쌓는다. 그리고 그 표현이 담아낼 수 있는 유일하게 타당한 의미에서, 더욱더 인간이 되어 간다. 사람은 세련된 회의주의에다 교의를 하나씩 버릴 때, 자신을 시스템에 묶어 두기를 거부할 때, 자신은 정의定義들을 넘어섰다고 말할 때, 자신은 최종의 결말을 믿지 않는다고 말할 때, 자신의 상상 속에서 신의 자리에 앉아 어떠한 형태의 신조도 없이 모든 것을 관조하고만 있을 때, 바로 그 과정을 통해 천천히 침몰하여 의식이 흐릿한 떠돌이 동물과 의식이 없는 식물로 되돌아가는 것이다. 나무에게는 교의가 없다. 순무는 유별나게 마음이 넓다.

다시 말하지만, 정신의 진보라는 게 있다면 그것은 분명한 삶의 철학을 건설하는 데서 이루어지는 정신의 진보여야 한다. 그리고 그 삶의 철학은 옳고, 다른 철학들은 그릇된 것이어야 한다. 내가 이 책에서 간단히 다룬 능력 있는 현대 작가들 모두에 대해 혹은 거의 모두에 대해 말하자면, 그들 각자가 건설적이고 긍정적인 관점을 지녔으며 그 관점을 진지하게 다루고 우리에게도 그렇게 다루도록 요청한다는 것은 특별하고도 즐거운 사실이다. 러디어드 키플링에게는 단지 회의적으로 진보적인 것이 전혀 없다. 버나드 쇼에게는 관대한 것이 전혀 없다. 로즈 디킨슨의 이교주의는 어떠한 그리스도교보다도 더욱 진중하다. H. G. 웰스의 기회주의조차 다른 누구의 이상주의보다 더 교조적이다. 누군가 매슈 아널드에게 그가 칼라일만큼이나 교조적으로 변해 간다고 불평했더니, 이렇게 답했다고 한다. "그럴지도 모르죠. 하지만 당신은 명백한 차이점을 간과하고 있어요. 나는 교조적이면서 옳습니다. 칼라일은 교조적이면서 틀렸습니다." 이 말에 담긴 강력한 유머 탓에 그 영속적 진지함과 상식이 가려져선 안 된다. 자신은 진리 안에 있고 다른 사람은 오류에 빠졌다고 생각하지 않는다면, 어느 누구도 절대 글을 쓰거나 심지어 말을 해서도 안 된다. 나 역시도 내가 교조적이면서 옳은 반면에 버나드 쇼는 교조적이면서 틀렸다고 생각한다. 그러나 지금 내가 말하려는 요점은, 내가 논의한 작가들 가운데 주요 작가들이 매우 분별 있고 용감하게 자신을 교조주의자, 한 체계의 창립자로 제시한다는 사실에 주목해야 한다는 것이다. 버나드 쇼에 관한 것 가운데 내게 가장 흥미로운 점은, 쇼가 틀렸다는 사실이라는 게 맞을 것이다. 하지만 쇼에 관한 것 중 쇼 자신에게 가장 흥미로운 것은 그가 옳다는 사실이라는 점 또한 마찬가지로 맞다. 버나드 쇼는 자기 자신 말고는 누구와도 함께하지 않을 것이다. 그렇다고 그가 자기 자신을 좋아하는 건 아니다. 그가 좋아하는 것은 광대하고 보편적인 교회인데, 그 교회의 구성원은 그 자신뿐이다.

내가 이 책에서 거론했으며 그들의 이름으로 이 책을 시작했던 전형적인 천재 두 사람은 매우 상징적인 인물들이다. 이 두 인물은 교의주의자도 최고의 예술가가 될 수 있음을 보여 주었기 때문에라도 상징적이다. 세기말의 분위기 속에서 모두가 문학은 모든 대의와 모든 윤리적 신조로부터 자유로워야 한다고 외쳐 댔다. 예술은 절묘한 솜씨로 작품을 산출하는 것이었고, 멋진 희곡과 멋진 단편 소설을 요구하는 것이 그 시절의 분위기였다. 그리고 사람들이 요구했던 희곡과 단편 소설을 얻었을 때, 그것들은 두세 명의 도덕주의자에게서 나온 것이었다. 최고의 단편 소설은 제국주의를 설파하고자 애쓰던 인물이 쓴 것이다. 최고의 희곡은 사회주의를 설파하고자 애쓰던 인물이 쓴 것이다. 모든 예술가의 모든 예술은 선전의 부산물인 예술 곁에서 작고도 지루해 보였다.

그 이유는 정말로 매우 간단하다. 사람은 철학자가 되기를 바랄 만큼 충분히 현명하지 않고는 훌륭한 예술가가 될 만큼 충분히 현명할 수 없다. 사람은 좋은 예술을 넘어서길 바랄 만큼 에너지를 갖고 있지 않으면 좋은 에너지를 산출해 낼 에너지를 가질 수 없다. 작은 예술가는 예술에 만족한다. 큰 예술가는 전부가 아니면 만족하는 법이 없다. 그래서일까, 좋든 나쁘든 키플링과 버나드 쇼 같은 진짜 세력가들이 우리의 무대로 들어설 때마다 그들이 놀랍고 매력적인 예술뿐 아니라 더없이 놀랍고 매력적인 도그마를 들여온다는 사실을 발견하게 된다. 그들은 놀랍고 매력적인 예술보다는 놀랍고 매력적인 교의에 훨씬 더 신경을 쓰며, 우리도 그러하기를 바란다. 버나드 쇼는 좋은 극작가다. 하지만 그는 다른 무엇보다도 좋은 정치인이 되기를 바란다. 러디어드 키플링은 신이 내린 기발함과 타고난 천재적 재능으로 인습에 얽매이지 않은 참신한 시인이다. 하지만 그는 다른 무엇보다도 인습적인 시인이 되기를 바란다. 그는 자기 민족의 시인, 그 민족의 뼈 중의 뼈, 살 중의 살[1]이 되어 민족의 기원을 이해하고 민족의 운명을 찬양하길 바란다. 그는 가장 분별 있고 영예로우며 공공심 가득한 욕망을 품고서 계관시인이 되기를 바란다. 그는 신의 독창성, 즉 다른 이들과의 불일치를 부여받았기에 다른 이들과 일치하기를 신처럼 갈망한다. 그런데 가장 눈에 띄는, 내 생각에 이 두 인물보다도 더 두드러지는 사례가 바로 H. G. 웰스의 경우다. 그는 순수 예술의 광적인 유아기에 논의를 시작했다. 그는 사람들이 새 넥타이나 상의에 꽂을 꽃 장식을 살 때와 같이 무책임한 본능을 따라 새 하늘과 새 땅을 만드는 것으로 시작했다. 그는 덧없는 일화들을 지어내기 위해 별들과 체계들을 가볍게 가지고 노는 것으로 시작했다. 그는 농담 삼아 우주를 죽였다. 이후로 그는 더욱더 진지해졌고, 사람들이 더욱더 진지해질 때면 불가피하게 그러하듯 더욱더 편협해졌다. 그는 신들의 황혼에 대해선 경망스러웠지만, 런던 승합버스에 대해선 진지했다. 그는 만물의 운명을 다룬 『타임머신』에서는 경솔했지만, 내일모레 일을 다룬 『형성 중인 인류』에서는 주의 깊고 심지어 조심스럽기까지 했다. 웰스는 세상의 종말로 시작했고 그러기는 쉬웠다. 이제 그는 세상의 시작으로 건너갔는데, 그러기는 어렵다. 하지만 이 모든 일의 주된 결과는 다른 경우들과 다르지 않다. 정말로 대담한 예술가, 현실적인 예술가, 타협하지 않는 예술가란 결국 '목적을 지니고' 글을 쓴 것으

---

1   하나님이 아담의 갈빗대를 꺼내 만드신 하와를 가리켜 아담이 했던 말이다. 창세기 2장 23절 참조.

로 밝혀진 인물들이다. 냉정하고 냉소적인 예술 비평가가 있다고 생각해 보자. 예술가란 모름지기 가장 순수하게 예술을 추구할 때 가장 훌륭하다는 확신에 사로잡힌 예술 비평가 말이다. 맥스 비어봄처럼 인도적인 유미주의를 능숙하게 공언했거나 W. E. 헨리처럼 잔인한 유미주의를 공언하는 사람이 1895년의 최신 허구 문학 전체를 훑어보고서, 가장 활기차고 유망하며 독창적인 예술가 셋과 예술 작품 셋을 고르라는 요청을 받았다고 생각해 보자. 그러면 그는 고운 예술적 대담함이나 진정한 예술적 섬세함 때문에, 혹은 예술에서 풍기는 진정한 참신성 때문에 러디어드 키플링의 『병사 셋』Soldiers Three, 버나드 쇼의 『무기와 인간』The Arms and the Man, 그리고 웰스라 불리는 사람의 『타임머신』을 꼽을 것이다. 이들은 모두 스스로가 인이 박이도록 설교하기를 좋아하는 사람임을 보여 주었다. 우리가 교의를 원하면 위대한 예술가들에게로 간다고 말함으로써 이 문제를 표현할 수도 있겠다. 다만 이 진술이 참이 아니라는 건 이 문제에 관한 심리학적 견지에서 볼 때 분명하다. 참인 진술은 이것이다. '우리가 견딜 수 있을 만큼 신선하고 대담한 예술을 원한다면 교의론자들the doctrinaires에게로 가야 한다.'

그러므로 이 책을 마무리하면서 우선 당부하건대 내가 거론했던 이들과 같은 사람들이 예술가로 간주되어 모욕당하는 일이 있어서는 안 될 것이다. 버나드 쇼의 작품을 그저 즐기기만 할 권리는 누구에게도 없다. 차라리 자기 나라가 프랑스인들에게 침공당하는 걸 즐기는 편이 낫다. 버나드 쇼는 우리를 확실히 설득하거나 격분하게 만들려고 글을 쓴다. 정치인이 되지 않고도 키플링의 추종자가 되고 제국주의자 정치인이 될 권리는 누구에게도 없다. 우리에게 어떤 사람이 우선시된다면, 그건 그에게 우선시되는 것 때문이어야 한다. 어떤 사람이 우리를 확신시킨다면, 그건 그의 확신에 의한 것이어야 한다. 우리가 정치적 열정에 따라 키플링의 시 한 편을 증오한다면, 그 시인이 그 시를 사랑하는 이유와 같은 이유로 그 시를 증오하는 것이다. 우리가 그의 견해들 때문에 그를 싫어한다면, 우리는 가능한 모든 이유 가운데 가장 좋은 이유로 그를 싫어하는 것이다. 자신에게 야유를 퍼부어도 괜찮다고 설교하고자 하이드파크에 들어온 사람을 향해 재주 부리는 곰에게 하듯 박수를 보내는 일은 무례한 짓이다. 무엇이든 말할 거리가 있다고 생각하는 가장 변변찮은 인물에 비하더라도 예술가란 그저 재주 부리는 곰일 뿐이다.

정말 이 문제와 관련해서 그냥 지나칠 수 없는 한 부류의 현대 작가들과 사상가들이 있다. 그들에 대해 길게 설명할 공간이 여기에 없긴 하지만, 진실을 고백하건대 설명한다 해도 대부분 욕설일 것이다. 나는 '진리의 측면들'을 이야기함으로써 이 모든 심연을 건너가 이 모든 전쟁을 화해시키는 사람들을 말하는 것이다. 그들은 키플링의 예술이 진리의 한 측면을 나타낸다고 하고, 윌리엄 왓슨[2]의 예술은 진리의 다른 측면을 나타낸다고 하며, 버나드 쇼의 예술도, 커닝햄 그레이엄[3]의 예술도, H. G. 웰스의 예술도,

2   윌리엄 왓슨William Watson, 1858-1935은 영국의 시인이다. 강력한 계관시인 후보로 거론될 만큼 능력을 인정받았으나, 정치적인 내용의 작품들을 계속 발표하여 논란을 불러일으킨 것으로 더 유명하다.

3   커닝햄 그레이엄Cunninghame Graham, 1852-1936은 스코틀랜드의 정치가, 작가, 모험가다. 사회주의자였으며 자유당 의원으로 영국 의회에서 활동했고 이후 스코틀랜드 국민당의 초대 대표를 맡는 등 스코틀랜드의 자치와 독립을 위한 운동에 활

코번트리 팻모어[4]의 예술도 각기 진리의 또 다른 측면들을 보여 준다고 한다. 여기서는 그저 이렇게만 말하겠다. 내게는 이런 말이 자신을 언어로 교묘하게 꾸며 댈 감각조차 없는 이들이 둘러 대는 말처럼 들린다. 우리가 개의 뒷다리에 관해 이야기한다면 개가 무엇인지를 안다고 선언하는 것이듯, 우리가 무언가에 관해 이야기하면서 그것이 진리의 한 측면이라고 말한다면 진리가 무엇인지를 안다고 선언하는 것이다. 그런데 불행히도 진리의 여러 측면을 이야기하는 철학자조차 대개는 이렇게 묻는다. "진리란 무엇인가?" 철학자가 진리의 존재를 부인하거나, 진리는 인간의 지성으로 인식할 수 없다고 말하는 경우도 많다. 그렇다면 그는 진리의 측면들을 어떻게 인식할 수 있는 걸까? 나는 건물 밑그림을 건축업자에게 가져가서는 "이쪽이 바다가 보이는 별장의 남쪽 측면인데, 물론 바다가 보이는 시골집이란 존재하지 않지요"라고 말하는 예술가가 되고 싶지 않다. 심지어 나는 바다가 보이는 시골집이 존재할지도 모르지만 인간 정신으로 생각해 낼 수는 없다고 설명해야 하는 상황에 놓이고 싶지도 않다. 또 존재하지 않는 진리의 측면들을 어디에서나 볼 수 있다고 공언하는 서툴고 어리석은 형이상학자가 되고 싶지도 않다. 물론 키플링에게도 진리가 있고, 쇼나 웰스에게도 진리가 있다는 것은 더없이 분명하다. 다

발히 참여했다. 사회주의 계열의 소규모 신문을 발행하여 스스로 여러 사설을 집 필했으며 여러 작가와 예술가를 후원하는가 하면 세계를 여행하며 기행문을 쓰기도 했다.

4   코번트리 팻모어Coventry Patmore, 1823-1896는 영국의 시인, 평론가다. 빅토리아 시대의 행복한 결혼에 대한 이상을 이야기체로 쓴 시집 『집안의 천사』The Angel in the House, 1854로 가장 유명하다.

만 우리가 그 진리들을 어느 정도까지 인식할 수 있는지는 '진리란 무엇인가'에 대한 명확한 개념이 우리 내부에 얼마나 있느냐에 절대적으로 좌우된다. 우리가 더 회의적일수록 모든 것에서 더 많은 선善을 보리라고 가정하는 것은 터무니없다. 선이란 무엇인지를 더 많이 확신할수록, 우리는 모든 것에서 더 많은 선을 보게 될 것이다.

다음으로 내가 간청하는 바는 우리가 이 사람들에게 동의하거나, 아니면 동의하지 말아야 한다는 것이다. 적어도 추상적인 믿음을 품었다는 점에서는 그들에게 동의하기를 부탁한다. 그렇지만 나는 현대 세계에는 추상적인 믿음을 갖는 일에 반대하는 모호한 주장들이 많다는 것을 안다. 그리고 우리가 그중 어떤 주장들을 다루기 전까지는 조금도 더 멀리 나아가지 못하리라고 느낀다. 첫 번째 반대 주장은 수월하게 기술된다.

오늘날 극단적 확신을 사용하는 데 있어 흔히들 망설이는 까닭은 과거에, 특히 우주적 문제들에 대한 극단적 확신들이 편견이라 불리는 것의 원인이 되었다는 관념 때문이다. 하지만 아주 조금이라도 직접 경험해 본다면, 이러한 견해는 소멸될 것이다. 실제 삶에서 가장 편견이 심한 사람들은 아무런 확신도 없는 사람들이다. 사회주의에 동의하지 않는 맨체스터학파[5]의 경제학자들

---

5 맨체스터학파Manchester School는 19세기 전반에 잉글랜드의 맨체스터를 중심으로 태동한 경제학파이자 사회 운동이다. 애덤 스미스를 비롯한 고전 경제학자들의 이론과 주장을 바탕으로 자유방임주의 경제를 옹호했다. 반전反戰, 노예제 폐지, 언론 자유, 정교분리 등의 정책들을 주장했고 그중 상당 부분을 19세기 영국의 현실 정치에서 관철시켰다.

이야말로 사회주의를 가장 진지하게 다룬다. 본드 스트리트의 젊은이는 사회주의에 동의하든 동의하지 않든 간에 사회주의가 무엇을 의미하는지를 모르고, 사회주의자 친구들이 아무것도 아닌 일에 난리법석을 피운다고 강하게 확신한다. 칼뱅주의 철학을 충분히 이해하고 그에 동의하는 사람은 가톨릭 철학에 반대하기 위해서라도 가톨릭 철학을 이해해야 한다. 무엇이 옳은지를 전혀 알지 못하는 얼빠진 현대인은 단테가 틀렸다고 확신하고 있다. 라틴 교회에 진지하게 반대하는 사람이라면 역사적으로 라틴 교회가 저질러 온 엄청난 비행을 보여 주려 할 때도 라틴 교회가 위대한 성인聖人들을 낳았다는 사실을 알고 있어야 한다. 냉정하고 빈틈없는 증권 중개인은 역사도 전혀 알지 못하고 종교도 전혀 믿지 않으면서, 모든 사제가 악한惡漢이라는 확신에 차 있다. 마블 아치[6]에 있는 구세군 신자는 편견에 사로잡혀 있을지 모르지만, 교회 신자들의 행렬에서 멋쟁이를 보고 인간적 동류의식에서 그를 동경하지 못할 만큼 지나치게 편견에 사로잡혀 있지는 않다. 하지만 교회 신자들의 행렬 속 멋쟁이는 편견에 사로잡힌 나머지, 마블 아치에 있는 구세군 신자를 조금도 동경하지 않는다. 그렇다면 편견은 아무런 의견도 없는 사람들의 분노라고 대강 정의할 수 있을 것이다. 편견이란, 과도할 정도로 막연한 생각을 가진 사람들의 거대하고도 모호한 무리가 명확한 생각들에 맞서 일으키는 저

---

6   마블 아치Marble Arch는 로마의 개선문처럼 생긴 세 개의 아치로 된 문이다. 원래
     는 빅토리아 여왕의 취임에 맞추어 버킹엄궁이 개축되면서 그 정문으로 세워졌
     으나 이후 버킹엄궁이 확장되면서 1851년 하이드파크의 북동쪽으로 옮겨져 왕
     가나 군대의 행사를 위한 의식용 문으로 사용되어 왔다.

항이다. 편견은 무관심한 자들의 무시무시한 광기라고 할 수도 있겠다. 무관심한 자들의 이러한 광기는 참으로 끔찍한 것이다. 괴물같이 흉측하고 널리 만연한 박해는 모두 이 광기가 만들어 냈다. 그러나 이런 단계에서 관심을 기울이는 사람들은 박해를 가한 자들이 아니었다. 관심을 기울이는 사람들은 충분히 많지도 않았다. 세상을 화염과 억압으로 가득 채운 사람들은 무관심한 사람들이었다. 화형대에 불을 놓은 것은 무관심한 자들의 손이었다. 주리를 틀었던 것도 무관심한 자들의 손이었다. 어떤 박해들은 열정적인 확신의 고통에서 나왔다. 이런 박해들은 편견이 아니라 광신을 낳았다. 광신이란 매우 다르면서도 어느 정도 감탄스러운 것이다. 언제나 대부분의 편견이란, 어둠과 핏물 속에서 관심을 기울이는 이들을 깨부수면서도 아무런 관심도 없는 이들의 만연해 있는 전능全能함이었다.

그런데 이보다 더 깊이 교의의 해악들 속으로 파고 들어가는 사람들이 있다. 많은 이들이 그 강력한 철학적 확신을 느끼기는 하나 (그들이 인식하듯이) 그 확신이 우리가 편견이라 부르는, 그토록 둔하고 근본적으로 경망스러운 조건을 산출하지는 않는다. 그것이 산출하는 건 어떤 집중, 과장, 도덕적 조급증 같은 것인데 우리는 이를 가리켜 광신이라 부르는 데 동의할 수 있을 것이다. 요컨대 그들은 사상이란 위험한 것이라고 말한다. 예를 들어 정치에서는 사상이 풍부하면 위험하다면서 밸푸어라든가 존 몰리[7] 같은 인물에 반대하도록 몰아가는 일이 흔하다. 이 점에 관한 참된 교의 또한 기술하기가 그리 어렵지 않다. 사상은 위험하지만, 사상을 지닌 사람들에게는 가장 덜 위험하다. 사상을 지닌 사람은 사상을 익히 잘 알고 있고 마치 사자 조련사처럼 사상들 사이에서 움직인다. 사상은 위험하되 아무 사상도 없는 사람들에게 가장 위험하다. 사상이 없는 사람은 자신의 머릿속으로 첫 번째 사상이 날아드는 것을 마치 술을 한 모금도 마시지 않는 사람의 머릿속으로 와인이 날아드는 것 같이 여길 것이다. 때로 금융업자들과 사업가들이 몹시 추잡하다거나 지나치게 물질주의를 추구한다면서 제국에 위험이 된다고 말하곤 하는데, 이는 내가 속한 무리나 시대의 급진적 이상주의들 사이에 있는 흔한 오류에 불과하다. 사실 금융업자들과 사업가들이 제국에 위험이 되는 까닭은 그들이 어떠한 정서에 대해서도 정서적일 수 있고, 어떠한 이상^{理想}에 대해서도, 심지어 여기저기 아무 데나 있는 것을 발견하게 되는 어떠한 이상에 대해서까지도 이상주의적일 수 있기 때문이다. 마치 여자를 알지 못하는 소년이 너무나 쉽게 한 여자를 유일한 여자로 받아들이듯이, 대의에 익숙하지 않은 이 현실적인 사람들은 늘 어떤 것이 하나의 이상으로 입증되면 그것이 유일한 이상으로 입증된 것이라 생각해 버리곤 한다. 예를 들어 많은 사람들은 세실 로즈에게 비전이 있다면서 공공연하게 그를 따랐는데, 그에게 코가 있다는 이유로도 그를 따랐더라면 더 낫지 않았을까 싶다. 완벽함을 꿈꾸지 않는 사람은 코가 없는 사람만큼이나 기괴하다. 사

계를 떠난 것으로도 유명하다.

302

람들은 그러한 인물에 대해 거의 열을 내며 수군거린다. "그 사람은 자신의 마음을 알고 있다지 뭐예요." 이건 "그 사람은 자신의 코를 풀지 뭐예요" 하고 똑같이 열을 내며 수군거리는 것이나 마찬가지다. 인간 본성은 어떤 종류의 희망과 목적 없이 근근이 살아남을 수 없다. 거룩한 구약성경에서 참되게 전하듯이, 비전[8]이 없는 곳에서는 백성이 망한다.[9] 이상이 없는 사람이 광신의 영구적 위험에 처하는 까닭은 사람에겐 이상이 반드시 필요하기 때문이다. 한 사람을 갑작스럽고 저항할 수 없이 침투하는 어떤 불균형한 비전에 무방비 상태로 내버려둘 가능성이 가장 많은 일은 사업 관행을 함양하는 것이다. 우리는 지구가 평평하다거나, 크루거[10]가 군사적 폭정에 앞장섰다거나, 사람들이 초식 동물이라거나, 베이컨이 셰익스피어의 작품들을 썼다는 식으로 생각하는 모난 사업가들을 알고 있다. 종교적인 믿음과 철학적인 믿음은 불처럼 위험하다. 그리고 그 믿음들로부터 위험한 아름다움을 떼어낼 수 있는 것은 아무것도 없다. 그러나 그 믿음들의 과도한 위험에 맞서 정말로 우리 자신을 지켜 낼 단 하나의 방법이 있다. 그것은 바로 철학에 푹 빠져들고 종교에 흠뻑 적셔지는 것이다. 요컨

20
결론: 정통의 중요성에 관하여

8   영어의 비전vision은 선견지명이나 이상을 가리키기도 하지만, 환영이나 환시를 나타내기도 한다.

9   잠언 29장 18절 참조. "묵시가 없으면 백성이 방자히 행하거니와 율법을 지키는 자는 복이 있느니라"(개역개정 4판).

10   폴 크루거Paul Kruger, 1825-1904는 남아프리카의 군인이자 정치인이다. 트란스발 공화국의 대통령1883-1900으로 제2차 보어 전쟁에서 영국에 맞서 보어인들을 이끌었다. 결국 전쟁에 패배했으나 전쟁 중 보여 준 기개와 지도력으로 보어인들을 대표하는 상징적 인물이 되었는데 한편으로는 시대착오적 대의를 내세우며 강권을 휘두르고 흑인들을 억압한 인물로 비판받았다.

대 그렇게 하면 두 가지 상반된 위험 곧 편견과 광신을 깨끗이 떨쳐 버리게 된다는 것이다. 편견은 지나친 모호함이고 광신은 지나친 집중이다. 우리는 편견에 대한 치유책은 믿음이라고 말한다. 그리고 이상주의에 대한 치유책은 사상이라고 말한다. 실존에 관한 최고의 이론들을 알고 그 가운데 최고의 이론을 뽑는 일(다시 말해 우리가 최고라고 확신하는 것을 뽑는 일)은 편견도 광신도 없이 편견보다 더 단단하고 광신보다 더 끔찍한 것을 가진, 즉 확고한 의견을 지닌 사람이 되는 적절한 방법으로 보인다. 그러나 확고한 의견은 이런 관점에서 인간 사고의 기본 문제들을 가지고 시작해야 하며, 이 문제들은 오늘날 종교가 너무나 자주 묵살되듯이 무관하다는 이유로 묵살되어서는 안 된다. 우리가 종교를 풀이될 수 없는 것이라 생각하더라도 무의미한 것이라 생각할 수는 없다. 우리에게 궁극적 진리에 대한 견해가 전혀 없더라도, 우리는 그러한 견해가 한 사람 안에 존재하는 곳이라면 어디서든, 그 사람에겐 그 견해가 다른 무엇보다 중요한 것임을 느껴야 한다. 알 수 없는 것이 아니게 되는 순간, 없어서는 안 될 것이 된다. 한 사람의 종교를 공격한다든지, 종교로부터 정치나 윤리 문제를 논하는 일에 편협하거나 무관하거나 심지어 비열한 무언가가 있다는 생각이 우리 시대에 존재한다는 데에는 의심의 여지가 있을 수 없다. 하지만 그 편협함에 대한 비난 자체가 거의 기이할 정도로 편협하다는 데에도 의심의 여지가 있을 수 없다. 상대적으로 최근에 흔히 일어나고 있는 사건들에서 예를 하나 들어 보자. 우리 모두가 알다시피, 일본인이 이교도여서 그들을 불신하거나 일본의 부상浮上을 개탄한다는 이유로 어떤 사람을 편견과 몽매주의의 허수아비로 간주하는 경우가 드물지 않았다. 우리와 다른 어떤 민족이 관습이나 정치적 기제에서 차이가 난다는 이유로 그 민족을 불신하는 것에 대해 시대착오적이거나 광신적인 데가 있다고 생각할 사람은 아무도 없다. 한 민족에 대해 "나는 그들이 보호무역론자라서 그들의 영향력을 불신합니다"라고 말한다고 해서 편견에 사로잡혔다고 생각할 사람은 아무도 없을 것이다. "그들이 사회주의자여서, 맨체스터 개인주의자[11]여서, 아니면 군국주의와 징병제를 신봉해서 나는 그들의 부상浮上을 개탄한다"라고 한대도 이를 두고 편협하다고 할 사람은 아무도 없을 것이다. 의회의 본질에 관한 의견 차이는 크게 문제가 된다. 그러나 죄의 본질에 관한 의견 차이는 전혀 문제가 되지 않는다. 세금 징수의 목적에 관한 의견 차이는 문제가 된다. 그러나 인간 실존의 목적에 관한 의견 차이는 전혀 문제가 되지 않는다. 우리에게는 다른 종류의 지방 행정 구역에 있는 사람을 불신할 권리가 있다. 하지만 다른 종류의 우주에 있는 사람을 불신할 권리는 없다. 이런 종류의 계몽은 가장 계몽되지 않은 사람들에 관한 것이다. 내가 앞서 이용했던 구절을 떠올리자면, 이는 '모든 것만 빼고 모든 것이 다 중요하다'라는 말에 상응한다. 종교는 빼놓을 수 없다. 교회가 모든 것을 아우르기 때문이다. 제아무리 얼빠진 사람도 짐을 잘 넣어 둔 짐가방을 빼놓을 수는 없다. 우리가 좋아하든 싫어하든, 우리에게는 실존에 관한 일반적 견해가 있다. 우리가 좋아하든 싫어하든, 그 일반적 견해는 우리가 말하거나 행하는 모든 것을 바꾸어 놓는다.

11   맨체스터학파의 일원들을 가리킨다.

더 정확히 말하자면 그 모든 것을 창조하고 수반한다. 우리가 우주를 한낱 꿈으로 본다면, 국가 재정 문제를 한낱 꿈으로 보는 것이다. 우리가 우주를 한낱 농담으로 본다면, 세인트 폴 대성당을 한낱 농담으로 본다는 것이다. 모든 것이 나쁘다면, 우리는 (가능하다면야) 맥주가 나쁘다고 믿어야 한다. 모든 것이 좋다면, 우리는 과학적 자선 활동도 좋다는 다소 광신적인 결론에 이르러야만 한다. 길에 있는 모든 사람이 형이상학적 체계를 쥐고 있되 단단히 쥐고 있어야 한다. 너무 단단히 너무 오래 잡아서 그것의 존재를 모두 잊어버리는 것도 가능하다.

후자의 상황은 확실히 일어날 가능성이 있다. 사실 그건 현대 세계 전체의 상황이기도 하다. 현대 세계는 교의들을 너무나 꼭 쥐고 있어서 그 교의들이 교의인 줄도 알지 못하게 된 사람들로 가득하다. 하나의 통합체로서 현대 세계는 어떠한 교의들을 너무나 꼭 쥐고 있어서 그 교의들이 교의인 줄도 알지 못한다. 이를테면 진보적이라고 여겨지는 어떤 무리들 안에서는, 또 다른 세계에서 인간의 완성이나 발전을 상정하는 것이 '교의적'이라고 생각될 것이다. 그러나 진보라는 사상이 불멸이라는 사상만큼이나 입증되지 않은 것이며, 합리주의적 관점에서 보면 그만큼 개연성도 없는 것인데도 이 세상에서 인간의 완성이나 발전을 상정하는 것은 '교의적'으로 생각되지 않는다. 진보는 어쩌다 우리의 교의들 가운데 하나가 되고, 하나의 교의는 교의라고 생각되지 않는 어떤 것을 의미한다. 그런데 우리는 막대기나 지푸라기처럼 쓸모없어 보이는 사실이라도 사실을 위한 사실을 수집해야 한다는 자연과학의 고무적이며 경이롭기 그지없는 이론에 대해서는 '교의적'

요소가 전혀 없다고 생각한다. 이것은 훌륭하고도 암시적인 생각이다. 그 유용성은 저절로 입증되겠지만, 개략적으로는 신탁神託을 구하거나 사원에 찾아가는 일의 유용성만큼이나 반론의 여지가 있다. 그런 일들 또한 저절로 입증될 거라고들 하니 말이다. 우리는 이제 신탁이나 상서로운 장소들을 열렬히 믿는 문명 안에 있지 않기 때문에, 그리스도의 성묘聖墓를 찾겠다고 목숨을 버린 이들의 충만한 광기가 보인다. 그러나 이제 사실을 위한 사실이라는 교의를 믿는 문명 안에 있기 때문에, 북극점을 찾겠다고 목숨을 버린 이들의 충만한 광기는 보이지 않는다.[12] 나는 십자군과 북극 탐험대 양쪽 모두에 참이 되는, 납득 가능한 궁극적 유용성에 대해 말하는 것이 아니다. 내 말은, 한 사람이 죽은 장소를 정복하기 위해 사람들이 군대를 이끌고 대륙을 가로지른다는 생각에 관해서 우리가 피상적이고 미학적인 특이성, 경악할 만한 속성을 보는 반면에 사람이 살 수도 없는 장소, 실재하지도 않는 어떤 선들이 겹친다고 해서 흥미로울 뿐인 장소를 발견하기 위해 극심한 고통 속에서 사람들이 죽어 간다는 사실에 관해서는 그 어떤 피상적이고 미학적인 특이성, 경악할 만한 속성을 보지 못한다는 뜻이다.

그렇다면 이제 우리는 어떤 끔찍한 탐색 속으로 긴 여행을 떠나 보자. 적어도 우리 자신의 의견들을 발견하기까지는 깊이 파

---

12   20세기 초 서구 열강의 탐험가들은 남극점과 북극점을 정복하기 위해 경쟁을 벌였고, 그들의 모험은 세간에 큰 화제가 되었다. 미국인 탐험가 피어리Robert Edwin Peary, 1856-1920가 북극점에 최초로 도달했다고 알려진 것이 1909년이었으니 (후대에 오류로 밝혀졌고, 실제로는 1926년 노르웨이 탐험가 아문센Roald Amundsen, 1872-1928이 북극점에 최초로 도착했다) 이 책이 나온 1905년 당시에는 아직 북극점이 정복되지 않은 상태였다.

고 들어가 살펴도록 하자. 우리가 실제로 쥐고 있는 교의들은 우리의 생각보다 훨씬 더 환상적이고 어쩌면 훨씬 더 아름다운 것이다. 이 책에 수록한 에세이들을 써 내려가는 동안, 때때로 합리주의자들과 합리주의에 대해 이야기하면서 그들을 폄하하는 의미로 말하지는 않았는지 염려스럽다. 책을 비롯한 모든 것의 결말부에 응당 있어야 할 온정을 가득 담아, 합리주의자들에게 그들을 합리주의자라고 부른 데 대해서까지 사과의 말씀을 건넨다. 합리주의자란 없다. 우리는 모두 요정 이야기를 믿으며 그 이야기들 안에서 살아간다. 화려한 문학적 재능을 지닌 이들은 태양빛으로 몸을 휘감은 여인의 존재를 믿는다. 어떤 이들은 좀 더 투박하고 요정 같은 본능을 지닌 채로 마치 맥케이브가 믿듯이, 있을 수 없는 태양 자체를 믿는다. 어떤 이들은 신의 실존에 관한 입증 불가능한 교의를 쥐고 있다. 또 어떤 이들은 이웃집 남자의 실존에 관한, 똑같이 입증 불가능한 교의를 쥐고 있다.

진리는 반론이 제기되는 순간 교의가 된다. 그러므로 의심을 표하는 모든 사람은 종교를 정의하는 것이다. 우리 시대의 회의주의는 정말로 믿음을 파괴하지 않는다. 오히려 믿음을 창조하고 그 믿음에 한계를 제시하며 단순하고 저항적인 형태를 부여한다. 우리 자유주의자들은 한때 자유주의를 자명한 진리로 가볍게 쥐고 있었다. 이제 자유주의에 반론이 제기되자 우리는 그것을 신앙으로서 맹렬히 움켜잡았다. 애국주의를 믿는 우리는 한때 애국주의가 합리적이라고 생각했지만 그에 대해 더는 생각하지 않았다. 이제 우리는 애국주의가 비합리적이라고 알 뿐 아니라 그것이 옳다고도 알고 있다. 우리 그리스도인들은 반反그리스도교 성향의 작가들이 지적하고 나서야 그 신비 안에 본래부터 내재된 위대한 철학적 양식良識을 알게 되었다. 정신을 파괴하는 거대한 행진은 계속될 것이다. 모든 것이 부정당할 것이다. 모든 것이 신조가 될 것이다. 거리에 있는 돌멩이들을 부정하는 것은 합리적인 입장이며, 돌멩이들이 실재한다고 확신하며 주장하는 것은 종교적 교의가 될 것이다. 우리 모두가 꿈속에 있다는 것은 합리적 논지이며, 우리 모두가 깨어 있다고 말하는 것은 신비적 분별이 될 것이다. 사람들은 '2 더하기 2는 4'가 되는지를 증명하려고 불을 지를 것이다. 나뭇잎이 여름에 푸르러지는지 증명하려고 칼을 뽑아 들 것이다. 우리는 인생의 믿기 어려운 미덕과 분별만이 아니라 더욱 믿기 어려운 어떤 것, 우리의 얼굴을 응시하는 이가 있을 수 없는 거대한 우주를 옹호하도록 남겨질 것이다. 우리는 눈앞의 경이들이 마치 보이지 않는다는 듯 그것들을 위해 싸울 것이다. 우리는 생소한 용기를 내어 있을 수 없는 잔디와 하늘을 볼 것이다. 우리는 보았고, 그럼에도 믿었던 이들이 될 것이다.

G. K. 체스터턴(Gilbert Keith Chesterton, 1874-1936) 연보

1874년 5월 29일	영국 런던 켄싱턴에서 부동산 중개업자 에드워드 체스터턴과 스위스계 프랑스인 마리 루이스 그로스장의 아들로 태어나다.
1887년	세인트폴 스쿨에 입학하다.
1892년	런던 유니버시티 칼리지 슬레이드 예술 학교에서 미술과 문학을 공부하다.
1893년	회의주의에 빠져 심리적 위기를 겪다. 심령술과 오컬트에 심취하다.
1895-1902년	대학을 그만두고 런던의 출판사 조지 레드웨이와 T. 피셔 언원에서 일하다. 이 기간 동안 프리랜서 저널리스트이자 미술 및 문학 평론가로 명성을 떨치기 시작하다.
1900년	첫 시집 『놀이하는 회색 수염』Greybeards At Play을 출간하다. 보어 전쟁에서 보어인(네덜란드계 남아프리카 원주민)을 옹호하는 입장을 취해 주목을 받다.
1901년	프랜시스 블록과 결혼하다. 주간 발행물 『더 스피커』The Speaker에 실었던 사회 비평 에세이집 『피고』The Defendant를 출간하다. 에세이집 『난센스에 대한 옹호』A Defence of Nonsense를 출간하다.
1902년	『데일리 뉴스』The Daily News에 주간 오피니언 칼럼을 쓰기 시작하다.
1903년	문학 평론서 『로버트 브라우닝』Robert Browning을 출간하다.
1904년	첫 소설 『노팅 힐의 나폴레옹』The Napoleon Of Notting Hill을 출간하다.
1905년	『이단』Heretics을 출간하다. 조지 버나드 쇼, H. G. 웰스, 러디어드 키플링 등 당대 지성계를 대표하는 인물들을 소환한 이 책에서, 현실적 이익만 생각하는 세태를 비롯한 실증주의, 진보주의, 상대주의, 회의주의, 제국주의, 세계주의를 비판하다. 소설 『괴짜 상인 클럽』The Club of Queer Trades을 출간하다. 『일러스트레이티드 런던 뉴스』The Illustrated

London News에 주간 칼럼을 쓰기 시작하다.

1906년   문학 평론서『찰스 디킨스』Charles Dickens를 출간하다.

1908년   『정통』Orthodoxy을 출간하다.『이단』을 비판하는 이들에 대한 응답으로
            쓴 이 책에서, 그리스도교 신앙에 대한 독창적인 견해를 제시하고 자
            신이 어떻게 그리스도교 신앙을 갖게 되었는지 밝히다. 소설『목요일
            이었던 남자』The Man Who Was Thursday, 에세이집『모자 뒤따라 달리기』
            On Running After One's Hat를 출간하다.

1909년   런던에서 서쪽으로 약 40킬로미터 떨어진 비콘스필드로 이주하여 활
            발한 저술 및 강연 활동을 하다. 문학 평론서『조지 버나드 쇼』George
            Bernard Shaw를 출간하다.

1911년   브라운 신부라는 탐정 캐릭터를 바탕으로 한 단편 소설집『브라운 신
            부의 결백』The Innocence of Father Brown을 출간하다. 20세기 대소설가인
            호르헤 루이스 보르헤스로부터 "에드거 앨런 포를 능가하는 추리 소
            설가"라는 찬사를 받다. 대중적인 성공을 거둔 이후 1935년까지『브
            라운 신부의 지혜』The Wisdom of Father Brown, 1914,『브라운 신부의 의심』
            The Incredulity of Father Brown, 1926,『브라운 신부의 비밀』The Secret of Father
            Brown, 1927,『브라운 신부의 추문』The Scandal of Father Brown, 1935을 출간
            하다.

1913년   『데일리 헤럴드』Daily Herald지에 글을 쓰기 시작하여 1914년까지 고정
            적으로 기고하다.

1914년   제1차 세계대전이 발발하다. 신체적·정신적 쇠약 증세에 시달리다.

1919-1920년 팔레스타인, 이탈리아, 미국 등지로 강연 여행을 떠나다.

1922년   영국 국교회에서 로마가톨릭으로 개종하다. 논설『우생학과 그 밖의
            악』Eugenics and Other Evils에서는 당대에 가장 진보적인 것으로 여겨지던
            우생학을 강력히 비판하다.

1923년   『아시시의 성 프란치스코』Saint Francis of Assisi를 출간하다.

1925년   『영원한 인간』The Everlasting Man을 출간하다. 서구 문명의 틀 안에서 인
            류의 영적 연대기를 다룬 이 책을 읽고 무신론자 작가 C. S. 루이스가
            회심하다. 주간지『지 케이스 위클리』G. K.'s Weekly를 창간하다. 여기 실
            린 글을 통해 자본주의와 사회주의를 모두 배격하고 보다 공정한 부의
            재분배와 민주주의를 옹호하다.

1926년	종교적인 논쟁을 담은 책 『가톨릭교회와 개종』*The Catholic Church and Conversion*을 출간하다.
1927년	흠모하던 유럽 국가인 폴란드에서 한 달간 지내다.
1929년	단편들이 인정받으면서 영국의 추리 클럽The Detection Club 회원이 되고 이후 회장으로 추대되다.
1932년	문학 주제에 관한 BBC 방송을 시작하다.
1933년	『성 토마스 아퀴나스』*Saint Thomas Aquinas*를 출간하다.
1936년	『자서전』*The Autobiography*을 출간하다.
1936년 6월 14일	62세의 나이로 버킹엄셔 비콘스필드 자택에서 울혈성 심부전으로 사망하다. 6월 27일 런던 웨스트민스터 대성당에서 진행된 장례식에서 로널드 녹스는 "이 세대는 모두 체스터턴의 영향 아래 성장해서 우리가 그를 언제 생각하고 있는지조차 모른다"라고 평하다.

—

흔히 '역설의 왕자'라 불리는 체스터턴을 가리켜 『타임』은 "체스터턴이 명언, 속담, 풍자를 이용해 어떤 주장을 펼칠 때는 항상 먼저 그 안과 밖을 뒤집었다"고 평한다. 평생에 걸쳐 200여 편의 단편 소설 및 4,000여 편의 기고문을 쓴 그는 생애를 마칠 때까지 조지 버나드 쇼, H. G. 웰스, 버트런드 러셀 등 당대의 지성들과 긴밀한 문학적 교류를 나누었는데, T. S. 엘리엇과 버나드 쇼, 도로시 L. 세이어즈는 각각 "체스터턴은 영원토록 후대의 존경을 받아야 마땅한 사람이다", "세상이 체스터턴에 대한 감사의 말에 인색하다", "체스터턴의 책은 이름을 거론할 수 있는 그 어떤 작가의 책보다 내 정신을 형성했다"는 말로 그를 칭송한다. 후대에도 그는 문학적·종교적으로 매우 중요한 인물 가운데 하나로 추앙받는데, C. S. 루이스를 비롯한 대표적인 작가 및 사상가인 어니스트 헤밍웨이, 그레이엄 그린, 호르헤 루이스 보르헤스, 가브리엘 가르시아 마르케스, 마셜 맥루언, 애거서 크리스티 등은 체스터턴의 작품에 큰 영향을 받았음을 고백한다.

옮긴이의
글

G. K. 체스터턴 탄생 150주년을 맞이해 그의 대표 저서 세 권을 독자들 앞에 내어놓을 수 있게 되어 무척 기쁘고 뿌듯하다. 학부 시절 블레즈 파스칼을 만난 이래로 차가운 이성으로 뜨거운 신앙을 옹호하는 그리스도교 변증가들에게 흥미를 느꼈고, 그 덕분에 그리스 철학으로 신학의 토대를 마련한 교부들로부터 종교개혁 시대에 깊고 넓은 인문학적 소양으로 신앙과 세계를 사유한 에라스뮈스나 토머스 모어를 거쳐, 현대의 존 헨리 뉴먼과 C. S. 루이스, 그리고 그 둘 사이의 체스터턴을 알게 되었다. 체스터턴의 작품들을 읽으며 언젠가는 우리나라에서도 그가 많이 알려지고 널리 읽힐 날이 올 것이고 와야 한다고 확신했다. 복 있는 사람에서 심혈을 기울여 출간하는 『이단』, 『정통』, 『영원한 인간』이 그러한 계기를 마련해 주리라 기대한다.

313

길버트 키스 체스터턴Gilbert Keith Chesterton, 1874-1936이란 작가를 간명하게 소개하기란 쉬운 일이 아니다. 우선 백과사전에서 하듯 간단한 소개로 시작하자면, 체스터턴은 20세기 초반에 영국에서 활동한 가장 영향력 있는 지식인 가운데 하나다. 뛰어난 소설가이자 평론가였고, 언론인이자 논객이었으며, 당대에 가장 특출한 그리스도교 변증가였다. 체스터턴에 대한 소개글을 여러 곳에서 찾아 읽다 보면 "다른 누구하고도 같지 않은"like no other이라는 표현을 종종 마주치는데, 그의 생애를 알고 작품을 읽다 보면 이것이 무엇을 의미하는지 알게 된다. 그리고 그 때문에 그를 간명하게 소개하기가 무척 어렵다는 사실과 더불어, 그의 탁월한 사유와 문장이 오늘날 독자들에게 비교적 잘 알려지지 않은 원인과 그러함에도 더욱 알려져야 하는 이유를 이해하게 된다.

오늘날 체스터턴은 소설가로 가장 많이 알려져 있다. 그는 다섯 권의 단행본 소설을 출간했고, 200여 편의 단편 소설을 발표했다. 특히 1910년부터 1936년까지 53편을 발표한 추리 소설 브라운 신부 시리즈가 유명하다. 2013년 BBC에서 각색하여 제작한 TV 시리즈가 세계적인 성공을 거두었고, 우리나라 평화방송에서도 방영되면서 다섯 권으로 묶인 원작 소설 전부가 번역되어 나왔다. 체스터턴을 처음 접하는 독자들이라면 브라운 신부 시리즈를 통해 비교적 쉽게 그의 세계에 입문할 수 있다. 체스터턴의 분신과도 같은 브라운 신부는 여느 추리 소설의 탐정들처럼 합리적인 사고를 통해 사건을 해결하지만, 그가 강조하는 합리성이란 과학적이고 객관적인 도구적 이성만을 말하지 않는다. 실제로 체스터턴은 냉철한 '과학자'의 시선으로 인물과 현장을 관찰하고 자신만의 '실험실' 같은 공간에서 사건을 객관적으로 분석하여 결론 내리는 셜록 홈즈를 염두에 두고 그에 대별되는 인물로서 브라운 신부를 창조했다. 브라운 신부는 가톨릭교회의 사제라는 신분과 엉성해 보이는 외양 덕분에 인물들에게 쉽게 섞여들어, 인간의 심리와 행동에 대한 깊고 넓은 이해를 바탕으로 진실을 밝히고 문제를 해소한다. 이러한 과정을 통해 체스터턴은 인간의 본성과 죄에 대한 통찰을 보여 주며, 범죄를 사법적 관점(판결과 처벌)이 아니라 종교적 관점(회개와 용서)에서 다룰 것을 요청한다.

체스터턴이 남다른 작가가 된 연유는 미술과 문학 평론가로 작가 경력을 시작하여, 이후 40년 동안 무려 4,000여 편의 에세이를 언론에 기고할 만큼 다양한 주제들을 논하는 작가이자 언론인으로 활동한 데서 찾아볼 수 있겠다. 체스터턴은 본래 미술 대학에 진학했으나 학업을 중단하고 출판사에서 일을 하면서 글을 쓰기 시작했다. 스물두 살1896에 T. 피셔 언윈 출판사로 옮기고부터 주간지에 평론을 기고했는데, 이 출판사는 체스터턴이 자주 언급하는 H. G. 웰스, W. B. 예이츠, 프리드리히 니체, 헨리크 입센, 지그문트 프로이트 등의 저서를 출간하며 성장했다. 스물여덟 살1902에 주간지 『데일리 뉴스』*The Daily News*에 고정 칼럼을 쓰게 되면서 출판사 일을 그만두고 전업 작가가 될 수 있었다. 찰스 디킨스가 창간하고 초콜릿 제조업자이자 평화주의자 퀘이커 교도인 캐드버리가 인수한 것으로 유명한 이 주간지에는 이미 조지 버나드 쇼와 H. G. 웰스 등이 기고하고 있었다. 서른한 살1905부터는 세계 최초의 삽화 신문으로 큰 성공을 거둔 『일러스트레이티드 런던 뉴스』*The Illustrated London News*에도 매주 고정 칼럼을 실었다. 이 칼럼은 그의 말년까지 30년이나 이어지면서 체스터턴의 필력과 인기를 입증해 보였다. 마흔두 살₁₉₁₆부터는 평생의 동지였던 힐레어 벨록[1]이 창간하고 저널리스트였던 동생 세실 체스터턴과 공동 운영했던 주간지의 편집장을 맡았고, 쉰한 살₁₉₂₅부터는 이를 전면 개편하여 자신의 이름을 딴『지 케이스 위클리』*G. K.'s Weekly*를 발행했다. 이 주간지에는 에즈라 파운드, 조지 버나드 쇼 같은 당대의 유명 작가들은 물론이고 젊은 시절의 조지 오웰도 기고했다. 체스터턴은 이들 주간지를 무대로 하여 당대 주요 작가들과 논쟁을 벌였고, '역설의 왕자'*prince of paradox*라는 명성에 걸맞은 재기 넘치는 문장으로 독자들을 사로잡았다.

체스터턴의 독특한 점은 그가 당대 주요 작가들의 글을 읽고 비판적으로 사고하는 과정에서 그들의 모순을 발견하고 자신의 생각을 키워 나갔다는 것이다. 그는 처음부터 어떤 자기만의 이상이나 사상을 바탕으로 해서 자신의 체계를 견고하게 쌓아 올리고 상대방을 비판한 것이 아니다. 그와 반대로, 19세기 말에서 20세기 초에 서구 세계를 지배하고 있던 과학적이고 진보적인 사상들을 근본적으로 회의하고 재고하는 과정에서 오히려 자신이 본

이단 Heretics

---

1 힐레어 벨록Hilaire Belloc, 1870-1953은 프랑스 태생의 영국 작가, 정치인이다. 옥스퍼드 대학에서 역사학을 전공했으며 이른바 '대체 역사'alternative history 문학의 선구자로 평가받는다. 독실한 가톨릭 신자로서 가톨릭 신앙의 색채가 짙은 작품들을 집필했다. 체스터턴과는 1900년부터 알게 되어 평생 절친한 친구로 남았다. 공동의 논적이자 친구였던 조지 버나드 쇼는 두 사람을 한데 묶어 '체스터벨록'Chesterbelloc이라 부르기를 즐겼다. 체스터턴이 『이단』과 『정통』을 발표하던 시기에 벨록은 가톨릭교회에 비우호적인 영국의 풍토를 변화시키고자 정치에 참여하여 하원 의원으로 활동하기도 했다.

래 가지고 있던 신앙을 다시 발견하고 그리스도교의 진리를 다시 확인하게 되었다. 이러한 체스터턴의 태도와 방식은 두 가지 관용구를 통해 분명하게 드러난다. 하나는 '레둑티오 아드 압수르둠'reductio ad absurdum이라는 라틴어 관용구다. 이는 귀류법이라고도 하는 증명법을 가리키는데, 어떤 명제가 참이라는 것을 증명하는 대신 그 부정 명제가 거짓임을 밝힘으로써 본래의 명제가 참임을 간접적으로 증명하는 방식이다. 다른 하나는 '체스터턴의 울타리'Chesterton's fence라는 관용구다. 이는 원래 있던 것을 없애려고 할 때 처음에 그것이 있게 된 이유를 근본적으로 생각해 보아야 한다는 원칙을 말한다. 체스터턴은 그리스도교를 반대하는 현대 사상가들의 주장을 검토하고 그들의 모순을 드러냄으로써 참 진리인 그리스도교를 옹호하는 한편, 그리스도교 신앙의 본질을 밝혀 그 의미를 역설한다.

이번에 함께 번역하여 내놓는 세 권의 책은 이러한 체스터턴의 특징을 잘 드러내고, 그러한 맥락에서 상호 연결되어 있다. 그 가운데 가장 먼저 쓰인 『이단』Heretics, 1905은 19세기 말부터 20세기 초까지 영국 지성계를 대표하는 인물들을 비판하는 스무 편의 글을 모은 책이다. 체스터턴이 보기에 그들은 사물과 현상, 인간과 세계의 본질은 탐구하지 않은 채 현실과 실제만을 강조하고 효능과 능률만을 목표로 삼는 이단들이다. 무엇보다도 체스터턴은 현실적 이익만 생각하는 세태를 비판하고 정작 중요한 것은 철학과 사상임을 강조한다. 그리고 당대 지성계를 주도하는 조지 버나드 쇼, H. G. 웰스, 러디어드 키플링 등을 소환하여 실증주의, 진보주의, 상대주의, 회의주의, 제국주의, 세계주의를 비판한다. 흥미로운 것은 앞서 말했듯이 체스터턴이 이들을 비판할 때 외부의 다른 논리를 대입하는 것이 아니라, 그들의 논리를 따라가면서 그 안에 자리한 모순을 예리하고 재치 있게 드러낸다는 사실이다. 체스터턴의 사고가 전개되는 과정을 따라가다 보면, 상대 선수의 품 안으로 깊이 파고들었다가 가볍게 업어치기 한판으로 경기에서 승리하는 유도 선수를 보는 듯 통쾌하다. 그러나 체스터턴이 상대의 비판에만 머무르는 것은 아니다. 그는 무엇보다도 대상의 본질을 규명하려는 노력에서 모든 논의가 시작되어야 한다고 주장한다. 사람들이 모두 다 같이 가로등을 없애고자 하더라도 그렇게 하기를 원하는 이유와 목적은 저마다 다르기 마련이므로, 혼란을 방지하려면 빛이란 무엇인가를 가장 먼저 논해야 한다는 것이다. 그것은 바로 이단적인 현대 사상가들이 그토록 싫어하는 스콜라 철학의 방식이며, 그러한 방식을 가장 잘 구현하는 정통이란 그리스도교다. 체스터턴의 주장은 결국, 오늘날의 사회에서 그리스도교라는 정통이 오히려 더욱 중요해졌으며, 그 정통은 도리어 가장 혁신적이며 매력적인 '이단'이 되었다는 것이다.

『이단』에 대한 반응은 매우 즉각적이었고 뜨거웠다. 체스터턴이 직접 언급한 작가들은 물론이고 일반 독자들도 다양한 의견을 개진했으며 한편으로 여러 가지 의문을 제기하기도 했다. 특히 사람들은 그리스도교에 비판적인 당대 지성계의 대세를 거슬러 그가 어떻게 그리스도교를 정통으로 받아들이게 되었는지를 알고 싶어 했다. 체스터턴은 이러한 요구에 대한 응답으로 『정통』 Orthodoxy, 1908을 내놓았고, 이 책은 오늘날까지도 그리스도교에 관한 독특한 이해를 보여 주는 20세기 그리스도교 변증학의 대표적인

318

저서 가운데 하나로 남아 있다.

체스터턴은 본래 그리 독실하지 않은 유니테리언 집안에서 태어나 영국 국교회에서 유아세례를 받았다. 청소년 시절에는 오컬트에 심취하기도 했으나 청년기에 들어 그리스도교 신앙을 회복했다. 이 과정에는 스물여섯1900에 처음 알게 되어 평생 친구로 지낸 프랑스 출신의 열렬한 가톨릭 신자 힐레어 벨록의 영향이 적지 않았다. 체스터턴이 공식적으로 가톨릭교회로 옮긴 것은 1922년의 일이지만, 『이단』과 『정통』을 쓸 무렵에 이미 가톨릭 교의를 받아들였던 것으로 보인다. 다만 『정통』에서 체스터턴은 이러한 개인사를 기술하는 것이 아니라, 자신이 그리스도교를 정통으로 받아들이게 된 과정을 논리적이고 철학적으로 설명한다. 그 과정은 새로운 땅을 발견하려고 영국을 떠난 탐험가가 결국 영국으로 돌아와 영국을 발견하게 되는 것과 같았다. 체스터턴은 현대 사상 전반에 깔린 이성주의와 회의주의가 갖는 오류와 한계를 지적하면서 지나친 이성의 강조는 오히려 광기에 가깝고, 무한히 자유로운 의심은 오히려 사유의 자살을 초래한다고 비판한다. 그리고 이러한 현대 사상의 오류와 한계를 극복하는 정통의 진리로서 그리스도교를 제시한다. 그리스도교는 현대의 이성주의와 회의주의가 억압하는 동화의 세계와 낭만의 모험을 되살린다. 어찌 보면 죄와 구원, 정의와 자비, 싸움과 평화, 죽음과 부활을 이야기하는 그리스도교는 가장 모순적이고 역설적인 종교이지만, 그리스도교의 역설과 모순이야말로 인간과 세계의 진리이며, 인간과 세계를 근본적으로 개혁하는 영원한 혁명이다.

『정통』 또한 당시 영국의 평단과 일반 독자들 사이에서 열렬한 반응을 일으켰다. 그리스도교 신자들 사이에서 찬사가 이어진 반면, 무신론자들이나 자유주의 사상가들 사이에서는 체스터턴 특유의 논리 전개나 표현 방식을 비논리적이고 감성적이라고 비판하는 부정적 반응이 터져 나오기도 했다. 하지만 전반적으로 체스터턴이 이룩한 철학적이고 문학적인 성취는 높이 평가받았으며, 현대적 이성주의와 회의주의에 대해 비판하면서 신앙의 가치를 재조명했다는 점만큼은 긍정적으로 수용되었다. 특히 이후에 유명한 가톨릭 역사가가 되는 시어도어 메이너드가 이 책을 읽고 가톨릭으로 개종했으며, 그리스도교 강의와 저서로 유명해지는 미국 성공회 신부 버나드 이딩스 벨 또한 이 책의 영향으로 신학교에 대한 실망에서 벗어나 서품을 받기로 결심했다고 한다.

『이단』 이후 20년이 지나서 나온 『영원한 인간』*The Everlasting Man*, 1925은 흔히 '대작 없는 대가'로 불리는 체스터턴의 저서 중에서 대작이라 불릴 만한 작품이다. 『이단』에서 『영원한 인간』에 이르는 20년 동안에도 체스터턴은 소설, 평론, 평전 등 여러 저서를 출간했는데, 특별히 『영원한 인간』이 주목받는 것은 이 책이 그리스도를 중심으로 인류의 역사 전체를 다시 쓴 거대하고도 독특한 작품이기 때문이다. 『정통』이 체스터턴 자신의 영적 여정을 바탕으로 쓴 호교론이라면, 『영원한 인간』은 인류 전체의 영적 여정을 바탕으로 쓴 호교론이다.

체스터턴의 『영원한 인간』은 흥미롭게도 그의 또 다른 논적이자 친구였던 H. G.웰스의 『세계사 대계』*The Outline of History*, 1920에 대한 반박으로 기획되었다. 체스터턴보다 열 살 많았던 웰스는 주로 『타임머신』*The Time Machine*, 1895이나 『우주 전쟁』*The War of the Worlds*, 1898 등을 쓴 공상 과학 소설 장르의 창시자로 알려졌으나, 당대에 가장 영향력 있는 작가로서 다양한 주제의 글을 발표했다. 특히 제1차 세계대전 이후로는 세계사를 통찰하면서 인류 문명의 진보를 주장하고 세계 평화를 위한 인류의 연대를 강조하는 역사서를 다수 출간했다. 그중에서도 『세계사 대계』는 지구의 역사와 인류의 역사를 거시적으로 통찰하는 대작으로 본문 분량이 1,300여 쪽에 달했다. 웰스는 이 저서에 애착이 많아서 계속해서 개정판을 냈을 뿐 아니라, 분량을 줄이고 다량의 지도와 삽화를 추가한 보급판으로 『세계의 짧은 역사』A Short History of the World, 1922[2]와, 인류의 역사만을 다룬 『인류의 짧은 역사』A Short History of Mankind, 1925를 출간하기도 했다. 이 책들은 웰스의 명성에 힘입어 일반 독자들 사이에서도 큰 인기를 끌었지만, 진화론적인 입장에서 인류의 역사를 바라보는 시각을 우려하는 이들도 많았다. 이 비판의 대열을 가장 적극적으로 이끌었던 사람이 바로 체스터턴의 친구 힐레어 벨록이었다. 웰스는 제목에서부터 벨록을 직접 언급하는 소책자를 통해 벨록의 비판을 재반박하고 자신의 입장을 변호했을 정도였다. 웰스의 역사서를 둘러싼 논쟁은 당시 영국의 공론장을 뜨겁게 달구었고, 체스터턴 또한 웰스의 역사서를 반박할 수 있는 역사서를 기획하고 집필했다. 그 결과물이 바로 『영원한 인간』이다.

『영원한 인간』은 어떤 역사서와도 다른 역사서다. 목차를 보면 알 수 있듯이 체스터턴은 인류의 역사를 그리스도 탄생 이전과

---

2   우리나라에서는 본 번역자가 공역하여 『H. G. 웰스의 세계사 산책』2019이라는 제목으로 출간되었다. 『영원한 인간』과 한 쌍으로 읽으면 체스터턴에 대한 이해에 도움이 될 뿐 아니라 흥미로운 독서 경험을 즐길 수 있을 것이다.

이후로 구분하여 다루고 있다. '동굴 속 인간'으로 시작되는 1부에서는 원시 인류를 단순한 동물로 다루는 진화론적 시각에 반대하며, 원시 인류 역시 오늘날 우리와 같은 인간이었을 뿐 아니라, 이미 그들에게 신앙과 종교가 있었음을 강조한다. 고대 문명의 신화와 철학은 신성에 대한 인간의 인식과 갈망을 드러내며 그에 따라 깊어지는 정신적 탐구를 보여 주지만, 영원한 참 진리에는 이르지 못하고 본질적인 인간 구원을 이루지 못했다. 이에 체스터턴은 2부에서 그리스도의 탄생을 또 다른 '동굴 속 인간'의 출현으로 제시하며, 이것이야말로 신화나 전설이 아닌 실제로 일어난 역사적 사건일 뿐 아니라, 세계를 바꾸고 인류사를 뒤집는 유일무이한 사건이라 설명한다. 하나님이 인간이 되어 땅 아래 동굴에서 태어난 것이다. 따라서 그리스도는 존재 자체가 진리이며 구원이다. 그리스도는 도덕적 교훈을 가르치기도 했으나, 단순히 거기에서 그치지 않고 인간의 본질적 죄와 구원의 필요성에 대해 이야기했으며, 자신이 죽고 부활함으로써 구원을 가져다주었다. 또한 그리스도교는 초기부터 여러 이교도와 이단들의 공격을 받으며 위기에 처했지만, 오히려 이러한 과정을 거치면서 정통 신앙을 확립하여 진리를 드러냈으며, 내재한 모순과 역설을 통해 도리어 날로 새롭게 인간 존재의 근본 문제를 해결하는 구원의 길을 제시한다. 그리스도교는 단순히 하나의 종교가 아니라 완전한 진리다. 이는 역사를 통해 증명되는 바이다. 그렇다면 결국 체스터턴이 선택한 '영원한 인간'이란 진화론자들이 주장하듯 점진적으로 변하고 발전하며 완성되어 가는 인간이 아닌, 언제나 그 본질이 동일한 인간을 가리키는 동시에, 단 한 번 역사 속에서 인간이 되어 영원한 진리를 드러내고 구원의 길을 제시한 하나님이신 예수 그리스도를 명확히 가리키는 말이다.

『영원한 인간』은『정통』에서 보여 주었던 체스터턴의 그리스도교 변증론이 더욱 심화·발전된 것으로 그리스도인 독자들에게 호평을 받았다. 또한 웰스를 위시한 진화론적 역사관을 가진 사상가들에 대한 정당하고 고유한 비판으로서도 칭송을 받았다. 특히 우생학이 최신 학문으로 성장하고 있었고 독일에서는 아리아인의의 인종적 우월성을 강조하는 나치즘이 등장하던 상황이었으므로 이러한 비판은 시사적으로도 무척이나 타당한 것이었다. 물론 무신론자들이나 회의주의자들은 여전히 체스터턴을 비난했으나, C. S. 루이스는 무신론자였던 자신이 그리스도교 신앙을 받아들이게 된 몇 가지 계기 가운데 하나로 이 책을 꼽았다. 이후『영원한 인간』은 독특한 그리스도교 변증론의 고전으로 자리 잡았고, 그리스도교적 세계관과 인간관을 흥미롭게 보여 주는 작품으로 일반 독자들에게도 권장되어 왔다.

체스터턴의 대표 저서 세 권을 번역하여 함께 내놓는 번역자의 입장 또한 한마디로 말하기는 어렵다. 체스터턴이라는 작가를 누구보다 면밀하게 만날 수 있었다는 사실은 영광이었고 기쁨이었으나, 오랜 시간에 걸쳐 단어 하나, 문장 한 줄을 가볍게 넘길 수 없이 작업하며 느낀 고충은 이루 말할 수 없다. 100년도 더 된 작품을 번역한다는 것 자체가 쉬운 일이 아니었다. 오늘날에는 쓰이지 않거나 다르게 쓰이는 표현들이 곳곳에서 등장했고, 알기 어려운 동시대 인물이나 작품이 아무런 설명 없이 언급되고 인용되는 탓에, 사전을 찾고 인터넷 자료나 다른 책들을 뒤지는 동안 나 역시 20세기 초반 영국 런던의 시끄러운 토론 클럽이나 커피하우스에서 체스터턴과 같이 앉아 그들의 대화를 듣고 있는 느낌이 들 정도였다. 더구나 체스터턴은 언뜻 보기에 모순적이거나 부조리한 표현들을 곳곳에서 아주 효과적으로 사용하기 때문에, 한 문장씩 꼼꼼하게 우리말로 옮겨야 하는 번역자에게는 그 진의를 파악해야 하는 문제가 있었고, 그 표현의 묘미를 살려야 한다는 고민이 뒤따랐다. 또 체스터턴은 당시의 관습대로 타이피스트에게 문장을 불러 주어 받아 적게 하되 퇴고를 거치지 않았던 것으로도 유명해서, 문장이 대체로 발랄하되 입말에 가까웠고, 따라서 일차적으로 번역한 문장들을 정돈하는 데 상당한 노력과 시간이 필요했다. 190센티미터가 넘는 키에 몸무게가 130킬로그램에 달했다는 거구의 체스터턴이, 자기 작품을 번역하면서 끙끙거리고 있는 나를 안경 너머로 내려다보며 계속 역설적인 문장들을 읊어대는 꿈을 꾸기도 했다. 출판사로부터 처음 제안을 받은 뒤로, 번역을 하고 교정을 거쳐 이제 마지막으로 옮긴이의 글을 쓰기까지 여러 해가 지났고 번역자 이외에도 여러 사람이 수고를 아끼지 않았다. 그러함에도 여전히 부족한 번역이고 그것은 온전히 번역자의 탓이겠지만, 책을 읽는 독자들에게 그간의 노고가 조금이나마 행간에서 읽힐 수 있으면 좋겠다.

번역자가 겪은 어려움과 같은 맥락에서 체스터턴을 처음 읽는 독자들 또한 어려움을 느낄 수 있다. 잘 알지 못하는 과거의 인물들이 자주 언급되고, 상식을 뒤엎는 문장이나 모순되는 표현이 등장하여 단번에 의미를 파악하기가 쉽지 않은데, 앞부분에서부터 천천히 읽어 가다 보면 뒷부분에 가서야 작가가 진짜 하려

는 말이 무엇인지가 드러나는 경우가 대부분이다. 그러니 체스터
턴의 방식에 익숙해지기 전까지는 약간의 인내심을 발휘해야 한
다. 하지만 그 약간의 인내심만 발휘한다면, 곧 무릎을 치며 미소
짓게 되는 기쁨을 누릴 수 있을 것이다. 체스터턴이 유서 깊은 명
문 대학교에서 신학이나 철학 혹은 문학이나 역사를 전공한 학자
가 아니라는 사실이 오히려 독자들에게 희망을 준다. 사실 변증학
이나 귀류법 같은 어려운 말로 그의 사유를 소개하지만, 그가 사
고를 전개하는 방식은 지극히 상식적이고, 그가 사용하는 단어나
비유 또한 매우 일상적인 것이어서 일반 독자들에게 어려울 것이
없다. 낯선 인물과 인용에 대해서는 번역자의 필요와 출판사의 요
청으로 가능한 옮긴이 주를 자세하게 달았으니 걱정할 필요가 없
다. 다만 열린 태도와 유연한 사고로 체스터턴의 문장들을 따라
가다 보면 일상적인 단어와 비유를 뒤집어 사용하는 그의 특기를
한껏 즐길 수 있을 것이다.

　　몇몇 주요 어휘는 통일된 번역어를 찾느라 끝까지 고민했는
데, 하나를 꼽자면 'creed'라는 단어를 언급하지 않을 수 없다. 번
역을 하다 보면 우리말에 꼭 맞는 표현이 없어서 망설이게 되는
경우보다, 하나의 단어가 원서에서는 일관된 의미로 사용되지만
우리말에서는 맥락과 대상에 따라 완전히 다른 단어를 써야 할
때가 더 고민스러운데, 바로 'creed'의 경우가 그러했다. 라틴어
의 '믿는다'라는 동사 'credo'에서 온 이 단어는 '믿음'이나 '신앙
고백'을 뜻하는데, 단순하게 개인적이고 자의적인 자기 신앙의 고
백이 아니라 공식화된 공동체의 신앙고백문 곧 '신경'信經을 가리
키는 경우가 많다. 하지만 체스터턴은 이 단어를 종교에 한정하

여 사용하지 않고, 개인의 사고나 행위의 원칙 같은 의미로도 두루 사용하고 있다. 여러 차례 고치고 다시 고치기를 반복하면서 고민한 끝에 번역어로 선택한 단어는 신조信條였다. 종교에서 사용할 때 신앙의 조목이나 교의를 뜻하고, 일반적으로는 '굳게 믿어 지키고 있는 생각'을 뜻하는 이 단어가 체스터턴이 사용하는 'creed'의 의미를 두루 담아낼 수 있다고 생각했다. 세 책을 모두 번역한 뒤 생각해 보니 체스터턴이 그리스도교를 변증하면서 사용하는 대표적인 어휘 중에 정통 다음으로 중요한 말이 이 신조라는 생각이 들었다. 체스터턴에게 종교와 신앙이란 이 신조로 대표되는 것인데, 우리가 흔히 아는 사도신경의 경우처럼, 신조는 신앙의 고백이되 단순히 개인적이고 주관적인 믿음의 표현이 아니라 수많은 논쟁과 분별과 합의의 과정을 거쳐 신앙 공동체가 확정한 교의의 표현인 동시에, 그것을 믿고 고백하는 이가 사고하고 행동하는 준칙이기도 하다. 또한 신조는 논쟁으로 벼려져 확고하게 정립된 사고와 행위의 원칙으로서 종교가 있는 신자만이 아니라 일반인도 갖추어야 한다. 신조가 없는 현대인은 광기나 다름없는 무조건적 이성주의나 지나치게 자유로워 사유의 자살에 이르게 되는 회의주의에 빠지기 십상이다. 그리스도교는 이러한 신조를 정립하는 데 가장 심혈을 기울여 온 종교로서도 정통이라 할 수 있겠다.

번역하는 과정에서 체스터턴 특유의 재치 있고 발랄한 문장들을 어떻게 살려야 할지 고민도 많았지만, 밑줄을 긋고 마음에 새기고 싶은 문장들 앞에서 마음이 설렌 경우도 많았다. 다소 신기하게도 그 많은 명문장 가운데 "천사들이 날 수 있는 것은 스스로 가벼이 여기기 때문이다"라는 문장이 저절로 외워졌고, 다른 일을 할 때도 종종 머릿속에 떠올랐다. 이 문장은 『정통』의 7장 '영원한 혁명'에 등장하는데, 해당 단락에서 체스터턴은 가벼움이야말로 그리스도교의 천분天分이며, 사탄은 무거움으로 타락했다고 말한다. 이는 체스터턴이 변증하는 그리스도교가 결코 무겁고 어둡지 않은, 가볍고 밝은 그리스도교임을 단적으로 드러낸다. 체스터턴이 말하는 그리스도교는 엄숙한 권위로 절대적 교의를 가르치며 사람들을 짓누르는 무거운 종교가 아니라, 희망과 기쁨으로 가득 차 사람들을 진정으로 자유로이 해방하며 높이 올려 주는 가벼운 종교다. 이는 『영원한 인간』에서 체스터턴이 그리스도의 탄생을 인류 역사에 가장 큰 사건으로 제시하면서 '크리스마스'를 강조하는 데서도 드러난다. 캐럴을 부르고 트리를 장식하는 등 온갖 이교적이고 동화적인 의례까지 합세하여 하나님이 인간이 되심으로써 인간 구원의 길이 열린 이날을 경축하는 것이야말로 그리스도교의 본령이라는 것이다. 체스터턴을 읽다 보면, 희망과 기쁨으로 가득 차 밝고 가벼우며, 그리하여 '영원한 혁명'이라 불릴 수 있을 만큼 역동적인 그리스도교를 다시 발견하게 되는 즐거움을 맛볼 수 있다. 이것이 그리스도교 변증가로서 체스터턴이 갖는 가장 큰 특징이자 미덕 가운데 하나가 아닐까 싶다.

  이 모든 이야기를 종합했을 때, 체스터턴 탄생 150주년을 맞아 내어놓는 이 세 권의 책은 단지 과거의 그리스도교 변증론을 탐구하거나 체스터턴이란 작가의 문학적 성취를 감상하는 데 그치지 않고, 오늘날의 사고와 생활을 비판적으로 바라보고 반성하는 계기로서 큰 의미가 있다. 체스터턴이 비판했던 현대 사상과

풍조는 오늘날에 더욱 강화되었고 그리스도교는 더 큰 위기를 맞고 있기 때문이다. 비그리스도인 독자들은 체스터턴의 역설을 통해 현대 세계의 인간관과 세계관을 다시 돌아보며 그리스도교를 통해 대안을 모색하는 과정을 경험할 것이고, 그리스도인 독자들은 전혀 새로운 방식의 그리스도교 변증론을 통해 자신의 신앙을 새로이 발견할 수 있을 것이다.

체스터턴의 주요 저서를 번역할 수 있는 기회를 허락한 복 있는 사람 출판사에 큰 감사를 전한다. 가톨릭 신자로 유명한 작가의 저서들을 번역·출간할 것을 적극적으로 기획하고 가톨릭 신자인 번역자에게 작업을 맡겨 준 용기를 특별히 언급하고 싶다. 또한 계속 늦어지는 번역 원고를 불평 없이 기다려 준 인내에도 다시 한번 미안함과 고마움을 표하고 싶다. 특별히 오랜 시간 함께 번역의 오류를 짚어 주고 문장을 다듬어 준 편집자에게 더할 나위 없이 고마운 마음을 전한다. 그리고 무엇보다도 탄생 150주년을 맞아 우리나라에 본격적으로 소개되는 체스터턴이 많은 독자들을 만나 사랑받기를 바란다. 책을 읽지 않는 시대라지만 계속 쏟아져 나오는 수많은 책들 중에서도 기꺼이 체스터턴을 선택하여 읽어 주실 독자분들께도 미리 감사의 인사를 전한다.

2024년 11월
전경훈